처음 읽는 부여사

"이 저서는 2009년 정부(교육과학기술부)의 재원으로 한국학술진흥재단의 지원을 받아 수행된 연구임
(KRF-2009-812-A00005)
This work was supported by the Korea Research Foundation Grant funded by the Korean Government
(KRF-2009-812-A00005)"

한국 고대국가의 원류 부여사 700년

처음
읽는
부여사

송호정 지음

사□계절

벌써 20여 년 전의 일이다. 박사 논문을 준비하던 시절, 아직 주제를
정하지 못하고 고민하던 나는 그 전에 나름대로 공들여 정리한 국사
편찬위원회『한국사』제4권의 부여 원고를 학위논문으로 완성해 보
려고 지도 교수님을 찾아갔다. '부여사'를 주제로 학위논문을 준비
하면 어떨지 여쭌 내게 교수님은 더 많은 사람들의 관심을 받는 주
제가 좋겠다고 말씀하셨다. 부여사는 아직 보통 사람들은 물론이고
연구자들의 관심에서 벗어나 있는 주제로, 우리 역사의 흐름에서는
경계의 역사로 볼 수 있다는 것이다. 따라서 부여사보다는 많은 사
람들의 관심이 집중된 고조선사를 주제로 학위논문을 준비해 보라
고 권하셨다. 부여사는 지속적으로 연구하는 과정에 정리하는 편이
좋겠다는 의견이었다.
　　교수님의 조언이 계기가 되어 나는 고조선사를 주제로 논문을 냈
고, 그 뒤 '국내 고조선 박사 1호'가 나를 따라다니는 별칭이 되었다.
그 덕분에 나는 대학에 자리해, 많은 분들의 관심이 집중된 고조선

사를 주제로 연구 활동을 지속하고 있다. 그러나 고조선사를 공부할수록 그 역사적 실체가 잘 잡히지 않았다. 그러다 보니 자연스럽게 관심 분야를 주변 국가나 다른 시기로 조금씩 넓혀 가게 되었다. 그렇게 관심의 폭을 넓혀 가던 중 전에 관련 내용 전체를 정리해 본 부여사를 하루빨리 마무리하겠다고 몇 번이나 마음먹었으나 바쁜 생활과 게으름 탓에 여의찮았다. 사실상 작업을 몇 년간 방치해 두었다가 4년 전 연구 재단의 지원을 받게 되어 다시 원고를 정리할 수 있었다.

오래전 교수님의 말처럼, 부여의 역사는 그동안 일반인은 물론이고 연구자들에게도 그다지 주목받지 못했다. 우선 관련 자료가 적은 데다 그나마 단편적인 탓이고, 기존 개설서나 교과서에서 부여를 옥저나 동예 등 초기 국가와 같은 발전 과정에 있던 연맹왕국으로 이해했기 때문에 부여사를 아주 간략하게 언급하는 정도에 그치기도 했다. 그러나 부여사는 『삼국지三國志』 위서魏書 동이전 부여조의 기록이 비교적 상세하고, 중국 학계에서 한漢-부여 시기 고고 자료를 많이 조사해 연구 여건이 그리 나쁘지 않다. 2002년부터는 이른바 동북공정으로 중국 동북 지역 역사의 귀속 문제가 주목받는 상황에서 부여사를 명확히 정리하는 것이 고조선사와 고구려사의 연구 못지않게 중요한 과제가 되었다.

부여사는 한국 고대국가의 발전 과정에서 변방이 아닌 중심에 있다고 해도 과언이 아니다. 고구려를 세운 주몽朱蒙은 부여 왕실에서 태어나 성장한 부여 왕자다. 백제도 고구려에서 내려온 온조溫祚 집단이 부여의 후손임을 자처하고 나중에 국가의 부흥을 꾀하며 국호를 남부여라고 한 데서 드러나듯 그 연원이 부여에 있다. 신라와 가야 역시 북방 부여에서 내려온 주민 집단이 그 문화를 형성하는 데 아주 중요한 구실을 했다는 것을 여러 자료를 통해 확인할 수 있다. 발해도 부여의 후손으로서 옛 부여 지역을 회복하고 자랑스러워 한 것이 사료에 기록되어 있다. 한편 부여는 오늘날 지린성吉林省과 헤이룽장성黑龍江省의 상당 부분을 차지하고 있었다. 고대국가의 발전 과정에서 우리 민족이 품으려고 노력한 지역의 상당 부분을 차지한 것이다. 그런데도 그동안 고조선사나 고구려사에 비해 부여사는 관심을 거의 받지 못했다.

앞에 말했듯이, 최근 중국 학계에서는 부여사를 중국 고대사의 주요 범주로 다룬다. 특히 고고 자료에 대한 조사가 많은데, 물론 기본적으로 중국 고대사라는 관점에서 진행하는 연구다. 그들은 부여를 세운 예맥이 바로 중국 고대의 한족漢族이라고 한다. 우리 학계 또한 부여를 세운 예맥이 우리 고대국가를 형성한 종족이며 부여사는 명백히 한국 고대국가의 출발점이자 원류라고 본다.

부여는 고조선 후기인 위만조선 시기에 고조선 북쪽에 자리하면서 중국 한과 밀접하게 교류했다. 주변의 유목 국가와도 길항 관계에 있으면서 동북 지방의 역사를 주도해 나갔다. 성립부터 멸망까지 무려 700여 년간 역사가 이어졌고, 『삼국지』가 서술되는 3세기 중엽까지 단 한 번도 외세의 타격을 받지 않았을 정도로 군사력과 통치력이 강했다. 부여를 옥저나 동예처럼 고대국가 성립 전의 초기 국가로 서술하기에는 그 역사나 문화적 역량에서 차이가 많이 난다. 이런 점에서 부여사에 대한 재조명은 한국 고대사의 감춰진 단면을 드러내고 삼국시대사를 새롭게 인식하는 계기가 될 수 있다. 이제 부여사를 우리 고대국가의 발전 과정에서 변방, 주변이 아닌 본류,

중심에 자리하게 할 때다.

고대사의 다른 주제와 마찬가지로 부여사를 연구할 때도 문헌 자료가 부족해, 고고 조사 자료를 보충하며 그 실상에 최대한 가깝게 접근해 보려고 했다. 아직도 만족스럽지 못한 부분이 많지만 다행히 책으로 마무리하게 되어 묵은 숙제를 해결한 듯 기쁨이 크다.

졸고지만, 오랜 시간을 끌었기에 감사할 분이 많다. 주말을 반납하고 연구실에서 끙끙대던 나를 묵묵히 챙겨 준 아내에게 먼저 깊은 감사의 마음을 전한다. 자신의 바쁜 일정 속에서도 한결같이 내 건강과 생활을 걱정해 주는 아내는 가장 소중한 협조자이자 조언자다. 그리고 부족한 글을 처음부터 끝까지 꼼꼼하게 살피고 교열해 준 박사과정의 정승현에게도 고맙다. 끝으로, 출판사의 이름에 누가 될 수도 있는 부족한 글을 기꺼이 펴내 주기로 한 사계절출판사에 진심으로 감사드린다.

수타리마을 서재에서

차례

1

우리 역사 속 부여의 의미

지난 역사책을 두루 살펴보면 예맥은 북부여 지역인데,
뒷날 이곳을 두막루豆莫婁라고 불렀다. (······) 북부여는 지금의
개원현開原縣이다. 그 지역이 서쪽으로 선비鮮卑에 잇닿아 있으니,
이곳이 예맥의 본 지역이다.

『아방강역고我邦疆域考』 예맥고濊貊考

부여는 기원전 3세기 무렵부터 494년까지 (오늘날 헤이룽장성과 지린성
일대인) 북만주 지역에 예맥족이 세운 고대국가다. 흔히 부여로 불리
는 예맥의 한 종족은, 일찍부터 쑹화강松花江 유역을 중심으로 시퇀
산 문화西團山文化라는 선진 문화를 영위하며 쑹화강과 넌강嫩江 사
이의 쑹넌松嫩 평원 및 쑹화강과 랴오허遼河 사이 쑹랴오松遼 평원을
개척하고, 우리 역사상 고조선에 이어 두 번째로 국가 체제를 마련
했다. 그 지배층의 분화와 발전 속에서 떨어져 나온 세력 중 일부가
고구려와 백제와 발해를 건국했다는 점에서 부여사는 우리나라 고
대국가 발전의 중요한 연원이고, 부여족은 한민족을 형성한 주요 종
족 중 하나다.

그러나 부여의 역사는 그간 별로 연구되지 않았다. 중앙집권적인

고대국가가 형성되기 전에 한반도 북방에 자리한 초기 국가라는 면에서 간단히 언급되었을 뿐이다. 최근에야 고고학 자료가 많이 확보되어 관심이 쏠리고 있지만, 중국 학자들의 연구가 대부분이다. 그나마 우리 역사의 각 시대마다 민족사의 무대를 만주 일대로 확장하려고 하는 논자들 사이에서만 관심의 대상이 되기는 했다.

역사·지리에 대한 정확한 해명은 고대사를 복원하는 데 가장 기본이 되는 요소다. 그리고 문헌 자료가 없거나 매우 부족한 시기의 역사를 이해하려면 그 시기와 관련된 고고학 자료를 적극 활용해야 한다. 무엇보다 먼저 연구 대상의 영역이 분명히 정리되어야 한다. 그래야 그곳에서 출토된 자료를 통해 역사를 복원할 수 있기 때문이다. 부여도 문헌 기록이 많지 않은 초기 국가인 만큼 지리적 위치를 확정하는 것이 아주 중요한 과제다.

해방 이후 고대사 연구자들의 관심에서 멀어졌던 부여사 연구는 현재까지 고고 문화에 대한 정리와 영역 문제에 대한 연구 등 초보적 단계에 머무르고 있다. 부여사 연구를 위한 문헌 자료로는『삼국지』위서 동이전 부여조의 내용이 가장 기본이며,『삼국사기三國史記』고구려조에서 부여와 고구려의 관계를 서술한 것을 주요 자료로 참고할 수 있다.

고조선이 멸망하자, 고조선의 세력 범위 안에 있던 여러 지역 집단이 저마다 흩어져 자신들만의 나라를 세운다. 일찍이 부여가 있던 오늘날 중국 동북 지방에서는 고구려가 새로 등장했고, 한강 이남에서는 고조선의 백성들이 마한·변한·진한 등 삼한을 세웠다. 그리고 고구려 동쪽 땅에서는 고조선 후기쯤에 등장한 옥저와 동예가 새롭게 성장했다. 이 나라들도 고조선과 비슷하게, 작은 부족 집단들 가

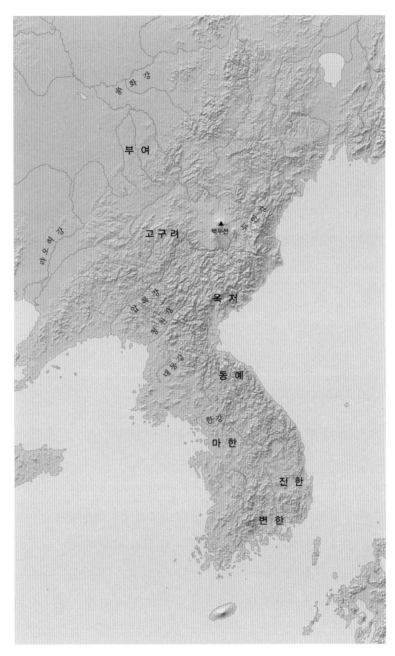

부여의 전성기인 3세기, 각 나라의 강역

운데 강력한 집단의 우두머리가 왕이 되고 주변의 부족들을 통합하면서 나라의 모습을 갖춰 갔다. 각 나라가 독특한 생활 풍습을 가지고 성장하면서 서로 다른 길을 걸었는데, 이들이 어떻게 살았는지에 관한 기록이 바로 중국의 역사책인 『삼국지』 위서 동이전이다. 이책은 3세기 무렵에 진수陳壽가 썼는데, 그 전에 만주와 한반도에 살던 우리 겨레의 삶을 가장 잘 소개했다.

『삼국지』 위서 동이전에는 부여를 시작으로 고구려·옥저·동예·읍루·한韓·왜倭 순으로 기록되어 있다. 부여는 동이전에 기록된 여러 나라 중 맨 앞에, 역사의 출발점이자 고대 우리 민족 문화의 원형을 간직한 나라로 등장한다. 특히 눈에 띄는 기록은 '부여가 아주 부유했고, 3세기 중엽까지 한 번도 이웃 나라의 침략으로 파괴된 적이 없었다'[1]는 것이다.

고려 시대의 부여사 인식

우리나라에 현존하는 가장 오래된 역사서 『삼국사기』에는 책의 이름처럼 신라·고구려·백제 등 삼국의 역사가 쓰여 있다. 저자인 김부식金富軾은 삼국 전후의 역사를 체계화하는 데 크게 뜻을 두지는 않았다. 특히 『삼국사기』는 유교 문화의 관점에서 서술했기 때문에 한국 고대사를 이해하는 데 중요한 토템 관련 사유 방식이나 설화·불교 등과 관련된 내용이 전혀 기록되지 않았다.[2] 따라서 고구려사와 부여사를 이해하는 데 중요한 동명왕東明王 설화가 서술되지 않았으며 고구려·백제의 지배층을 부여계로, 신라·백제 지역을 삼한계로 파악했을 뿐이다.

반면에 『삼국사기』보다 150여 년 뒤에 쓰인 『삼국유사三國遺事』는 한국 고대사에 대한 체계적 인식을 처음으로 시도했다. 저자 일연一然은 『삼국유사』 전체를 통해 '신이神異'를 강조했는데, 이는 민족의 자주성과 문화의 우위성을 내세우려는 것이었다.[3] 특히 『삼국유사』 기이편紀異篇은 역사적 신이에 대한 기록을 통해 우리 고대사를 자주적으로 새롭게 이해하려는 노력이다. 즉 단군조선(왕검조선)에 관해 서술하고 끝 부분에 기자箕子를 언급해 단군檀君-기자-위만衛滿으로 이어지는 한국 고대사의 체계를 세웠다. 그러나 한국 상고사가 삼국시대와 구체적으로 어떻게 연결되는지에 대한 인식은 보이지 않고, 북부여·동부여·마한·2부府·72국[4]·낙랑국樂浪國·북대방北帶方·남대방南帶方[5]·말갈·발해·진한·변한·백제·고구려 등에 관한 내용을 다원적으로 체계 없이 나열한다.

앞의 차례로 알 수 있듯 『삼국유사』에서 일연은 부여사를 크게 북부여와 동부여로 나눠서 인식한다. 북부여는 부여가 바로 고구려 북쪽에 있었기 때문에 붙은 이름이고, 동부여도 고구려 동쪽에 또 다른 부여가 존재했다고 보고 붙인 이름일 것이다. 『삼국유사』는 고구려인의 시각에서 동명 설화의 배경인 원부여原扶餘가 북부여라고 인식한다. 그리고 부여의 역사가 진전되면서 동해 변에 동부여가 세워졌는데, 이 나라의 시조가 금와金蛙라고 했다. 일연의 이런 인식은 현재 대부분의 고구려사 연구자들이 받아들이고 있다.

『삼국유사』에 서술된, 고조선에서 삼한을 거쳐 삼국으로 이어지는 고대사의 체계는 조선 초기 『동국통감東國通鑑』이나 안정복安鼎福의 『동사강목東史綱目』 등에 채용되어 오랫동안 우리 역사를 서술하는 기본 틀이 되었다.

그리고 부여가 첫 독립국으로 서술되는 점은 일연의 역사 인식 속에서 부여가 고조선과 함께 중요한 위치에 있었음을 말해 준다.[6] 특히 일연이 '역사 전통의 유구성과 신성성'에 대한 서술을 중요시한 결과라고 할 수 있다.

한편 『삼국유사』보다 10년 정도 뒤에 이승휴李承休가 쓴 『제왕운기帝王韻紀』에는 민족 시조로서 단군에 관한 내용이 훨씬 구체화되어 있다. 또 '시라尸羅(신라)·고례高禮(고구려)·남북옥저·동북부여·예濊·맥貊 등 조선 반도가 전부 그 치하에 들어가 있다'[7]는 등 각 나라의 영토에 관한 내용이 비교적 자세하다. 이것은 고려 시기 영토 확장에 대한 욕망이 반영된 결과로 볼 수 있다.[8]

『제왕운기』는 우리 역사서로는 처음으로 국가의 계승 관계를 체계적으로 정리했다는 점에서 큰 의미가 있다. 이승휴는 특히 부여가 우리 역사 중 북쪽 계열 역사의 전개 과정에서 아주 중요한 국가였다고 말한다. 또 부여에 북부여와 동부여가 존재했다고 본 것은 『삼국유사』와 같아, 『삼국유사』를 참고했을 가능성이 높다. 원元의 간섭을 받던 고려 시대에는 단군 이래 우리 역사의 유구성과 독자성을 긍정적으로 인식해, 고조선과 부여가 주요한 관심의 대상이 되었다.

조선 시대의 부여사 인식

조선 시대에는 성리학을 근본으로 하면서 과거를 거울삼아 정치적 교훈을 얻는 차원에서 역사를 서술했다. 조선 초기에 훈신과 사대부들의 역사 인식을 종합해 편찬한 『동국통감』에서는 기자·삼한·신라·백제로 이어지는 남방계 문화와 단군·고구려·발해로 이어지는 북방계 문화가 비교적 동등하게 서술된다.[9] 그러나 부여에 대한 서술은 찾을 수 없다. 이런 역사 인식은 16세기 사림 학자들에게도 반영되었다. 사림은 왕도 사상王道思想을 기초로 주자朱子의 화이사상華夷思想과 정통론正統論[10]을 받아들여 역사 서술에 반영했다. 특히 세력의 기반인 향촌의 주민들에게 의리와 명분을 중시하는 역사의식을 심어 주려고 했다. 구체적으로 보면, 우리 역사상 첫 국가로 단군조선의 정치와 문화를 새롭게 이해하고 고구려를 삼국의 첫머리에 서술했다. 즉 조선 시대 역사학자는 대개 상고사를 단군-기자 중심으로 이해하고, 부여보다는 고구려에 관심을 기울였다.

전쟁 뒤에 크게 변한 역사의식

역사 서술의 내용은 임진왜란 이후 17세기에 변화를 보인다. 특히 17세기 초에 붕당정치가 궤도에 오르면서 역사가 당쟁과 밀접한 관련을 맺으며 서술된다. 이때 역사서 가운데 주목할 것이 조정趙挺의 『동사보유東史補遺』다. 이 책은 중국에 편중된 지적 경향을 바로잡아 국사에 대한 관심과 지식을 높이겠다는 의지로 편찬됐으며 기성 통사의 내용을 보충하려고 했다.[11] 특히 삼한과 삼국 사이에 북부여와 동부여라는 항목을 따로 두었다.[12] 조선왕조에 들어 처음으로 부여를 국사 체계에 정식으로 넣은 것이다. 비록 『삼국유사』의 기록을 그대로 싣는 식으로 단군조선과 부여의 역사를 서술했지만, 오랫동안 소홀히 한 부여사를 다시 부각하며 국사 체계에 정식으로 넣은 것은 분명히 큰 의미가 있다.

왜란과 호란 이후에는 상처 입은 '소중화小中華'의 자존심을 회복하고 문명국가의 위상을 재확인하려는 노력으로서 역사서를 왕성

하게 편찬했다. 이 가운데 『동국지리지東國地理志』를 쓴 한백겸韓百謙
은, 성리학의 도덕적 역사 편찬 규범에 구애받지 않고 우리나라 고
대의 강역을 문헌 고증으로 해명하는 데 주력했다.

　그는 삼국 이전의 고대국가와 종족 문제를 다루며 우리 민족의 주
체적인 성장을 강조했다. 특히 한강을 중심으로 북쪽은 삼조선三朝
鮮의 땅, 남쪽은 삼한의 땅으로 설정하고 각각의 역사가 독자적으로
전개되었다고 파악해 기자조선-마한-신라로 이어지는 기존의 일원
적 국사 인식에서 벗어났다. 그리고 조선·고구려·동옥저·예·부여
등 한강 이북에 있던 국가와 종족 들을 삼한보다 먼저 서술한 것을
보면, 그는 남방보다 북방을 선진 지역으로 이해했다.[13] 한편 삼국 중
고구려를 가장 일찍 세워지고 가장 영토가 넓은 나라로서 먼저 서술
해, 잃어버린 만주 땅에 대한 애착을 보여 준다.[14]

　"신라 통일 후 수도를 중앙으로 옮겨 사방 변민을 통제했다면 고
구려 구국舊國을 수습해 요동遼東과 심양瀋陽의 부여 땅까지 우리 영
토가 되었을 것이다. 그랬더라면 거란·여진이 국경 밖에서 커질 수
있겠는가?"[15]

　한백겸 이후에는 국력 배양을 중시하고 문명국가의 자부심을 드
러내는 역사 서술의 흐름이 이어졌고, 조선 북방과 만주 지역에서 활
동한 고조선·부여·고구려의 역사에 대한 관심이 동시에 일어났다.

　고조선·고구려·동옥저·동예의 역사 다음에 부여사를 기록한 한
백겸은, 중국 고대 사서인 『후한서後漢書』를 토대로 삼아 그 기록을
전재하고는 그 끝에 '우안愚按'이라는 겸손한 표현으로 자신의 의
견[16]을 덧붙인다. 그는 부여를 말갈과 같은 종족으로 보았다. 또한
부여와 단군의 관계를 인정하지 않는 인식의 한계를 드러낸다.

    17세기에 중국 중심의 세계관을 부정하고 우리의 역사와 문화가 중국과 동등한 선진국임을 자부하면서 쓴 연구서 중 하나가 허목許穆의 『동사東事』다. 이 책은 세 조선과 삼국을 포함하는 우리나라 고대사인데, 단군조선-부여-고구려·백제로 이어지는 흐름을 주목하고 단군 시대를 문화적으로 높이 평가해 후대의 인식에 큰 자극이 되었다. 허목은 작은 나라는 큰 나라에 정치적으로 의탁했다고 보며 세가世家와 열전列傳을 구분했다. 그 구체적인 예가 바로 단군조선과 부여의 역사다.[17]

    허목은 단군조선에 의탁한 나라로 부여와 숙신을 든다. 부여열전에서는 『삼국지』 위서 동이전 부여조와 『진서晉書』의 기사를 간추려

옛 부여 지역의 말과 말얼굴가리개
부여가 좋은 말이 나는 곳으로 알려진 것을 증명하듯 들판에 선 말과 라오허선老河深에서 출토한 마구馬具다.

부여의 강역·풍속·산물, 그리고 중국과 맺은 관계를 간략하게 서술한다. 특히 부여가 단군의 후예라는 사실과 북부여·동부여 등 두 부여가 있다는 사실을 국내 『고기古記』류로 확인하며 국내 기록과 중국 기록을 동등하게 존중하는 태도를 보인다. 또 『동사』 서문에 "부여는 본래 해부루解夫婁의 땅이다. 좋은 말·담비와 표범·구슬이 나는데, 진晋에 공물로 보냈다는 기록이 부여열전에 보인다." 하고 쓴 것을 보면, 부여가 풍속이 아름답거니와 물산도 풍부했던 사실에 대한 비상한 관심을 알 수 있다.[18]

『동사』에서부터 부여사가 우리나라 고대사로 자리 잡았다.

실학자들의 역사 인식

17~18세기의 정통론은 소속 왕조에 대한 의리에만 그친 것이 아니라, 오히려 중국 중심 세계관에 대한 주체적 역사 인식의 한 요소로 파악할 수 있다.[19]

18세기 중엽의 학자 이익李瀷은 「삼한정통론三韓正統論」을 비롯한 여러 글에서 한국사의 정통은 단군·기자로부터 시작해 삼한(특히 마한)으로 이어지고, 삼국은 정통이 없는 시대이며 문무왕의 삼국 통일과 고려 태조의 후삼국 통일 이후는 정통 국가라고 여긴다. 그는 고조선과 한사군·삼한의 강역을 새로 설정하며 부여·옥저·읍루·예맥·가야·발해 등의 위치와 그 시말을 자세히 이해하려고 노력했다.

부여에 관해서는, 주몽이 건국한 졸본(동부여)의 위치를 평안도 성천成川으로 설정한 『동국여지승람東國輿地勝覽』 이래 통설을 비판하고 『통고通考』와 『성경지盛京誌』[20] 같은 자료에 기초해 압록강 이북에 설정했다.[21] 원래 단군의 아들 부루夫婁가 태백산(졸본)에 나라를 세워 북부여라고 했는데, 뒤에 가섭迦葉으로 천도해 동부여라고 했다.[22] 그런데 뒤에 천제의 아들을 자칭하는 해모수解慕漱가 태백산의 옛 도읍을 차지했고, 해모수의 아들 주몽은 동부여에서 도망해 아버지가 있던 졸본으로 돌아가 왕이 되었다는 것이다.

이익은 주로 졸본부여의 성립 과정에서 부여를 언급한다. 즉 부여는 기본적으로 북부여와 동부여 등 두 부여가 있다고 여겨, 동부여 땅에서 망명한 주몽이 세운 졸본부여와 국내성의 위치를 각각 압록강 이북과 압록강 서쪽으로 설정했다.

이익 역시 고조선과 한사군·삼한의 강역을 새롭게 설정하며 부여·옥저·읍루·예맥·가야·발해 등의 위치와 그 시말을 자세히 이해하려고 노력한 것은 문화적 자부심과 잃어버린 만주 땅에 대한 애착 때문이라고 볼 수 있다.[23]

한편 엄밀히 말해 실학자가 아닌 이종휘李鍾徽는 실학자들이 활동한 시기에 만주 중심 역사관을 『동사東史』에 피력하고 훗날 신채호申采浩에게 영향을 주었다는 점에서 살펴볼 필요가 있다. 그에 대해서는 실천을 강조하는 양명학을 받아들여 유교적 사관을 재정립하려고 했다는 평가가 지배적이지만, 고구려를 중심에 둔 그의 고대사 인식은 민족주의 사학의 전사前史라는 지적이 있다.[24]

이종휘는 당대의 많은 지식인처럼 청淸을 오랑캐로 보면서 단군 이래 유교 전통을 재확립하고 잃어버린 만주 땅을 찾아 부국강병을 이뤄야 한다는 관점에서 우리 역사와 문화와 국토에 대한 사랑을 일깨우려고 노력했다. 한편 단군의 혈통이 부여·고구려·백제·예맥·옥저·비류·발해 등으로 이어졌다며 혈통의 단일성을 부각하고, 단군 이래 '신교神教'의 흐름이 있다는 데 주목했다.[25] 그는 『동사』에서 기자 정통론을 부정하고 단군 정통론을 주장하면서 단군 신교까지 인정했다. 단군 시대의 종교를 신교라고 부르고 강화도 참성단을 신교의 제단으로 이해한 것이다.

그는 『동사』의 내용을 본기本紀·세가世家·열전列傳·연표年表·지志로 나누었는데, 이런 형식의 운용 면에서 한국사의 주체성을 드러냈다. 즉 단군에서 기자로 이어지는 관계가 이종휘의 『동사』가 나오기 전까지는 위만이나 마한으로 이어졌는데, 이종휘는 삼한과 위만에 이원적으로 계승되었다고 보았다. 그리고 그 전에 별로 거론되지 않던 부여·고구려 계통의 역사가 단군을 계승한다고 보고 역사 서술의 중심을 부여·고구려 체계로 옮겼다. 단군의 후예가 세운 여러 나라 중에서도 부여를 대국으로 보고 특별히 세가로 독립시켜 그 역사의 시말을 자세히 서술했다. 그 부여의 후예가 고구려·백제를 세우고, 고구려의 후예가 발해를 세웠다고 보았기 때문에 한국사의 주역은 단군족일 수밖에 없고, 그들이 활동한 만주 지방이나 한반도가 우리 강역으로 인정되는 것도 필연이다.[26]

이종휘는 부여의 영토가 남쪽으로 임진강에 미치고, 동북·서북으로는 지금의 만주 지역인 오라烏喇·선창船廠·심양·삼위三衛에 걸친 것으로 본다.[27] 이렇게 부여를 적극 강조함에 따라 랴오허 이동 만주의 상당 부분이 단군족의 영역으로 들어간다.

이종휘는 비교적 상세하게 부여사의 시말을 기록한다. 특히 부여 초기에 고구려와 세력을 다툰 사실을 자세히 기록하는데, 대소왕帶素王 대에 머리 하나에 몸이 둘인 붉은 까마귀를 고구려에 보내 양국의 전세가 역전되었다는 사실[28]을 소개하고 이 내용을 마지막 사론史論에서 거듭 다룰 정도로 이 사건이 부여 역사의 전기가 되었음을 강조한다. 『삼국사기』 고구려 본기 대무신왕大武神王 3년(20)의 기록 중 이런 것이 있다. "부여왕 대소가 사신을 파견해 붉은 까마귀를 보내왔는데, 머리 하나에 몸이 둘이었다. 그리고 붉은 까마귀를 보낸 뜻을 '본래 까마귀는 검은 것이다. 그런데 지금 변해 붉은색이 되고 머리 하나에 몸이 둘이 된 것은, 장차 고구려가 부여로 귀순할 징조다.' 하고 전했다. 이에 대무신왕은 '검은 것은 북방의 색인데, 지금 변해 남방의 색이 되었다. 또 붉은 까마귀는 길조인데, 왕이 얻고도 갖지 않고 나에게 보냈으니 두 나라의 존망은 아직 알 수 없노라.' 했다. 이 말을 듣고 대소가 후회했다." 그 뒤 고구려가 부여의 대소왕을 죽이고 부여보다 우월한 위치에 올라서게 된다.

이렇게 부여·고구려를 중심에 둔 이종휘의 고대사 인식이 당대에는 별로 영향을 주지 못했으나 신채호를 비롯한 한말·일제강점기 민족주의 역사가들에게는 큰 영향을 끼쳤다.

영·정조 시기에는 안정복이 이익을 비롯한 선학들의 역사 연구 성과를 집대성해 『동사강목』을 출간했다. 이 책은 큰 줄거리를 먼저 서술하고 자세한 사항을 덧붙이는 역사 편찬 원칙인 강목법綱目法에 충실하고 사실을 고증하는 수준도 아주 높았으며 단군조선을 정통의 시원으로 설정했다.

『동사강목』의 국사 체계는 그 범례에서 단군-기자-마한-통일신라-고려로 이어지는 흐름을 정통으로 다루고 삼국시대를 무통無統의 시대, 즉 어느 한 나라만 정통이라고 할 수 없는 시대로 본다고 밝힌다. 그 밖의 나라들은 왕위가 정상적으로 계승되지 못한 참국僭國이거나 도적 또는 소국으로 보았다.[29] 그리고 우리나라 상고사에는 정통이나 소국 또는 참국 등 어느 경우에도 넣기 어려운 나라들이 있는데, 그중 하나가 부여라고 했다. 부여는 너무 먼 북방에 있었고 자료가 없어서 열국과 동등하게 취급할 수 없으나 고구려와 백제의 종국宗國이므로 고구려·백제사 서술 때 건국의 배경국으로 기록한다는 것이다.[30]

안정복이 사실을 고증한 내용을 보면, 동명을 『후한서』에서 부여왕이라고 한 것과 『북사北史』에서 백제 시조로 쓴 것도 잘못이라고했다. 그리고 고구려가 부여에서 나온 것은 사실이지만 해모수와 금와에 관한 설화는 황당무계하다며 당시 사서에 나오는 부여 건국 설화를 부정한다. 지금 보기에 안정복은 부여·고구려의 건국 과정을 어느 정도 살필 수 있는 설화를 무조건 부정하는 한계가 있다. 한편부여는 그 중심지가 (지금의 랴오둥遼東인) 개원현에 있으며, 두막루국으로도 불렸다고 기록했다. 이는 조선 시대의 일관된 정통론으로 본북방 지역의 고대사라고 할 수 있다.

19세기에는 독자적 중화 의식, 즉 우리 강토와 문화가 중국과 다르고 독자적으로 중화 세계를 구축했다는 의식이 지속되면서 역사서술이 기존 강목법에서 벗어나 백과전서 형식이나 기전체로 돌아가고 훨씬 전문화되었다. 특히 사료 수집과 고증의 밀도가 높아졌다. 이 경향을 대표하는 중요한 성과가 정약용丁若鏞의 『아방강역고』다. 정약용은 북학파 학자들이 믿고 근거로 삼던 『요사遼史』 계통 사서의 인용을 신랄하게 폭로·비판하면서 고대사의 중심지를 반도로바로잡는다. 이런 태도는 만주에 대한 관심의 퇴조가 아니라, 냉정한 학문적 성숙의 결과라는 점에 주목할 필요가 있다.[31]

『아방강역고』는 옥저-예맥-말갈-발해 순으로 북방 여러 나라의 위치와 역사를 검토한다. 정약용은 한국사를 이끈 주요 종족을 북방의 조선족과 남방의 한족韓族으로 보고, 부여와 고구려를 형성한 예맥은 아주 천한 종족으로 여겼다. 즉 예맥은 북적北狄의 일종으로 우리나라 영토에는 본래 예맥이라는 종족이 없었다는 것이다.[32] 예맥을 우리 영토 밖의 역사, 즉 우리 민족의 역사가 아닌 것으로 보기 때문에 부여사는 정약용의 책에서 중요한 위치를 차지할 수 없었다. '예맥고'에서 서술될 뿐이다.

한편 정약용과 거의 같은 시기에 역사 지리 연구의 성과를 교환하면서 편찬된 것이 숙질간이던 한치윤韓致奫·한진서韓鎭書의 『해동역사海東繹史』와 『해동역사지리고海東繹史地理考』다. 한치윤은 우리나라가 중국과 같은 수준의 문화를 상고시대부터 유지했다는 사실에 대한 믿음으로 국사에 크나큰 긍지가 있었다. 그는 한국 문화의 뿌리가 동이 문화권과 연결된다고 본다. '세기世紀'의 첫머리에 동이에 관한 기록을 모아 동이 문화의 선진성을 말했다. 그는 동이족의 일부인 예맥족과 한족韓族 등이 합류해 한국인이 형성되었다고 이해해, 예맥족의 역사로 부여의 역사를 중요하게 서술한다.

『해동역사지리고』의 부여세기扶餘世紀 중 부여 관련 기사는 『후한서』와 『삼국지』에서 주로 인용하고, 『상서尙書』·『통전通典』·『진서』·『자치통감資治通鑑』 등에서 새로운 자료를 뽑아 실었다. 특히 부여세기 앞에는 자기 의견인 안설按說을 붙여 부여가 본래 우리나라 강역에 있던 나라는 아니지만, 고구려와 백제가 일어난 곳이라서 특별히 세기를 둔다고 밝힌다. 또 다른 안설에서는 북부여 왕 해부루가 단군의 아들 해부루가 아니라며 단군과 부여의 혈맥 관계를 부인한다.[33]

한편 한진서는 안설을 더해, 부여가 9이九夷 중 '부유鳧臾'와 같고 송宋 대의 성씨 전문서인 『통지씨족략通志氏族略』과 중국 고대 지리서인 『산해경山海經』에 나오는 '불여국不與國'도 부여를 가리킨다고 보았다. 그리고 주周 무왕 때도 부여라는 이름이 보인다며 그 유래가 아주 오래되었다고 했다. 부여를 삼국세기 앞에서 독립된 세기로 다룬 것은 그때까지 부여를 삼국시대 서술에서 덧붙이던 관례를 깬 것이다.[34]

일제강점기의 부여사 인식

17~18세기에는 고토 회복 사상과 관련해 북방 중심의 고대사가 활발히 논의되면서 부여사를 새롭게 인식했다. 그러나 고조선과 삼국의 역사처럼 체계화하지는 못했다. 조선 후기까지 이어진 정통론에 기초한 역사 인식에서 부여사는 한국 고대사의 주류나 정통이라기보다는 부차적인 것이었다. 부여사가 북방 중심 고대사 인식 체계에서 주요한 왕조의 역사로 자리 잡은 것은 일제강점기 신채호의 공이다. 근대 역사학의 방법론으로 연구하기 어렵던 시절에 신채호는 일련의 글에서 부여사를 중심으로 한 역사 체계의 수립을 주장했다.

신채호의 역사학은 크게 세 시기로 나눌 수 있다. 첫 번째 시기는 『독사신론讀史新論』으로 대표되는 1905년에서 1908년까지고, 두 번째 시기는 만주에 가 『조선상고사朝鮮上古史』를 쓴 1915년에서 1925년까지이며, 세 번째 시기는 의열단에 들어가 민중 직접 혁명론을 주장하던 1922년 이후다.

『독사신론』은 기자-마한-신라로 이어진 기존 한족韓族 중심 정통론을 부정하고 부여 주족론夫餘主族論을 제기하면서 부여, 고구려, 발해의 역사를 강조했다. 그에 따르면 국가의 주권을 행사한 종족을 주족主族, 그렇지 못한 종족을 객족客族으로 다뤄야 한다는 것이다. 그리고 부여족은 주족, 지나족·말갈족·여진족·선비족·(한족과 예맥 등) 토족·몽고족·일본족은 객족이라고 했다. 그리고 '4000년 동국 역사는 부여족 성쇠소장盛衰消長의 역사'라고 주장했다. 그는 단군 의 정통이 부여로 계승되고 기자, 한韓 등이 단군 후예인 부여 왕조 의 명령을 받들었으며 부여에서 고구려가 파생되었다고 보았다. 또 삼국시대의 역사는 한족漢族에 대한 투쟁이나 삼국의 상호 관계에서 고구려가 주도적으로 구실했다는 점에서, 부여·고구려 중심으로 고 대사를 인식했다.

신채호가 이렇게 부여족 주족론을 내세운 것은 부여족이 살던 만 주를 근대국가의 영토로 수복하고, 당시 주권을 침탈한 지나족·일 본족 등 객족을 적대해 근대 민족국가를 세워야 한다는 현실의 요청 때문이었다.[35] 그러나 부여족 주족론은 결국 당시 사회에서 가장 넓 은 영토를 가진 국가를 중심에 두고 그 주변 역사를 정리하는 것으 로, '강자' 중심 역사관이라고 할 수 있다. 이는 당시 그의 사회진화 론적 현실 인식에 기초한 것으로 보인다.

『조선상고사』, 『조선상고문화사朝鮮上古文化史』를 통해 신채호는 국민들이 '국가 정신'으로 무장하는 것이 중요하다고 강조했다. 그 리고 국가 정신으로 무장하는 데 역사적으로 전래하는 풍속·습관 ·법률·제도 등의 정신이라 할 수 있는 '국수國粹'의 보전이 중요하 다고 지적했다. 이 국수 보전론이 당시 지식인들 사이에 크게 확산 되면서 '국수'의 상징으로 '단군 숭배' 기운이 일어나 1909년에 대 종교가 창건되기도 했다. 그런데 대종교도가 쓴 역사책은 부여족뿐만 아니라 여진·몽고·거란 등 소위 동이족 전체를 '배달족'이라는 큰 민족 집단으로 보고 이를 우리 조상으로 생각한다. 이를 달리 말하면, 서양의 '범게르만주의'나 '범슬라브주의'와 비슷한 '범동이민족주의'라고 할 수 있다. 우리 민족의 종족적 범위를 이렇게 확대한 결과 자연히 우리 민족의 활동 무대는 만주와 한반도는 물론이고 중국 동북 지방까지 포괄되며 순舜임금이나 요遼·금金·원·청 등과 같은 북방족의 왕조도 우리 민족의 역사로 보았다.[36]

결국 『조선상고문화사』에서 신채호는 삼국 성립 전까지 상고사의 흐름에서 조선족, 즉 부여족의 국가 활동이 주류였다고 보았다. 그리고 부여족의 나라인 단군조선은 2200여 년간 이어지면서 통일과 분열 같은 기복은 있었으나 국가 활동 자체는 단절 없이 삼국으로 이어졌다고 했다.[37] 또 우리 민족을 대표하는 이름은 부여, 나라 이름은 조선이라고 하며 만주족과 9이를 부여족의 일부로 보았다.

이런 인식은 『조선상고사』와 『조선사연구초朝鮮史研究草』에서도 변하지 않았다. 다만 고대사 인식 체계가 조금 달라진다. 신채호는 『조선상고사』를 통해 자신의 독자적인 상고사 인식 체계를 제시해 (보통 소도라고 하는 수두의 원형인) 신수두臣蘇塗 시대, (중국의 전국시대에 해당하는) 삼조선 분립 시대, (대한족對漢族 격전 시대인) 열국 쟁웅 시대로 나누었다. 신수두 시대에는 대단군왕검이 삼신 오제三神五帝의 말씀인 신설神說로 우주의 조직을 설명하고 그 신설에 따라 인간세상 일반의 제도를 정했다. 대단군은 신한이 되고 불한·말한 등 두 부왕副王이 있어서 이 삼한이 삼경三京을 중심으로 다스리고, 그 밑의 돗가·개가·소가·말가·신가 등 오가가 중앙의 국무 대신이 되는 동시에 지방의 오부를 나눠 다스리는 지방장관이 되었다고 한다.[38]

여기서 또 주목할 것은 전삼한前三韓의 영역이다. 신채호는 『조선 상고사』에서 기존 역사책들이 단군·기자·위만을 삼조선으로 본 것은 억지 해석이라면서 그 대신 신한이 통치하는 신조선·불한이 통치하는 불조선·말한이 통치하는 말조선을 제시했다. 그리고 신조선은 대단군왕검의 자손 해씨解氏가 계승하고 발전시켰는데, (오늘날 랴오닝성遼寧省인) 봉천성의 동북 또는 서북 지방과 지린성·헤이룽장성을 거쳐 프리모르스키沿海州 남단을 포함한 일대를 차지하고 있다가 나중에 북부여와 동부여로 분립된다고 보았다. 불조선은 기자의 후손인 기씨箕氏의 왕조로, 지금의 랴오둥에 해당하는 곳에 자리했으며 카이위안開原 이남과 싱징興京 이서 지방이 중심 영역이었다고 한다. 말조선은 한씨韓氏 왕조로서 압록강 이남 평양을 중심으로 세워졌다가 나중에 국호를 말한(마한)으로 고치고 남방의 월지국으로 천도했다가 불조선왕 기준箕準이 멸망시켰다고 한다.[39] 전삼한의 영역을 이렇게 설정한 것은 식민사관론자들이 애써 강조한 한반도 중심의 역사 무대를 랴오둥 반도 및 랴오허 서쪽 지방과 중국 동북 지대까지 확대한 의미가 있다.

이렇게 신채호는 종래에 논란이 많던 기자나 마한, 위만·삼한 등의 사실史實을 부여·고구려에 따르는 것으로 체계화했다. 대단군왕검의 후예가 신조선에서 부여·고구려로 연결되었다는 것이다. 앞에서 말했듯이 신채호가 부여·고구려 중심으로 우리 상고사가 이어진다고 본 것은 대개 이종휘의 영향이라고 할 수 있다. 신채호는 이종휘가 미처 정립하지 못한 부여·고구려 중심의 한국 고대사를 고증과 논리상의 무리를 무릅쓰고 체계화하려고 한 것이다. 신채호가 수립한 한국 고대사 인식의 체계는 다음과 같이 나타낼 수 있다.

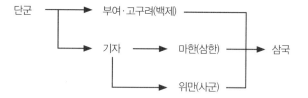

우리 조상이 상고시대에 웅혼한 문화권을 형성했고 단군 시대에는 이미 문화를 전파해 중국의 종교 및 경제생활에 막대한 영향을 미쳤다는 것, 고구려가 대외 항쟁에서 거둔 승리를 강조한 것은 역사를 '아我와 비아非我 간 투쟁의 기록'으로 파악한 신채호의 주체적 사학 정신의 발로다. 이는 중국에 대한 문화적·정치적 사대주의를 타파한다는 뜻이었고, 그가 활동하던 한말·일제 식민지 상황의 철폐라는 민족적 과제와도 상통했다.

이런 기반 위에서 신채호는 기존 사가들이 발견하지 못한 새로운 요소들을 발굴했는데, 그중 가장 주목할 만한 것은 삼국과 통일신라에 묻혀서 빛을 못 보던 부여·가야·발해에 대한 재조명이다.[40] 그리고 신채호에 이르러서야 비로소 북방 부여 중심 고대사가 체계를 갖췄다고 할 수 있다.

해방 이후 부여사 인식

일본인 학자의 연구

일제강점기에 이르기까지 부여사에 대한 논의가 크게 발전했다고 보기는 어렵다. 가장 기본적인 문제인 부여국의 중심지 위치에 대해서조차 논란이 분분했기 때문이다. 1950년대까지는 이케우치池內宏[41]나 미카미三上次男 등 주로 일본인 학자들의 다양한 논의가 있었다.

부여사의 기초적인 정리는 이케우치가 했다. 그는 부여가 기원전 3세기부터 5세기까지 약 800년간 중국 동북 지구에 있었다고 보았다. 『삼국지』 위서 동이전의 부여조 중 '부여는 장성長城의 북쪽에 위치하며 현도군으로부터 1000리 떨어져 있다. (……) 북으로는 약수弱水가 있고 사방이 2000여 리다. 산과 언덕과 넓은 못이 많으며 동이의 땅에서는 가장 평탄하다'[42]는 기록에 기초해 이렇게 정리한다.

1. 부여전의 기사는 위魏 원정군의 보고에 기초한 것으로 믿을 수 있다.
2. 당시 현도군은 이미 푸순撫順에 있고, 장성은 카이위안 북으로 세워졌다.
3. 부여전의 '1000리'는 어림잡은 것으로, 구애받을 필요가 없다.
4. '산과 언덕과 넓은 못이 많다'는 표현이 어울리고 동이 지역 가운데 가장 평탄한 장소는 '금金'의 발생지인 지금의 쌍청雙城에서 아청阿城에 걸친 아러추허阿勒楚喀 지역이고, 약수는 '동류 쑹화강東流松花江'이다.

이런 관심은 히노日野開三郎의 부여 통사 정리로 이어진다.[43] 히노는 만주 지역에서 활동한 종족 가운데 예맥이 부여, 고구려, 옥저, 동예 등 4군으로 나뉘어 역사에 등장했다고 정리한다. 그리고 개별 국가에 대한 연구를 종합해 예맥족 연구라고 할 수 있는 방대한 성과를 냈다. 만주의 역사, 지리, 강역 문제에 중점을 둔 연구였다.

일본 학계의 부여에 대한 연구 성과는 고구려 고고학 자료에 천착

한 다무라田村晃一의 연구로 종합되었다. 그는 기존의 부여사 연구 동향을 소개하며 자신의 생각을 밝히고, 부여 고고학을 종합 정리한다.[44]

다무라는 중국의 삼국시대에 고구려의 북쪽 경계는 아마도 지금의 지린성 휘파허輝發河 상류 부근일 것이라고 했다. 그렇다면 부여의 거주지는 (한漢 대에 장성이 있던) 카이위안과 (고구려의 북쪽 경계인) 휘파허 상류를 잇는 선보다 북쪽에 있었다는 뜻이다. 다무라는 중국 학계의 고대사 및 고고학계의 연구 성과를 참조해 부여의 거주지를 제2쑹화강 유역의 넓은 지역에서 찾았고, 전성기의 중심은 분명히 지린시 부근이라고 정리했다. 이 주장을 대부분의 중국 학자는 물론이고 우리 학계도 받아들이고 있다.

중국 학계의 연구

최근 중국 동북 지역에서 고고학 발굴이 진행되면서 중국 학자들을 중심으로 다양한 견해가 쏟아져 나오고 있다.

1980년대에는 부여의 거주 지역에 관해 연구한 리젠차이李健才와 우궈쉰武國勛이 쓴 논문이 주목을 끈다. 먼저 리젠차이는 「부여의 강역과 왕성夫餘的疆域和王城」이라는 논문에서 한漢·위魏 시대의 부여 거주지가 쑹넌 평원에 있다고 보는데, 공손탁公孫度이 부여와 연합해 고구려와 선비에 대항한 것, 고구려가 현도군을 공격한 121년에 부여가 현도군을 구한 것, 관구검毌丘儉이 고구려를 공격할 때 현도 태수가 부여에 보내진 사실 등에 기초해 쑹넌 평원에서 멀리 떨어져 있었다는 것을 부정했다.[45] 흔히 『자치통감』 진기晋紀 기사에 있는 '서사근연西徙近燕'을 바탕으로 346년보다 전에 부여는 서쪽으로 이동했고, 이 후기의 왕성은 지금의 눙안農安이며, 그 전 왕성은 지린시 룽탄산龍潭山, 둥퇀산東團山 일대라는 것이다. 리젠차이는 '부여와 한·위의 관계는 밀접했고, 사자의 왕래도 빈번했기 때문에 (부여가) 한 문화의 영향을 깊게 받았고, 부여 전기 왕성의 소재지에는 한·위 시대의 문화 유적이 풍부했다'면서, 이 일대에서 한 대의 유물이 다수 출토되는 것에 기초해 부여 전기의 왕성은 룽탄산성 또는 둥퇀산성과 그 남쪽 기슭의 난청쯔南城子라고 주장했다. 이 주장은 구체적인 근거가 부족하기는 해도 부여의 공간적 범주에 대한 기본 정리가 되었다.

리젠차이의 논문을 보충하는 것이 우궈쉰의 「부여의 왕성에 대한 새로운 고찰夫餘王城新考」이다.[46] 우궈쉰은 여러 근거가 있지만 특히 '산과 언덕과 넓은 못이 많고, 동이 지역 가운데 가장 평탄하다'는 지역은 쑹넌 평원이고, 그 중심지인 지린은 현도군치玄菟郡治(푸순)에서 대략 1000여 리의 땅에 있어 도성으로 적합하다고 보았다. 즉 지린시 룽탄산 근처 둥퇀산 난청쯔 유적을 부여의 중심 왕성으로 보았다.

난청쯔 유적에 관해서는 같은 시기에 발표된 둥쉐쩡董學增의 논문에도 거의 유사한 기사가 있는데, 남문 북쪽 작고 높은 장소의 규모를 높이 1.5미터, 남북 150미터, 동서 73미터라고 보고했다.[47]

한편 부여의 생활문화에 관해서는 문헌 사료가 부족하기 때문에 고고학 자료의 검토가 필요한데, 현재까지는 고고학 자료도 매우 부족하다. 부여 고고학 자료에 관해서는 톈원田耘의 글이 눈에 띈다.[48] 톈원은 부여 고고학 자료로 시차거우西岔溝 유적에 주목했다. 이 유적에서는 특히 청동제 안테나형 칼자루끝장식劍把頭飾과 철제 장검, 동물 문양을 주요 모티브로 한 식금구류飾金具類가 눈에 띈다. 한漢

문화에 속하는 것으로 보이는 철제 농·공구도 있는데, 전체적으로 북방 유목 민족의 것이라고 결론지었다.

시차거우 유적보다 더 확실한 부여 유적으로서 검토가 필요한 것이 지린성 위수시榆樹市 다포향大坡鄉 라오허선촌老河深村 유적이다.[49] 이곳에서 상·중·하 3층의 문화층이 확인되지만, 문제가 되는 것은 중층이다. 중층에서 부여 시기의 무덤 128기가 발견되었다.

발굴 보고자는 라오허선 유적을 남긴 사람들이 선비족이라고 했지만, 유적이 부여의 영역에 있어서 부여의 유적으로 보는 것이 합리적이다. 다포 유적 중층의 라오허선 2기 문화가 부여에 속한다는 것은 톈원뿐만 아니라 많은 이들이 동의하고 있다. 리뎬푸李殿福도 같은 양상의 견해를 기술하며 시차거우 유적이나 지린성 둥펑현東豊縣 차이란彩嵐 유적이 부여의 것이라고 했다.[50]

최근에는 동북공정이 진행되면서 고조선사와 고구려사를 비롯해 부여사에 대한 연구 성과도 많이 나오고 있다.[51] 그중 황빈黃斌과 류허우성劉厚生이 함께 쓴 『부여국사화夫餘國史話』[52]는 깊이 있는 연구서로 보기에는 한계가 있지만, 부여사와 관련된 문헌 자료와 고고학 자료를 총망라해 모두 28장에 걸친 통사가 되었다는 데 의미가 있다.

한편 동북공정에 참여한 지린대 교수인 양쥔楊軍이 「동부여고東夫餘考」를 통해 해부루가 동해가에 동부여를 세웠다는 설화를 사실로 받아들이는 주장을 제시한 것이 눈에 띈다.[53] 그리고 지린성고고연구센터의 장푸유張福有와 지안박물관의 쑨런제孫仁杰·츠융遲勇이 부여 후기 왕성에 대한 견해를 발표했다.[54] 전기 왕성은 종전 학계의 주장처럼 지린시 룽탄산 일대로 보았는데, 후기 왕성은 기본적으로 한 대에 건축된 고성이어야 하며 왕성 주변에는 이와 관련된 묘지와 고급 유물이 출토되어야 한다고 보았다. 이런 점에서 기존에 후기 도성으로 언급되던 눙안이나 창투昌圖 쓰몐성四面城 등은 도성의 조건에 부합하지 않는다면서, 산성이 둘러싸며 주변에 부여 관련 유적이 있는 랴오위안遼源 룽서우산龍首山 산성을 부여의 후기 도성으로 보았다.

그런데 현재 모든 중국 학자가 부여사를 고구려사처럼 중국 동북사의 일부로 볼 뿐 결코 한국 고대사의 일부라고 하지 않는다.[55] 중국 선양瀋陽의 랴오닝성박물관 부여 전시장의 설명에 이런 시각이 단적으로 드러난다.

부여는 중국 역사상 중요한 소수민족이다. 적어도 한 초漢初에 이미 중국 동북 지역 중부의 쑹랴오 평원에서 활동했다. 이 평탄하고 비옥한 땅에서 부여인은 700여 년간 살았고, 동북 지구의 경제와 문화 발전에 탁월하게 공헌했다. 부여는 건국 이래 한 왕조에 신하로서 복속했으며 그 관계를 친밀하게 유지했다.

1950년대에 랴오베이遼北 지역에서 발견된 시펑西豊 시차거우 묘군에서 진귀한 문물을 대량 출토했는데, 연구 결과 부여 문화에 속하는 것으로 판명되었다. 이 유물들은 서한西漢 시기 부여인의 문화적 특색을 반영한다.

이런 서술은 분명히 한 국가의 역사를 보는 시각, 즉 지나친 자민족 중심 역사 연구에서 나오는 문제다. 즉 동북공정을 진행하면서 중국 동북 지역의 역사, 특히 고대사인 고조선·부여·고구려의 역사를 중국인의 눈으로 정리한 결과라고 볼 수 있다. 중국은 2002년부터 2007년까지 5년 동안 중국 사회과학원 '변강사지연구센터'라는 기관의 주도로 이 연구 기획을 추진했다. 현재 공식적으로 국가가 주도하는 동북공정은 끝났어도 '랴오허 문명론'이라는 이름으로, 또는 '지역 문명 만들기' 같은 이름의 여러 기획으로 보이지 않게 계속 추진되고 있다. 이런 기획은 그 이름에서도 알 수 있듯이, 중국 동북 3성 지방의 역사와 지리, 민족문제 등과 관련된 여러 사안을 다룬다. 과거에 이 지역을 무대로 활동한 고구려를 비롯해 고조선과 발해 같은 한국 고대사의 주제가 포함될 수밖에 없다. 이렇게 우리가 한국사의 일부라고 여겨 온 역사를 한국사에서 분리해 중국사에 포함시키다 보니 한중 역사 분쟁이라고 할 만큼 심각한 갈등이 초래되었다.

여기에는 중국 나름대로 심각한 고민이 있다. 중국은 한족漢族 외에 55개나 되는 소수민족을 포함한 나라라서 소수민족의 분리와 독립 문제가 아주 중요하다. 1980년대에 개혁·개방 정책을 추진하면서 소수민족 정책에 눈을 돌린 중국은 1989년 동구권의 변화, 1991년 소련의 해체 과정에서 각 민족의 독립과 분열상을 보고는 자국 내 소수민족 문제에 각별히 대처하기 시작했다. 현재 중국은 중국 내 모든 민족의 융합과 통일을 표방하며 '중화민족'이라는 새로운 민족 개념을 내세우고 있다. '통일적 다민족국가론'이라는 주장이 나타난 배경이다. 1980년 전반에 일반화된 '통일적 다민족국가론'은 '중국은 현재뿐 아니라 2000년 전부터 통일적 다민족국가를 형성했기 때문에, 현재 중국 영역 안에 자리한 소수민족은 다민족국가인 중국의 구성원으로서 중원 대륙의 통일과 분열에 관계없이 중원 왕조와 항상 정치·경제·문화적으로 밀접하게 연결되고 중국 영역의 일부를 구성하며 중국사에 공헌했다'는 주장이다.

이 주장은 '현재의 논리'를 '역사의 해석'에 적용해 심각한 역사 왜곡이라는 폐해를 낳았다. 현재 중국 영토에 고구려 영역이 일부 겹쳐지면서 고조선, 부여, 고구려 역사를 중국사에 편입해야 하게 된 셈이다. 즉 고조선, 부여, 고구려의 종족도 한국사와 관계가 없는 중국 내 종족의 일원이며 건국 이래 중국 왕조의 정치적 지배를 받아 온 중국 고대 지방정권 중 하나라는 것이다. 그리고 고조선 이전의 랴오허 일대 문화를 중국 상고 문명 중 하나인 '랴오허 문명'으로 파악하면서 동북아시아 전체를 상고시대부터 중국사로 편입하려는 시도가 지금까지 이어지고 있다.

고조선, 부여, 고구려는 예맥이 세운 고대국가다. 예맥은 그 북쪽에 있던 숙신-읍루와 달리 농업에 중심을 두고 지린성 남부에 여러 고대국가를 세웠다. 부여의 역사도 예맥이 주도한 역사인데, 중국 학계에서는 예맥 자체를 중국 역사로 편입해 이해한다. 따라서 한국 고대사를 제대로 복원하려면 고조선사와 고구려사만큼 부여사도 중요하다는 것을 인식하고 연구해야 할 것이다.

우리 학계의 연구

그동안 대부분의 한국 고대사 연구자들은 우리 민족사의 출발과 관련해 고조선·단군조선사에만 관심을 기울였다. 고조선 후기부터 고조선 북방에서 존재하며 700년간 이어진 부여의 역사에는 그다지 관심이 없었다. 그나마 관심이 있던 일부 연구자들도 고조선사 연구에 집중하느라 소략히 서술할 뿐이었다.

부여사에 관해서는 오히려 일본 학자들의 연구 성과가 이어진 가운데 국내 학자 중 손진태孫晉泰와 이병도李丙燾의 연구가 주목된다.

손진태는 기본적으로 한국 고대사에서 삼국 초기까지는 부족국가 단계였고, 삼국시대에 귀족 국가로 발전한다고 보았다. 이런 시각에서 부족국가 단계로서 남북 9족九族의 정치·경제·문화·외교 등에 대해 서술했는데,[56] 남북 9족 중 예맥이 가장 먼저 한민족과 접촉했다고 보았다. 그리고 이 예맥이 1세기경까지도 부족국가를 이루지 못하고 소부족적인 미개사회에 있었으며 그 영역과 주민이 북방의 부여와 남방의 고구려로 이어졌다고 보았다.

이병도는 삼국 이전 한국 고대사회를 (고조선·낙랑 등) 서북 행렬 사회와 (부여·예맥·임둔 등) 후방 행렬 사회로 나누고 부여가 후방 행렬 사회 중 가장 조종적祖宗的 위치에 있거니와 '조선'과 함께 일찍부터 중국에 알려진 국가라며 아주 상세하게 고찰했다.[57] 부여의 역사와 지리에 관한 고증은 대부분 이병도가 했다고 할 수 있다.[58]

그 뒤 김철준金哲埈이 고조선 이후 나타난 네 부족 연맹으로 북방에는 부여·고구려, 남방에는 가야·신라가 있었으며 이 가운데 부여는 부족 연맹 단계에서 고대국가 성립에까지 이르지 못하고 망한 것으로 정리했다.[59]

1980년대에는 부여사에 대한 연구가 거의 없었고, 1990년대에 부여사에 대한 기본적인 정리와 영역 문제에 접근한 연구가 나오기 시작했다.[60] 이 연구들도 연구사 정리에 바탕을 두었지만, 이병도 연구 이후 부여사에 대한 가장 체계적 접근이라고 할 수 있을 만큼 그 전까지 부여사 연구가 부진했다.

그동안 부여에 대해서는 영역과 역사 전개 과정에 집중하는 연구와 촌락의 일반 백성인 하호下戶나 수도를 중심으로 방위에 따라 지방을 네 구역으로 나눈 사출도四出道를 중심으로 한 사회경제사적 연구 등 두 가지 흐름이 있었다. 특히 사회 구성에 대한 연구는 국가 성립 문제와도 연관되어 비교적 성과가 많았다.

김철준의 연구는 부여와 같은 초기 국가 단계에는 족장 회의가 왕의 선임選任을 맡고 왕권을 제약하기도 했으며 여러 족장층이 독자적 지배 기구를 보유한 채 정치적으로 연맹한 것을 강조했다.[61] 즉 부여는 전제 왕권을 중심으로 지배 세력이 재편된 고대국가 단계로 성장하지는 않았다고 본다. 부여·고구려 시대까지도 왕권에 대한 제약으로서 공동체적 관계의 정치·사회적 기능이 남았다고 강조한 것이다.[62]

이기백李基白의 성읍국가론에 따르면, 고대국가는 지연地緣을 중심으로 성립된 도시국가라고 할 수 있는 성읍국가를 거쳐 연맹왕국 단계에 이른다. 이 가운데 연맹왕국 단계에 해당하는 고조선의 관료 제도와 부여의 사출도도 그 원초적 형태가 성읍국가에서 비롯했다고 본다.[63] 부여의 경우 비록 제가諸加가 관할했다고는 해도 형식 자체는 수도를 중심으로 대개 동서남북 사방에 짜인 행정구역을 관할했고, 국왕은 그 중심인 '중부'를 직접 통치했다는 것이다.[64] 그렇다면 부여 단계에 이미 행정적 정치체제가 형성되었다는 말이 된다.

고대국가가 귀족 연합 체제에서 전제 왕권 체제로 발전했다고 보는 논의에서는 고대 정치체제의 가장 특징적 면모인 귀족 회의가 바로 족장 회의에서 온 것이고 족장 선임 같은 대사를 결정한 부여의 제가 회의는 족장 회의의 전형을 보여 주는 것으로 파악한다.[65] 즉 귀족 회의의 구성원을 독자적인 세력을 가진 족장으로 보지 않고 왕권 아래의 귀족으로 설정하고 논의를 전개한다. 부여 사회에 제도적으로 왕이 있었더라도 통치의 주체는 귀족 회의체였을 가능성이 높

고, 이런 현상은 왕권을 뒷받침할 관료 제도가 발달하지 않은 것과 관련된다고 보았다.[66]

많은 고구려사 연구자들이 삼국 초기, 특히 고구려 사회를 '부'를 중심으로 한 '귀족 회의'를 통해 운영되던 '부 체제' 사회로 인식한다. 따라서 고구려 사회보다 이른 시기의 모습을 보이는 부여의 사회구조는 자연스럽게 부 체제의 초기 모습으로 인용한다.[67]

최근 부여사를 주제로 한국고대사학회가 주최한 학술 대회에서는 현장 답사를 바탕으로 부여 고고학 자료를 정리하고 사회사적인 접근을 통해 부여의 역사와 문화에 대한 종합 연구를 진행했다. 여기서 이기동李基東은 기조 강연을 통해 한민족사에서 부여사가 차지하는 위치가 아주 크고 중요하다는 점을 강조했다.[68] 송기호宋基豪는 부여사 연구의 쟁점을 종합적으로 검토하며 부여가 당시에 고구려 북쪽에 있어서 북부여라고 불렸고, 동부여는 별도로 동해가 어디엔가 존재한 나라라고 보았다. 결국 부여는 북부여와 동부여로 양분할 수 있다는 점을 강조했다.[69] 박양진朴洋鎭은 고고학 자료를 통해 부여의 문화적 기반에 대해 정리했다. 부여 문화는 기원전 2세기 말쯤 파오쯔옌泡子沿 유형의 성립으로 형성되었고, 4세기 무렵에는 수도인 지린시 일대에서 부여 문화의 특징이 잘 보이지 않는다는 것이다.[70] 지린시 외곽 지역의 이름을 딴 파오쯔옌 유형 유적에서는 모두 물레를 써서 만든 회도灰陶가 출토되며 철기 사용 흔적이 보인다.[71]

부여사 관련 고고학 자료를 중심으로 꾸준히 글을 발표한 이종수李鍾洙는 동서 문화가 교차하는 지역인 헤이룽장성의 칭화慶華 토성 유적을 초기 부여의 문화 기원으로 주목했고, 전성기 부여의 문화와 관련해 아주 유사한 특징이 있는 시차거우 유적을 송기호와 마찬가지로 고조선과 부여가 존재하던 시기에 랴오시遼西와 헤이룽장성 서북쪽에서 활동하던 유목 민족인 오환烏桓 세력이 남긴 것일 수 있다고 본다.[72] 또한 둥퇀산 산성과 룽탄산성을 부여 도성으로 설정하고 직접 조사한 자료를 토대로 고구려가 지린시 일대인 이 지역을 점령한 뒤로 부여의 성곽을 재사용했다고 주장했다.[73]

그리고 앞에서 본 여러 연구의 성과를 바탕으로 필자는 부여의 주민 구성과 국가 형성에 관해 연구하고, 당시까지 고고학계에서 연구한 성과를 총망라해 부여의 국가 형성과 문화 기반에 대해 정리했다.[74]

2

부여의 기원

옛날 북방에 탁리豪離라는 나라가 있었는데, 그 왕의 시녀가 임신을 했다.
(……) 아들을 낳았다. 이름을 동명이라 하고 항상 말을 기르게 했다.
동명이 활을 잘 쏘자, 왕은 자기 나라를 빼앗길까 두려워 죽이려고 했다.
이에 동명이 달아나 (……) 남쪽의 부여 지역에 도읍하고 왕이 되었다.

『논형論衡』 길험편吉驗篇

부여라는 이름에 대해

'부여'라는 이름은 『사기史記』 권 129 화식열전貨殖列傳에 '연이 북
으로 오환·부여와 인접했다'[1]는 대목에서 처음 보인다. 『삼국사기』
나 『삼국유사』 등 우리 문헌에서는 부여扶餘, 『삼국지』 위서 동이전
을 비롯한 중국 문헌에서는 부여夫餘로 표기했다. 모두 지린성 일대
를 중심으로 존재한 부여국의 지역 이름인 '푸위fuyu'를 한자로 표
기한 것이다. 『사기』 이전 문헌인 『산해경』에 나오는 '불여不與'를 부
여로 보거나[2] 『일주서逸周書』 왕회편의 '부루符婁'가 부여라는 설[3], 이
순李巡의 『이아爾雅』 석지釋地와 형병邢昺의 『논어정의論語正義』에 나
오는 '부유鳧臾'가 부여라는 설[4] 등이 있으나 명확한 논증은 없다. 또
한 『상서』 주관편周官篇의 '무왕이 이미 동이를 정벌하니 숙신이 와

서 조하했다'는 구절에 대해 공안국전孔安國傳에서 '해동의 오랑캐인 구려駒麗·부여扶餘·간맥馯貊 등은 무왕이 상을 이김에 모두 길을 통했다'고 해석해 부여가 무왕 대에 이미 있었다고 전한다. 그러나 공안국전이 남북조시대에 쓴 위서僞書라는 주장이 있고, 그 내용 중 무왕 대의 사실로 믿기 어려운 점이 많아 부여에 관한 초기 기록으로 인용하기는 어렵다. 대개 학자들은 부여가 기원전 119년 한나라가 흉노의 동쪽 땅[5]을 평정한 뒤부터 한사군을 설치한 기원전 108년에 이르는 어느 시기에 출현했다고 본다.

부여라는 이름의 유래에 관해서는 여러 설이 있다. 먼저 부여의 원뜻이 '밝神明'에서 개발→자만滋蔓→평야를 의미하는 '벌伐·弗·火·夫里'로 변한 데서 연유했다는 설이 일찍이 제기되었다.[6] 그 근거는 부여의 중심 지역이 쑹화강 연안의 동북 평원 일대고, '벌'과 '부리'가 서라벌徐羅伐·고사부리古沙夫里 등 삼국시대 지명에 자주 등장하기 때문이다. 이는 부여족의 일파가 세운 고구려의 '구려'가 '큰 고을'이나 '높은 성'을 뜻하는 '홀忽'·'골骨'·'구루溝婁'에서 비롯되었다는 점과 관련해 설득력이 있다.

이와 달리 부여가 사슴이라는 뜻에서 유래했다는 주장이 있다. 『자치통감』의 부여 멸망 기사에 부여의 원거주지로 나오는 '녹산鹿山'이 사슴鹿을 뜻하는 만주어 '푸후puhu'와 몽고어 '폽고Pobgo'에서 비롯했다는 주장이다.[7] 퉁구스어로 '사슴'을 '부위buyu', '부윈buyun' 등으로 말하기 때문에 '녹산'이란 '부위buyu산'이고, 부여는 그에 해당하는 한자음이라는 것이다. '선비'족의 이름이 '선비산鮮卑山'에서 생기고 '오환'이 '오환산烏桓山'에서 기인했다는 것[8] 등이 이와 같은 예다.

지린 거리의 사슴상
지린시 입구에는 부여의 어원인 녹산을 떠올리게 하는 사슴상이 세워져 있다.

이와 비슷하게 녹鹿의 음이 '푸fu'로서 '부夫'의 음과 같다는 주장
도 있다. 예濊의 한음漢音 '후이huí'에서 부여의 이름이 기원했다는
주장[9]이 있고, 최근에는 부여가 강 하류의 이름에서 왔다는 주장도
제기되었다.[10] 넌강 중류 동쪽에 우위얼허烏裕爾河가 있는데, 이 강을
금金 대에 포여蒲與라고 한 점에서 부여는 '포여'나 '오위르'의 다른
표기라는 것이다.

이 논의들을 살펴보면, 부여라는 이름이 들·강·산의 이름에서 유
래했다고 보며 지리적인 면을 강조한다. 모든 주장이 나름대로 논리
와 설득력이 있지만, 근거는 분명하지 않다. 현재로서는 선비·오환
등 북방 유목 민족의 이름이 대개 그들이 원래 거주한 산의 이름에
서 유래했다는 점을 염두에 둘 필요가 있다. 부여가 처음에는 녹산

에 거주했다는 사실[11]과 발해에 부여의 사슴을 귀하게 여기는 풍속이 있었던 점[12] 등을 고려하면, 부여의 이름이 사슴을 일컫는 만주어 '부위'에서 유래했을 가능성이 가장 크다.

이규보李奎報의 「동명왕편東明王篇」에 실린 『구삼국사舊三國史』의 기록으로 보이는 고구려 동명왕 설화에는 사슴을 거꾸로 매달아 울게 하고 소원을 빌면 그것이 사슴의 울음소리를 따라 하늘로 올라가 이룰 수 있었다는 이야기가 나온다.[13] 이는 당시 사유 방식의 일면을 보여 준다. 또 『삼국사기』에 보이는 신록神鹿은 당시에 토테미즘 기능이 있었음을 짐작하게 한다. 더욱이 여진어에서 사슴을 '부요buyo'라고 한 사실은 부여라는 이름도 동물 이름이나 토테미즘과 관련해 성립된 것임을 암시한다고 볼 수 있다.[14]

부여의 건국설화, 동명 설화

일찍이 부여족의 기원과 관련해 동이족이 동쪽으로 이동하는 과정에서 그 일부가 발해만 일대에서 창춘長春·농안 지방으로 이동해 부여를 건국했을 가능성이 제기되었다. 그러나 건국 전설을 보면 오히려 북방 계통의 건국 전설과 밀접히 관련되어, 북쪽에서 쑹화강 유역으로 남하한 세력이 부여를 건국했을 가능성이 크다.

기원전 1세기 중엽 후한 때의 학자 왕충王充이 지은 『논형』 길험편이나 위나라 어환魚豢이 펴냈다는 『위략魏略』에 따르면 동명 설화는 다음과 같다.

옛날 북방에 탁리라는 나라가 있었는데, 그 왕의 시녀가 임신을 했다. 왕이 그녀를 죽이려 하자, 시녀는 "달걀만 한 크기의 기운이 제게 떨어져 임신했습니다." 했다. 그 뒤에 아들을 낳았다. 왕이 그 아이를 돼지우리에 버리자 (돼지가) 입김을 불어 주어 죽지 않았고, 마구간에 옮겨 놓았더니 말도 입김을 불어 주어 죽지 않았다. 왕은 천제의 아들일 것이라고 생각해 그 어머니에게 거둬 기르게 하고는 이름을 동명이라 하고 항상 말을 기르게 했다. 동명이 활을 잘 쏘자, 왕은 자기 나라를 빼앗길까 두려워 죽이려고 했다. 이에 동명이 달아나 남쪽의 엄호수에 이르러 활로 물을 치니 물고기와 자라가 떠올라 다리를 만들어 주었다. 동명이 물을 건넌 뒤 물고기와 자라가 흩어져 버려 추격하던 군사는 건너지 못했다. 동명은 부여 지역에 도읍하고 왕이 되었다. 이렇게 북이北夷의 땅에 부여국이 있게 되었다.[15]

이 건국 설화에서는 크게 두 가지 사실을 알 수 있다. 첫째, 부여의 북방에 부여 건국 전에 이미 '탁리'라는 나라가 있었다. 둘째, 부여의 시조 동명은 북이 탁리국 출신으로 남쪽으로 달아나 엄호수 또는 엄시수掩施水[16]를 건너 부여에 와서 왕이 되었다. 리지린李址麟에 따르면 엄호수는 '큰 강'을 뜻하는 고대 우리말로서 이두문으로 '압록수鴨綠水'·'압자수鴨子水'·'무열수武列水' 등으로도 쓸 수 있는데, 요遼 성종 때(1021~1031)까지 쑹화강을 압자수라고 부른 사실을 고려하면 부여 북쪽의 엄호수를 쑹화강으로 보는 것이 타당하다.[17]

이를 종합하면, 부여는 처음 자리한 지역(지금의 지린성 일대)의 북쪽 땅에 살던 선주민이 남쪽으로 내려와 세운 나라임을 알 수 있다. 이 설화의 기본 줄기는 왕이 탁리국에서 엄호수를 거쳐 부여까지 망명해 도읍을 정했다는 부여족의 이주移住 전설이다.

건국자가 햇빛의 기운을 받아 출생했다는 것은 몽고·만주에 널

부여가 있던 지린시
지린시 한복판을 흐르는 쑹화강 유역에 부여가 자리 잡았다.

리 퍼진 '감정형感精形' 신화의 요소다. 또한 물고기와 자라 떼가 다리를 만들어 큰 강을 건너게 했다는 설화상의 모티브는 북방의 풍토[18]에서 생겨나는 구상으로 볼 수 있다. 물고기의 등을 다리 삼아 바다나 강을 건넜다는 이야기는 특히 북아시아의 어렵과 수렵을 주로 하는 민족들 사이에 많았다. 이런 설화는 북아시아 지역의 기후 특성과 관련이 있다. 곧 겨울에는 얼음이 얼어 교통이 편리하지만, 봄이 되면 얼음이 녹아 왕래가 자유롭지 못한 풍토가 배경인 것이다. 결국 동명 신화의 내용은 부여와 고구려가 북아시아의 풍토와 지리적 조건을 배경으로 서서히 발전했음을 나타낸다.

한편 자신들의 시조를 정복 족장으로서 천제나 일월의 아들로 여기고 자신들을 천신족 또는 신성족으로 생각하는 것은, 단군신화 이래 신라의 석탈해昔脫解·박혁거세朴赫居世 설화나 가야의 수로왕首露

王 설화에서도 보인다. 이 설화들의 기본 내용을 보면, 유이민流移民 출신이 왕이 되고 왕비는 대개 토착족 출신이며 시기상 고대국가 초기 단계의 국가 건설 모습을 반영한다.

부여를 세운 종족, 예맥

부여 건국 전설 중 가장 이른 『논형』의 자료에 따르면, 부여는 북이 탁리국(고리국, 색리국)의 왕자 동명이 남하해 세운 국가이며 부여가 세워지기 전 그 지역에는 예인濊人이 살았다. 즉 부여 건국 이전 지린시 일대에서 번성하던 청동기 문화인 시퇀산 문화를 조영한 집단은 예맥으로도 불린 예족濊族이라고 할 수 있다.

부여가 일어난 쑹화강 중류 일대는 만주에서 이례적으로 산악과 구릉과 삼림이 비교적 적고 유수한 대평원 지대였다. 부여국 최초의 도성都城이 있었을 것으로 보이는 지린시를 중심으로 한 지린성 일대에서는 시퇀산 문화로 불리는 청동기 문화의 존재가 알려져 부여 건국의 역사적 배경을 추구할 수 있는 실마리가 제공되었다. 선진先秦 시대에 랴오허 동쪽에서는 예맥족이 비파형(랴오닝식) 동검 문화권 안에서 지역적인 특색을 띠며 성장하고 있었다. 그 가운데 특히 훈허渾河 유역에서 지린성에 이르는 지역에서 돌널무덤과 시퇀산형 토기 문화를 영위한 세력은 문헌에 보이는 예맥으로 설정하는 것이 가장 합리적이다. 시퇀산형 토기는 랴오둥 지역에서 집중적으로 출토되는 고조선의 미송리형 토기와 유사하다.

부여의 민족적 근간을 이룬 부여족의 지배층은 맥족으로 볼 수 있고, 그 시조와 건국에 관한 설화에 따르면 북방에서 쑹화강 유역으로 남하해 예족의 땅에 건국했다. 하지만 맥족과 예족은 인류학적으로 동일한 종족에 속해 양자 간 차이를 구별하기가 어렵다. '예맥'이라는 이름에 대해서는 '예와 맥'으로 갈라놓는 견해,[19] '예맥'을 줄여 '예穢·濊' 또는 '맥貊·貉'이라고 불렀다는 견해,[20] '예맥'은 '맥'의 일종[21]이며 '예'는 '예맥'의 약칭[22]이라는 견해 등 크게 셋으로 나뉜다. 지금까지 논의를 보면, 원래 예 계통의 주민 집단이 살고 있던 랴오허 동쪽 지역에 랴오시나 중국 북방으로부터 맥 계통의 주민 집단이 이주하고 융합을 통해 예맥이라는 종족 집단을 형성했다고 보는 것이 가장 합리적인 이해라고 생각한다.

예맥, 또는 예와 맥이 언제 어떻게 한 종족 집단이 되어 동쪽으로 이동했는지는 잘 알 수 없다. 다만 후대의 기록인『사기』에 '예맥' 자체가 독립된 종족 연합체로 등장하고[23] 강성해진 흉노와 동쪽에서 접경한 사실[24]에서, 기원전 3~2세기경 예맥이 한 종족으로 존재한 것을 알 수 있다. 그리고 그 속에서 다시 부여가 나온 것이『삼국사기』,『후한서』등에 기록되었다.『삼국사기』고구려 본기 권 1과『후한서』동이열전 부여조와 고구려조 등은, 고구려가 부여의 별종으로 그 시조의 전설이 부여의 것과 같을 뿐만 아니라 고구려의 시조인 고주몽도 부여 시조의 이름인 동명왕으로 불렸다고 하며 부여가 본래 예 지역이라는 사실을 전한다.

부여의 건국 시기

부여의 건국 연대에 관해서는 사서에 분명하게 기록된 것이 없다. 다만『사기』화식열전에서 전국 7웅戰國七雄의 하나인 연燕에 대한 기사 가운데 고조선·진번과 함께 부여가 보인다.[25] 이 기사와『한서漢書』지리지地理志[26]에 오환과 함께 등장한 것을 근거로 부여가 기원전 2세기, 즉 전한前漢 초기에 등장한 사실은 분명히 확인할 수 있다.[27]

『삼국지』와『후한서』에 나타나는 당시 부여의 문명 정도를 살펴보면, 그 기원은 상당히 오래되고 엄밀한 의미의 건국도 고구려보다 훨씬 앞섰을 것으로 생각된다.

지금까지 기원전 108년 이전 부여에 관한 기록은 발견되지 않았다. 중국은 기원전 195년에 요령遼寧·요서遼西 등 4군을 정하고, 기원전 128년에 창해군滄海郡을 두었으며, 기원전 108년에는 낙랑·임둔·현도·진번 등 4군을 두었다. 그 뒤 옛 연燕의 땅인 중국 동북 지구 남부가 비로소 '북으로 오환·부여와 동으로 예맥·조선·진번의 이로움을 이었다'[28]고 한다. 여기서 '연'은 '전국시대의 연국燕國'이거나 '한漢 대의 연' 지역을 말한다. 명확한 기록은 없지만, 연은 이미 북으로 오환과 인접했다고 하고 오환은 대략 한 초에 이름을 얻은 동호족東胡族의 한 지파이므로, 연은 한의 연 지역을 가리킬 가능성이 높다. 그렇다면 부여가 늦어도 전한 초부터는 존재했다고 볼 수 있다.

또한『한서』왕망전을 보면 왕망王莽이 왕위를 찬탈하고 새로이 주변 나라의 병권을 재편하는데, 그 나라들 가운데 부여가 등장한다. 특히 부여의 왕성으로 추정되는 지린시 난청쯔 유적에서 한-부여 시기에 왕망이 발행한 동전인 화천貨泉을 들고 있는 도용陶俑이 나온 점은 왕망 당시에 분명히 부여와 한이 교류했음을 입증한다.

그 시기는 대체로 기원전 2세기경으로 추정된다. 또한『사기』화식열전에 나오는 조선과 부여 기록은 진시황秦始皇 때(기원전 246~

210)의 사실에 대한 내용으로,[29] 이는 부여가 진시황 때 고조선과 함께 존재했음을 말해 준다. 따라서 부여의 성립은 기원전 3세기 후반쯤으로 설정할 수 있다.

한편 부여의 성립 시기를 방증하는 자료는 부여 선주민 예족의 문화인 시퇀산 문화가 기원전 3세기에 그 전의 돌널무덤에서 움무덤으로 변해, 새로운 문화를 가져온 세력 집단의 출현을 암시하는 점이다. 중국 동북 지방의 경우 기원전 4~3세기를 지나면서 문화상 큰 변화를 겪는데, 구체적으로는 앞에 말한 매장 양식의 변화와 철기의 사용이다. 이런 변화는 물론 전국시대 말기의 변동기에 들어온 중국 문화의 영향이 가장 크다고 생각한다.

고조선 지역에서도 이렇게 앞선 중국 문화의 영향 아래 생산력이 발전하고, 철기와 세형동검을 쓰는 세죽리-연화보 유형 문화[30]가 등장하면서 국가체를 형성했다.[31] 그리고 고조선 동쪽 지역에서는 시퇀산 문화 단계를 이어 중국 한 대 부여 문화라는 새로운 문화를 기반으로 새로운 정치체인 부여가 성립한 것이다.

탁리국의 위치

앞서 부여의 건국자들이 '탁리'라는 곳에서 남하해 정착했다고 했다. 부여의 동명 설화에서 원부여를 세운 세력이 처음 살던 곳이라고 한 탁리국은 구체적으로 어디였을까? 최근 중국 학계는 제1쑹화강과 넌강이 만나는 지점에 형성된 청동기시대 대단위 주거 유적인 바이진바오白金寶-한수漢書 문화 지역을 주목하지만, 주로 헤이룽장성 일대에서 활동하는 연구자를 중심으로 칭화 토성을 주목하는 경우가 많다. 정식 보고되지는 않았지만, 헤이룽장성 빈현賓縣 신리향新立鄉 칭화촌에서 둘레가 800미터 정도 되는 타원형 토성이 조사되었다. 철기가 발견되지 않아 축성 연대는 기원전 4~3세기보다 늦지 않을 것으로 보이는데, 이 토성을 보고한 이가 이곳을 부여 지배 집단이 나온 탁리국의 유적으로 여겨 주목된다.[32]

제1쑹화강 중류 지역, 행정구역상 빈현과 바옌현巴彦縣 일대의 초기 철기 문화는 칭화성지慶華城址가 대표하며 그 주변에 이와 성격이 비슷한 라오산터우老山頭 유적, 왕바보쯔王八脖子 성지, 청쯔산城子山 보루, 청쯔거우城子溝 보루, 황다청쯔산黃大城子山 보루 등이 확인되었다. 이것들은 대부분 성곽 유적인데, 칭화성지의 경우 중형에 해당되며 다른 성지는 모두 보루에 해당된다. 성의 평면은 모두 타원형이고, 흙을 쌓은 것과 흙과 돌을 함께 쌓은 것이 다 이용되었다. 칭화성지는 이 지역의 정치적·군사적 중심지로, 읍루족의 남하를 막는 전초기지 구실을 한 것으로 보인다. 다른 보루들은 칭화성지를 방어하고 제1쑹화강을 통제하기 위해 세워졌다고 할 수 있다.[33] 그렇다면 칭화성지는 당시 존재한 일정한 세력 집단 또는 정치체와 관련지을 수 있으며 탁리국과 관련된 유적으로 해석될 가능성도 적지 않다.

한편 바이진바오-한수 문화의 주인공도 당시 유력한 정치 세력이라면, 부여국의 북쪽에 자리한 탁리국과 연결해 해석할 수 있다. 다만 제1쑹화강 유역의 바이진바오-한수 문화와 지린시 일대의 시퇀산 문화의 성격이 조금 다른 점에 대한 적절한 해석이 필요하다. 이런 점을 통해 지금의 제1쑹화강과 넌강이 만나는 지역을 중심으로 그 일대와 북쪽에 탁리국이 존재했다고 추측할 수 있다.[34] 이 지역은 대체로 부여 건국 설화에 나오는 탁리국의 위치로 설정되는 쑹넌 평원 일대로 볼 수 있다. 결국 북쪽 탁리국에서 주민 집단이 엄호수를 건너 내려와 부여국을 건국한다는 설화와 부합되는 면이 강하다. 따라서 이 단계부터 어느 정도 지배 집단을 중심으로 한 초기 권력 집단이 지린시 지역에서도 형성되었다고 볼 수 있다.

이는 고고학 자료를 통해서도 입증된다. 넌강 하류·제1쑹화강 북안을 중심으로 번성했고 치치하얼시齊齊哈爾市·두얼보터杜爾伯特몽골족자치현·자오위안현肇源縣·바옌현·탕위안현湯原縣 등지에 분포한 바이진바오–한수 문화가 지린 일대의 시퇀산 문화와 차이를 보이다가 부여 전성기에는 바이진바오–한수 상층 문화로 발전하고 전체적으로는 한 대 부여 문화에 포괄된다. 그런데 부여가 가장 강력했을 때 그 북쪽 강역이 대개 제1쑹화강 이남에 이르렀다고 하니, 바이진바오 문화를 북이 탁리국의 문화로 이해할 여지가 있는 것이다.

첫 부여국, 북부여

기원전 2세기에서 기원 전후 시기의 부여는 초기 부여[35]라고 부를 수 있다.

『삼국사기』권 13 고구려 본기에는 '부여의 옛 도읍에는 어디서 왔는지 알 수 없는 사람이 스스로 천제의 아들 해모수라면서 거기에 도읍을 정했다'는 기록[36]이 있다. 여기서 '옛 도읍'은 『논형』이나 『삼국유사』에 인용된 부여의 이주 설화에 기초해 해부루와 금와가 통치하던 부여 지역의 북쪽에 존재했다고 볼 수 있다. 즉 이 기록은 바로 그 지역에 부여와 다른 정치체가 이미 수립되었음을 전한다. 이때 부여의 북쪽으로 생각할 지역은 앞에서 살펴본 탁리국과 관련된 지역을 먼저 들 수 있다. 그런데 부여 역사의 출발이 명확하게 기록된 『삼국유사』 기이 북부여조는 김부식이 『삼국사기』를 펴낼 때 참조했다는 『고기』를 인용해 "동명제가 북부여에 이어 일어나 졸본주에 도읍을 세우고 졸본부여가 되었으니, 곧 고구려의 시조다."[37] 하고 기록한다. 즉 부여의 출발로 북부여를 설정하며 북부여에서 동부여와 고구려가 나온 것으로 보았다. 여기서 북부여는 '부여 북쪽의 부여'가 아니라 탁리국에서 내려온 세력이 세운 '부여국'을 가리킨다고 할 수 있다.

『삼국유사』에서 북부여와 동부여를 따로 설정한 점을 주목해야 한다. 그리고 5세기 고구려인의 인식이 그대로 반영된 광개토왕릉비에 고구려의 기원이 된 나라로 '북부여'가 기록된 점도 주목해야 한다. 고구려의 기원과 관련해 중요한 기록을 담은 「모두루묘지명牟頭婁墓誌銘」, 즉 광개토대왕 때 북부여 지방의 관리였던 모두루의 무덤 벽에 쓰인 글에서도 고구려의 기원을 북부여라고 해[38] 적어도 5세기 초반까지 고구려 왕실의 공식적 견해는 고구려의 기원을 북부여에 두었다고 볼 수 있다.[39] 고구려 왕실에서는 광개토왕릉비에 새겨진 것처럼 자신들의 시조인 주몽을 북부여의 왕자로 믿은 것으로 보인다.

앞에서 살펴본 부여 동명 설화에 신화나 전설의 색채가 많아도, '나라의 어른들이 스스로 망명자라고 말했다'는 『삼국지』 동이전 부여조의 기록은 분명히 일정한 역사적 사실을 반영한다. 이 기록은 계속해서 "그 왕이 쓰는 인각된 문자는 '예왕지인穢王之印'이라 하고, 나라에는 예성穢城이라는 오래된 성이 있다. 생각건대 여기는 원래 예맥의 땅이었으며 부여는 그 땅에 왕으로서 군림하고 있다. 왕 스스로도 '망명자'라고 칭하는 것도 이유가 없지는 않다."[40] 이

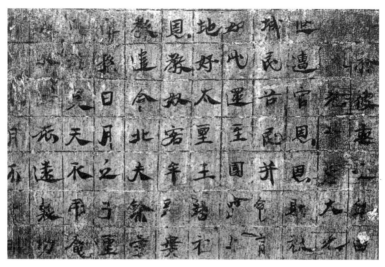

모두루묘지명

1930년대 지린성 지안시集安市에서 발견된 모두루의 묘에 쓰인 글을 통해 고구려와 부여의 기원을 추정해 볼 수 있다.

것은 '예족'이 거주하던 곳에 어떤 주민 집단이 내려오면서 부여국이 세워졌다고 말한다.

「광개토왕릉비문廣開土王陵碑文」이나 「모두루묘지명」에서 북부여는 고구려를 중심에 놓고 볼 때 고구려 북쪽에 있는 부여라는 개념으로도 볼 수 있지만, 부여보다 북쪽에 있었기 때문에 북부여라고 불렀다는 부여사 중심의 해석도 가능하다.

이 문제를 해결하려면 건국 설화가 역사적 사실성을 얼마나 띠었는가 하는 문제와 그에 대한 후대의 인식 문제를 먼저 검토해야 한다. 특히 『삼국유사』의 부여 건국 설화에 북부여와 부여가 다른 실체로 표기되는 것이 확인되는 한 이에 대해 적절한 해석이 필요하다.

부여 왕조의 구체적인 변동상은 알 수 없지만, 역사가 오랜 만큼 주변 세력의 영향 아래 다양한 변화와 발전을 겪었을 것이다. 이는 부여가 시기와 사료에 따라 북부여, 부여, 동부여 등으로 표기되는 점에서 입증된다. 쑹화강 유역을 중심으로 존재한 초기 부여에서 동부여가 나오고, 동부여에서 고구려의 지배층이 된 주몽 집단(계루부 왕실)이 나왔으며, 이 집단이 압록강 일대에 진출해 졸본부여인 고구려를 세웠다. 이에 압록강 유역에 먼저 살고 있던 주민의 일부가 다시 한강 유역으로 남하해 백제 건국을 주도하는 세력이 되었다. 이들도 부여족이었기 때문에 백제는 그 왕실의 성을 부여씨라고 했고, 부여의 시조인 동명왕을 모시는 사당인 동명묘를 설치했다. 또한 6세기 중반에 자신들이 남하해 세운 나라의 이름을 남부여라고 하기도 했다.

동명 설화는 부여족계의 모든 집단이 공유한 건국 설화로서 고구려의 주몽신화에 그대로 적용되었다. 그런데 고구려 주몽설화에서 고구려의 기원으로 '부여' 대신 '북부여'나 '동부여'라는 표현을 써서 주목되는 것이다. 부여의 기원이 동부여에 있다는 『삼국사기』 기록과 달리 5세기 때 고구려인의 기록인 「광개토왕릉비문」에서 첫 부여국은 북부여로 나온다.[41] 고구려 왕실이 북부여에서 나왔다는 주장은 4세기 후반 소수림왕 대에 고구려의 성립 과정에 대한 조정의 공식적인 건국 전승을 정립하면서 그 일환으로 확립되었고,[42] 이때 고구려의 초기 왕계도 정립되었다. 이에 따르면 계루부 집단은 압록강 중류 지역에서 일어났다기보다는 주몽 전승에서 말하듯 부여 방면에서 내려와 거주했다고 한다.[43]

「광개토왕릉비문」에서 "옛적 시조 추모왕이 (왕은) 북부여에서 태어났으며 천제의 아들이었고 어머니는 하백의 따님이었다. (……) 길을 떠나 남쪽으로 부여의 엄리대수奄利大水를 (……) 건너가서 비류곡 홀본 서쪽 산상에 성을 쌓고 도읍을 세웠다."[44] 한다. 이 주몽설화는 사서에 따라 구체적인 내용과 표현에서 조금씩 차이가 나지만 기본 줄기는 동명 설화에 있다. 한편 백제도 5세기에 북부여 계승설을 주장하고 나선다. 나라마다 부여에 대한 인식이 다르다는 사실의 의미는 앞으로 더 치밀하게 고찰해야 한다. 그런데『논형』이나『위략』에서는 부여의 건국 사실을 전하면서 북이 탁리국이나 고리국을 들지, 북부여라는 이름은 쓰지 않는다. 그 원인이 무엇일까?

종래에는 중국 측 자료와 국내 자료에 나타나는 북부여를 새로운 국가가 아니라 부여와 같은 나라로 보았다. 이는 기본적으로 고구려 중심으로 역사를 이해했기 때문이다. 원래 녹산이 있던 부여국의 수도(지금의 지린시)가 고구려 수도에서 볼 때는 북쪽에 있었기 때문에 북부여라고 했고, 4세기 이후 부여의 일부 세력이 두만강 유역에서 자립하니 고구려 측에서 이를 동부여 하고 원부여는 계속 북부여라고 했다는 것이다.[45] 한마디로「광개토왕릉비문」에 표기된 주몽의

지린성 지안시에 있는 광개토왕릉비
고구려의 장수왕이 아버지 광개토왕의 공적을 기려 세운 약 6미터 높이의 비석이다.

'출자북부여出自北扶餘'에서 '북부여'는 '북부 부여'라는 주장이다. 이 것은『위서魏書』이래『양서梁書』·『주서周書』·『수서隋書』·『북사』의 고구려전에서 모두 '고구려는 부여에서 나왔다高句麗者出于夫餘'고 한 점에서 알 수 있다.

「광개토왕릉비문」과「모두루묘지명」에서 고구려가 북부여에서 나왔다고 한 것은 5세기 고구려인의 천하관에 따른 표현이라는 연구 성과가 이미 제출되어 있다.[46] 이 주장은「광개토왕릉비문」에 북부여가 부여와 함께 표기된 점이나「모두루묘지명」에 나오는 모두루의 '북부여수사北夫餘守使'라는 관직이 지린 중심의 부여 지역에 해당할 것[47]이라는 점 등에 근거할 때 합리적이다. 그러나 고구려사가 아닌 부여사의 시각에서는 북부여의 존재를 설정하는 것이 더 순리라는 생각이 든다.

「광개토왕릉비문」에서는 '북부여 천제의 아들인 추모(주몽)가 수레를 타고 남쪽으로 내려오다가 부여의 엄리대수를 건너 비류곡 홀본 서쪽 산상에 성을 쌓고 도읍을 세웠다'고 해 북부여를 부여 위쪽에 있는 다른 나라로 구별한다. 그리고 부여에 대한 또 다른 표기로 동부여가 있다는 것은 북부여도 고구려 중심에서 북쪽에 위치한 부여에 대한 표기라기보다는 부여와 다른 실체의 국가를 표기했다고 보는 것이 순리다. 또한「광개토왕릉비문」의 내용이 기본적으로『논형』과『위략』의 동명 설화와 같은 사실을 기록한다고 볼 때, 비문에 나오는 북부여는『위략』의 동명 설화에 등장하는 북이 고리국(탁리국)을 가리킨다고도 할 수 있다.

한편『위서』두막루전에 "두막루국은 물길勿吉의 북쪽 1000리에 있으며 낙읍에서 8000리 떨어졌는데 옛날 북부여다."라고 되어 있다.[48] 그리고『신당서新唐書』유귀전流鬼傳에는 '두막루국은 스스로 북부여의 후예라고 하는데, 고구려가 그 나라를 멸망시켜 나머지 사람이 나하那河를 건너 그곳에 살았다'고 되어 있다. 이 기록은 부여가 망한 뒤 부여인들이 쑹화강(넌강)을 건너 고국으로 돌아가 나라를 세웠다고 전하는 것이다. 여기서 부여인들의 고국이라는 나하[49] 이북 지역은 북부여로, 그 중심 지역은 쑹화강과 헤이룽강黑龍江이 합류하는 쑹넌 평원이 유력하다.

이런 논리에 따를 경우 북부여는 고구려를 기준으로 할 때 북쪽에 있는 부여라고 이해할 수 있고, 실제 고구려 북쪽의 부여로 쓴 예도 적지 않다. 그러나 부여사 관련 사료에 나오는 북부여는 부여보다 북쪽에 있었기 때문에 북부여라고 불렸다는 부여사 중심의 이해도 설득력이 있다. 그리고 그 지역은 부여 건국 설화에 나오는 탁리국의 위치로 설정되는 쑹넌 평원 일대로 볼 수 있다.

북부여라는 나라 이름이 나오는「모두루묘지명」을 보면, 모두루가 관리한 지역이 북부여다. 즉 모두루는 '북부여수사'라는 직책을 띠고 북부여의 중심지인 넌강 유역 일대를 관장하게 되었고, 이는 모두루 가문과 이곳의 연고 때문이라고 이해할 수 있다. 다시 말해, 모두루는 북부여 지역을 통제하는 감찰 역을 하면서 북부여와 고구려를 연결하는 지방관이었다고 볼 수 있다.

동부여에 대한 고찰

부여국은 건국 후에 아주 빠르게 발전해 오래지 않아 사회가 분화되었다.『삼국사기』고구려 본기를 보면, 기원전 1세기경 많은 부여인들이 서쪽의 오환·선비와 남쪽의 고구려를 피해 제2쑹화강을 거슬러 올라가거나 동남쪽으로 옮겨 살았다. 그리고 이들은 원부여, 즉 탁리국 설화와 다른 독자적인 건국 설화를 갖게 되었다. 이런 역사 때문에 동부여라는 실체가 후대인에게 인식되었고, 부여의 기원을 동부여로 보는 인식이 자리 잡게 되었다.

『삼국유사』에 따르면, 해모수의 아들 해부루가 이끄는 예인濊人 중 일부가 동해가 가섭원 지방에 도착해 동부여를 세웠다.[50] 그 뒤 동부여의 왕은 부루, 금와, 대소로 이어졌다. 그러나 이것이 『삼국사기』에는 부여에 관한 사실로 기록되어 있다. 『삼국사기』에서 동부여에 관한 구체적 기사는 찾아보기 어렵고, 고구려 본기 가운데 동명왕 본기[51]와 권 32 잡지雜志 제사조祭祀條의 동명왕과 관련된 기록에 동부여에 관한 기사가 보인다. 이것은 동부여의 역사가 전하지 않았음을 말한다.

한편 「광개토왕릉비문」에는 광개토왕이 영락 20년(410)에 동부여를 정벌해 '동부여는 옛날 추모왕의 속민이었는데 중간에 배반해 조공을 바치지 않게 되었다'[52]고 썼을 뿐, 주몽이 출생한 나라로 인정할 만한 근거는 찾아볼 수 없다. 이 기사에 따르면, 동부여는 고구려 건국 초부터 독자적인 국가가 아니라 고구려에 예속된 지역이었다. 종래에는 대개 동부여를 285년에 선비 모용씨의 공격을 받아 부여의 수도가 함락되자 그 일부 세력이 동쪽의 두만강 유역으로 피난해서 독자적으로 건설한 국가라고 여겼다.[53] 그러나 이런 사실을 증명할 근거는 명확하지 않다.

『삼국지』 관구검전에서 고구려 동천왕이 위군魏軍에게 쫓겨 피난했던 매구루買溝婁가 같은 책의 동옥저전에는 치구루置溝婁라고 표

기되었다. 그런데 치구루는 두만강 유역의 책성柵城을 가리키는 것
이 분명하다. 왜냐하면 『삼국사기』 고구려 본기에 따르면, 고구려 말
에서 구루는 성城을 가리킨다. 따라서 두만강 유역에 교역의 근거지
로 둔 책성은 책구루責溝婁라고도 불렸으며 『삼국지』의 동옥저전에
는 치구루, 관구검전에는 매구루로 기록되기도 한 것이다.

대부분의 고대사 학자들은 3세기경 동부여가 두만강 유역에 있었
다고 주장해, 이것이 특별한 비판 없이 남한 학계의 정설이 되었다.[54]
그러나 『삼국사기』 고구려 본기를 따를 경우 두만강 유역(북옥저 지
역)은 태조왕 이전부터 고구려의 지배하에 있었다고 보는 것이 타당
하다.[55]

『삼국지』 관구검전과 동옥저전에 전하는 동천왕이 위군에게 쫓겨
피난했던 매구루는 바로 치구루로서, 관구검전에서는 북옥저 방면
이자 숙신의 남계라고 했으니 두만강 유역을 가리킨다고 본다. 이렇

북옥저 사람들이 살던 곳으로 보이는 옌볜延邊의 고대 집단 거주지 표석

게 이미 이 지역이 고구려의 영향권 아래 있었기 때문에 고구려 왕이 망명할 곳으로 택할 수 있었던 것이다. 이런 지역에 동부여가 건국될 여지는 없다. 그리고 「광개토왕릉비문」의 미구루는 분명히 동부여에 존재한 지역 집단(지명)으로, 책성을 뜻하는 치구루·매구루와는 다른 것으로 봐야 한다. 「광개토왕릉비문」 중 동부여를 토벌했다는 대목에서 광개토왕을 따른 부여의 지역 집단으로 미구루味仇婁 압로鴨盧 등 다섯이 있었다. 지리적으로도 지린성은 장광차이링張廣才嶺·웨이후링威虎嶺·하다링哈達嶺이 연결되어 분수령을 이루면서 그 동쪽의 무단강牧丹江 유역 문화와 단절·구분되기 때문에 북부여에서 내려온 주민 집단은 이 경계선을 넘지 않았을 것이다. 현재 동부여 지역으로 추정하는 두만강 유역에서 동부여와 관련된 성城이나 유적이 나오지 않는다는 사실도 이를 방증한다. 동부여가 '옛날 추모왕의 속민이었다'는 광개토왕릉비의 기록을 사실로 받아들인다면, 주몽이 정복하기 전에 동부여라는 나라가 존재했다고 상정할 수도 있다. 그러나 주몽이 고구려를 건국하면서 동부여라는 나라를 실제로 정복했다고 생각하기 어려우며 그렇게 말할 수 있는 근거도 없다.

『삼국사기』 고구려 본기에도 주몽이 비류국·행인국·북옥저 등을 정복했다는 기사는 있어도[56] 동부여를 정복했다는 기사는 없다. 따라서 「광개토왕릉비문」의 내용은 분명 동부여의 실재를 기술한 것이 아니라 부여족의 지파인 동부여인이 부여 출신의 고구려 시조 추모왕과 깊은 관계에 있었다는 사실에 대한 수사적 표현으로 봐야 할 것이다. 물론 이런 표현에 동부여와 고구려 사이에 있었던 역사적 사실이 투영되었을 가능성을 배제할 수는 없다.[57] 그것을 미루어 판단하기는 어렵지만, 「광개토왕릉비문」의 표현 자체는 동부여가 원래 마땅히 고구려에 복속되어야 할 존재라는 의미를 담은 당시 고구려 지배층의 천하관을 표현한 면이 있다.[58] 「광개토왕릉비문」에 드러난 고구려 조정의 공식적 견해는 북부여에서 비롯했다는 것이다. 주몽의 출생 전승과 관련해 살펴볼 때 동부여에 관한 「광개토왕릉비문」의 표현은, 고구려의 시조가 나온 북부여의 일부가 갈라져 동부여를 이루었다는 뜻이 아닐까 싶다.[59]

일찍이 박시형朴時亨은 『광개토왕릉비』에서 '동부여는 국내외 문헌들에서 단순히 부여라고만 기록되어 있기도 한데 사실 존재한 것은 부여, 즉 동부여였다. 그것은 고구려에 선행한 부여족의 선진 대국이었다'고 했다.[60]

「모두루묘지명」을 보면 고구려 왕실은 그 기원을 북부여에 두었다. 그런데 『삼국사기』나 『위략』, 그리고 그 뒤 사서에 주몽이 동부여 출신으로 나오는 것은 고구려가 망한 뒤 후세 사람들이 잘못 가필한 결과로 볼 수 있다.[61] 『삼국사기』 고구려 본기 시조 동명성왕조에는 동명왕 10년(기원전 27)에 왕의 명령으로 북옥저를 멸망시키고, 14년(기원전 23)에 주몽의 어머니가 동부여에서 죽었다고 했다.[62] 이는 곧 같은 시기에 북옥저와 동부여가 존재했음을 뜻한다. 『삼국사기』의 기록을 그대로 믿을지 여부는 차치해도, 이는 분명 고구려 초기 단계에 북옥저와 동부여가 함께 있었으며 동부여를 3세기에 부여족이 세운 정권으로 볼 수 없음을 말해 준다. 북옥저는 태조왕 이전 시기에 고구려의 지배하에 들어갔다.

『삼국사기』 고구려 본기에 따르면 고구려는 기원을 전후해 선비족의 일부 및 태자하太子河 상류 일대, 함경남북도 산간지대, 두만강 하류의 북옥저를 정복하거나 복속시켰다.[63] 태조왕 대인 1세기 중엽 다섯 나부那部가 각 지역에서 자리를 잡으면서 고구려의 대외 정복이 활기를 띤다.[64] 먼저 고구려는 동해안 방면의 옥저[65]와 동예[66]를 복속시키고 이 지역의 풍부한 해산물을 확보해 확고한 배후 기지로 삼았다. 즉 영흥만 일대는 태조왕 이래 고구려의 변방으로 편입되었다. 「광개토왕릉비문」의 수묘인守墓人 기사 중 '동해가'가 광개토왕 이전에 정복한 지역임을 생각한다면,[67] 영흥을 비롯한 동해안 일대는 분명히 고구려의 영역이었다. 따라서 「광개토왕릉비문」에 나오는 광개토왕의 원정 지역을, 구토舊土에 인접한 반도의 동해안 일대만으로 볼 수는 없다.

따라서 동부여는 동해안 일대에 실재한 국가라기보다는 원부여의 동쪽에 있기 때문에 붙은 이름으로 보는 편이 합리적일 것이다. 즉 쑹넌 평원을 중심으로 분포하던 원부여 세력과 달리 지린 일대를 중심으로 시퇀산 문화를 조영하면서 발전하던 예족 세력이, 쑹넌 평원 일대 예맥족의 한 지파가 이주해 새로 성장하게 되자 이를 동부여(부여)라고 불렀다고 봐야 할 것이다.[68] 물론 고구려사의 시각에서 접근하면 동부여가 고구려 천하의 동쪽에 위치한 부여를 가리킨다고 볼 수 있다. 따라서 부여의 중심인 지린시 동쪽 지역에 무조건 동부여가 존재해야 된다고 보고, 최근에는 두만강 유역에 동부여를 설정하기 어려운 점과 훈춘琿春과 옌볜 지역의 문화적 차이를 들어 옌지延吉 지역에 동부여를 설정하기도 한다.[69] 필자도 이 주장의 가능성을 인정한다. 그러나 이것도 고구려의 시각에서 나온 주장이며 부여사 자체를 볼 때 그 타당성을 더 고찰해야 할 것이다.

3

부여의 성쇠

"아주 부유하고 선조 이래 다른 나라에 패해 본 적이 없다."
「삼국지」위서 동이전 부여조

부여는 상당히 높은 수준의 경제력과 강한 통치력, 군사력을 보유하고 있었다. 중앙에서 왕이 귀족과 관리 들을 거느리며 통치했고, 커다란 종족 기반이 있는 대가大加들은 왕을 중심에 두고 사방에 거주하면서 연맹 상태의 국가를 이루었다.

　서기 1세기 초부터 부여가 중국 역사서에 자주 등장하는 것은, 부여가 흉노·고구려와 함께 왕망이 건국한 신新에 위협적인 존재로 보일 만큼 큰 세력으로 성장했기 때문이다. 서기 49년에 부여 왕은 후한 광무제에게 사신을 보내 공물을 바쳤고, 광무제는 이에 후하게 보답했다.[1] 이때 이미 부여가 중국식 왕호를 쓰고 중국인에게 국가적인 존재로 비칠 만큼 성장한 것을 알 수 있다. 당시 중국은 부여와 관계를 맺어 부여 서쪽의 선비와 남쪽의 고구려를 견제할 수 있었기 때문에 부여의 등장을 환영했다. 한편 농업에 바탕을 둔 국가로 성장하던 부여는, 일찍부터 고구려나 서북쪽의 유목민들과는 적대적인 관계에 있었기 때문에 중국과 맺는 관계는 우호적이기를 바랐다.

부여는 같은 발전 단계에 있던 고구려 및 선비족과 빈번하게 접촉하고, 한족과 교류하면서 교환 관계를 발전시켰다. 특히 부여 왕이 광무제에게 사신을 보내 공물을 바치고 조복朝服과 의책衣幘을 받은 것은, 한에 신하로서 예속됨을 의미하는 동시에 각 족장에게 무역권이 부여됐음을 상징한다.[2] 이를 통해 적극적으로 부를 생산하는 계급이 성장한 것을 알 수 있다.

부여족은 700년이 넘는 존속 기간 동안 대체로 중국의 왕조들과 빈번하게 교류하며 우호 관계를 지속한 반면, 북방 유목 민족이나 고구려와는 대립하면서 성장했다. 또한 주변의 동옥저나 읍루를 복속시켜 고대 만주 지역의 역사 발전을 주도하기도 했다. 기후와 토질에 알맞은 농업을 주로 하면서 목축도 하고, 말·옥·담비·구슬 같은 특산물은 한족漢族에 수출하고 금수錦繡는 수입했다. 그러나 정치체제의 진전은 빠른 편이 아니었다. 한의 현도군을 비롯해 고구려·읍루·선비 등 주변 정치 세력의 흥망성쇠에 따라 큰 영향을 받았다. 부여가 지리적으로 랴오둥 지역의 동쪽에 위치하며 북쪽의 유목 민족과 남쪽의 고구려라는 강대국 사이에 자리했기 때문에 영향을 받지 않을 수 없었다. 한漢 대 이후 부여는 남방에서 성장하는 고구려와 북방 유목민의 틈에서 생존하기 위해 중국과 꾸준히 관계를 유지하며 국가로서 성장을 지속해 나갔다. 그러나 중앙집권적인 고대국가는 형성하지 못하고 가야처럼 연맹체 단계에서 멸망하고 말았다.

부여의 영역

부여는 고구려·백제 등 예맥족계 국가들이 등장하는 과정에서 중요한 구실을 해 고구려와 백제가 모두 부여의 '별종'으로 불렸다. 게다가 최근 가야 지역에서 나오는 귀가 두 개 달린 청동 솥 같은 북방 유목 민족이나 부여계의 유물들을 보면, 부여의 발전 과정 속에 일어난 일련의 변화나 주민 이동 등이 한반도 남부에까지 미친 영향도 결코 가볍게 볼 수 없을 듯하다.[3]

　기마민족의 일본 정복론을 주창한 에가미江上波夫가 일본 황실의 시조 신무神武의 동정東征 전설이 부여 왕 전설을 그대로 옮긴 주몽 전설과 내용이 같다고 역설할 만큼[4] 부여의 개국 설화는 고대 동방의 민족에 큰 영향을 미쳤다. 『신당서』 발해전 기록을 보면, 대조영 大祚榮이 '부여, 옥저, 변한, 조선의 땅과 바다 북쪽 여러 나라의 땅을

귀가 두 개 달린 청동 솥
지린시 마오얼산帽兒山에서 출토한 청동 솥(왼쪽, 지린성박물관 소장)과 김해 대성동 고분에서 출토한 청동 솥(오른쪽, 국립김해박물관 소장)이 거의 같은 모양이다.

완전히 장악했다'⁵고 했다. 송나라 때 병서兵書인『무경총요武經總要』
도 발해가 '부여의 별종으로서 본래 예맥의 땅이었다'⁶고 해, 발해가
고구려와 백제처럼 부여에서 갈라져 나왔다고 보았다.

부여는 역사가 오래된 만큼 그 영역도 여러 차례 변했을 것이다.
그러나 이에 대해 명확한 기록이 없어서 아직 혼동을 겪고 있다. 부
여가 건국된 구체적인 위치와 사방 경역은 반고班固가 서술하기 전
까지는 비교적 간략하게 기록되었다. 즉 랴오둥 등지를 말하면서 연
나라가 '북으로 오환·부여와 인접했다'거나 '북으로 오환·부여와
사이를 두고 있었다'는 정도였다. 반고 이후 기록인『삼국지』부여
전에서 '부여는 장성長城의 북北에 있는데 현도에서 1000리 떨어졌
다'고 해, 부여의 남쪽 경계를 알 수 있다. 이 장성은 진秦·한漢 대의
것을 가리키는데, 연구에 따르면 지금의 두스거우獨石溝에서 내몽골
웨이창圍場·츠펑赤峯·아오한敖漢·나이만奈曼·쿠룬庫倫의 중부를 통
과하고 동으로 장우彰武·파쿠法庫를 거쳐 카이위안·푸순 일대를 지
난다고 한다. 그리고 다시 남하해 압록강과 한반도 경내로 들어간다
는 것이다. 따라서 부여는 마땅히 지금의 파쿠·카이위안 이북에 존
재한 셈이다.

부여의 위치에 관한 구체적인 서술은 후한 대부터 삼국시대 1〜
3세기의 사실을 기록한『후한서』와『삼국지』에야 나타난다.『후한
서』부여조에는 "부여국은 현도 북쪽 1000리에 있다. 남쪽으로는 고
구려, 동쪽으로는 읍루, 서쪽으로는 선비와 접하며, 북에는 약수가
있다. 땅은 사방 2000리로 본래 예의 땅이었다. (……) 동이 지역에
서 가장 평평한 곳으로 오곡이 자라기에 알맞다"⁷하고 기록되었다.
그리고『삼국지』부여전에는『후한서』와 거의 같은 내용에 부여가

'산과 언덕과 넓은 못이 많은 곳'이라는 표현이 더해졌다. 한편 『진서』 부여전에는 '부여국이 (……) 남으로는 선비와 접하며 북쪽에는 약수가 있다'[8]고 해 남쪽 경계에 고구려 대신 선비가 등장한다.

부여의 위치에 관한 『후한서』와 『삼국지』의 서술이 거의 일치하는 것은 이 책들의 서술 대상인 후한에서 삼국 시기까지 부여의 위치가 크게 변하지 않았다는 뜻이다. 소략하긴 해도 『후한서』, 『삼국지』와 일치하는 『진서』에서 부여의 남쪽에 선비가 있다고 했는데, 이때 선비는 3세기 이후 부여의 서남쪽에 진출한 세력이라고 본다. 분명히 진晉 대(265~420)에도 후한, 삼국 시기와 마찬가지로 부여의 남쪽에는 고구려가 있었다. 『삼국지』 동이전에 따르면 3세기 중엽 고구려는 남쪽으로 조선·예맥, 동쪽으로 옥저, 북쪽으로 부여와 접했다. 따라서 후한에서 진 대에 걸쳐 부여의 위치는 큰 변동이 없었다고 볼 수 있다.

북쪽 경계, 약수

한편 부여의 위치와 관련해 가장 먼저 등장하는 현도군은 원래 압록강 유역에 있다가 1세기 말부터 2세기 초쯤 고구려의 공격을 받아 훈허 연안으로 쫓겨 간 제3현도군이다.[9] 그 치소治所는 지금의 랴오양시遼陽市 북쪽 200리로서 선양시 동쪽 상바이관툰上柏官屯의 한성漢城이나 푸순의 노동공원 한漢 성지 등으로 설정된다. 한漢·위魏 시기의 한 자는 23~24센티미터로, 당唐 이후 오늘날까지 통하는 30센티미터 전후보다 작다. 따라서 200리라는 거리는 대개 지금의 150여 리에 해당하고, 삼국시대의 현도군은 마땅히 지금의 랴오양에서 동북으로 150리 정도 되는 선양·푸순 사이에서 찾는 것이 순리다.

한·위 시대의 1000리는 지금의 700리 정도에 해당하기 때문에 부여 초기의 왕성은 마땅히 선양시의 북쪽 700리가 되는 곳에서 찾아야 하는데, 그곳은 바로 지금의 지린성 중부 일대다. 혹자의 주장처럼 부여의 초기 중심지를 헤이룽장성 경내의 쑹넌 평야나 후넌呼嫩 평원 일대로 설정하는 것은 현도 북쪽 1000리라는 기록과 맞지 않는다. 현도군에서 동북쪽으로 1000여 리 떨어진 곳에 위치한 부여는 '동이의 지역에서 가장 평탄한 곳'이며 '넓은 못'이 많았다. 즉 부여가 주변 나라들보다 평야를 많이 차지했다는 뜻이다. 훈허 연안에서 북쪽 1000리에 위치한 평야에 해당하는 부여의 중심지를 찾는다면 쑹화강 유역뿐이다.

지린성의 중심을 흐르는 쑹화강 유역은 부여국의 발상지이자 오랫동안 그 중심지였다. 쑹화강 유역을 중심으로 사방 2000리를 차지한 부여는 서쪽으로 선비, 남쪽으로 고구려, 동쪽으로 읍루와 이웃했고 북쪽에는 약수가 있었다고 했다.[10] '약수'라는 강이 하나만 있었던 것 같지는 않고, 그 위치에 대한 해석도 여러 가지다. 크게는 넌강·쑹화강으로 보는 견해와 헤이룽강으로 보는 견해로 나뉘는데,[11] 학자들은 대부분 약수를 넌강, 쑹화강으로 본다. 약의 옛 발음이 '느지악nziak' 또는 '니악niak'이기 때문에 약수가 쑹화강의 지류인 넌강을 가리킨다고 보기도 하고, 부여가 성장하는 데 기반이 된 지린 일대 시퇀산 문화의 분포 범위가 북으로 쑹화강과 쑹화강의 북쪽 지류인 라린허拉林河를 넘지 않기 때문에 당시 부여 북쪽 경계인 제1쑹화강과 넌강 일대가 타당하다고 보기도 한다. 한편 약수는 건국 설화에서 시조 동명이 건넌 엄호수와 같은 강으로, 제1쑹화강으로 볼 수 있다.

또한 약수를 헤이룽강으로 보기도 한다. 헤이룽강이 상류 지역의 퉁구스인 사이에서는 '아무르Amur'로 불리며 하류 지역에서는 '만고Mango'로 불리는데, 모두 '강江'이라는 뜻이다. 수나라와 당나라 때에는 이 강을 '흑수黑水'라고 불렀고, 넌강(쑹화강)과 만나면 맑은 물과 흐린 물이 섞여 수십 리의 흑색으로 보이기 때문에 흑하黑河라고도 한다. 한漢나라와 위魏나라 때 '엄표수掩淲水'라고 부른 것이 '흑수'를 뜻한다는 것이다. 또 엄표수가 『위략』에는 시엄수施掩水, 『북사』에는 엄체수淹滯水, 『수서』에는 엄수掩水, 「광개토왕릉비문」에는 엄리대수라고 되어 있다. 동명왕 전설에 나오는 '엄사수', '엄체수', '엄시수' 등은 큰 물을 뜻하는 퉁구스어 '아무크amuc', '아무치 amuzi'에 해당한다. 따라서 헤이룽강이 아무르강으로 불렸는데, 부여 건국 설화에 동명이 건넜다는 엄표수가 아무르강과 발음이 비슷하다는 점 때문에 약수를 지금의 헤이룽강으로 단정할 만하다는 것이다. 약수를 헤이룽강으로 보는 이들은 전성기의 부여가 2000여 리에 걸쳐 있었다는 표현과 『진서』 숙신전에 '숙신의 북쪽은 약수를 끝으로 했다'는 기록에 주목해, 약수가 부여뿐 아니라 숙신(읍루)[12]의 북쪽까지 경유하면서 흐르는 큰 강이었으며 그런 강은 헤이룽강밖에 없다고 주장한다.[13]

고고 자료상 부여의 북쪽 경계를 알려면 먼저 부여의 북쪽에 위치한 헤이룽장성의 3자오三肇 지구, 즉 자오위안肇源·자오저우肇洲·자오둥肇東을 중심으로 그 위쪽의 오위르강까지 분포하는 바이진바오·한수·왕하이툰望海屯 문화유형에 주목해야 한다. 이 문화는 동명 전설의 탁리국과 연관 있는 것으로 보이며, 따라서 이 지역은 초기 부여의 성립과 관련해 주목된다. 그리고 전성기 부여의 문화권에 넌강 일대의 문화도 포함되기 때문에, 그 문화권 북쪽에서 부여의 북쪽에 있던 약수의 위치를 찾아야 한다.

이 논리에 따르면, 약수를 헤이룽강으로 설정하는 견해가 타당해 보인다. 그러나 고대에는 지금의 넌강·동류 쑹화강과 헤이룽강 하류를 한 하천으로 인식했다고 한다. 또 넌강에서 멀리 떨어진 헤이룽강까지 부여가 포괄하고 있었을지도 의심스럽다. 특히 북위北魏 시대의 롼허瀾河가 지금의 제1쑹화강과 롼허강을 가리키는 나하였고 그것이 포괄하는 하류 범위가 넌강·제1쑹화강·헤이룽강 하류를 가리키는 것에 기초해, 약수의 위치는 넌강·제1쑹화강·헤이룽강 하류로 보는 게 더 합리적일 듯하다. 역사가들도 부여의 중심지에서 북쪽에 있는 강을 약수라고 했고, 이 강은 동해로 흘러 나간다. 그렇다면 옥저의 북쪽과 서쪽 및 부여의 북쪽에 있던 강 약수는 동류 쑹화강과 헤이룽강 하류로 보는 것이 합리적이다.

남쪽 경계와 삼한

부여는 남쪽으로 삼국시대의 고구려와 접하고 있었다. 서한 때 고구려는 국력이 미약해서 그 세력이 지금의 휘파허를 넘을 수 없었고, 이런 상황은 동한 때까지 이어졌을 것이다. 즉 양한 시대의 고구려는 요동군의 동쪽에 있었고 그 북쪽 경계는 휘파허를 넘지 않는 유하柳河·해룡海龍·휘남輝南 일대였다.[14] 혹자는 지린시 룽탄산성에 보이는 고구려 유물을 근거로 지린 일대까지 고구려의 북한계선으로 보지만,[15] 고구려의 경계는 대개 지금의 지린성 휘파허 상류 부근으로 봐야 할 것이다. 그 서쪽은 대략 지금의 타이쯔허·지린 하다링을 넘지 않은 채 한군현 및 예맥과 접했다고 본다.

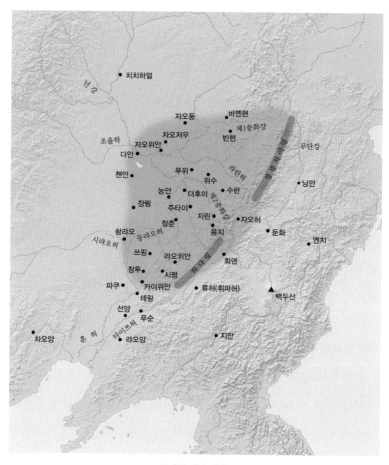

부여의 세력 범위

    또한 훈허 중류 지역에 있던 3세기의 고구려 '신성新城'(지금 푸순의 고이산성高爾山城)이 고구려 서북쪽의 요충지였다는 점에서, 서북쪽으로는 훈허 중류 북쪽까지 뻗쳐 있었다고 본다. 결국 부여는 진·한대의 장성이 있던 카이위안과 휘파허 상류를 연결하는 선보다 북쪽에 자리했다고 말할 수 있다.

『한서』지리지에서는 진시황이 연나라를 통합한 사실을 전하면서, 그 뒤를 이어 연이 북쪽으로 오환·부여와 경계를 접했다고 했다. 여기서 오환은 동호의 후신으로서 주로 요서 지역을 중심으로 활동했다. 따라서 『한서』를 통해 오환과 부여가 연의 북쪽에서 기원전 3세기 말부터 기원전 1세기 말까지 이웃했으며 부여의 서쪽에 오환이 자리했다는 것을 알 수 있다. 오환은 기원전 3세기 말에서 기원전 2세기 초에 흉노에게 정복당한 뒤에도 본래 살던 지역에 그대로 있었기 때문에, 부여와 오환의 지리적 관계는 기원전 1세기까지도 달라지지 않았다. 나중에 『후한서』와 『삼국지』에서 부여가 서쪽으로 선비와 이웃했다고 한 것은, 흉노가 차지한 오환의 동쪽 지역에서 새로 성장한 선비와 부여의 지리적 관계를 말한다.

서쪽 경계와 선비

기원전 2세기 중엽 선비의 군장 단석괴檀石槐가 흉노가 살던 땅을 차지하고 그 관할구역을 동부·중부·서부 등 세 부部로 나누었는데, 그중 동부가 우북평右北平에서 요동에 이르러 부여·예맥의 20여 읍과 접했다. 그리고 3세기 전반 가비능軻比能 때 선비의 동쪽 변경이 요수遼水에 이르렀다는데,[16] 기원전 2~3세기의 요수가 오늘날 랴오허(요하)고, 이 시기의 요동은 랴오허 동쪽 지역이다. 당시 랴오허 하류에는 후한과 위魏의 요동군·현도군 등이 있었고, 선비의 동쪽은 서요하西遼河 동쪽을 가리킨다.

1960~1970년대에 네이멍구에서 선비족 유적이 발견되었다.[17] 이것은 선비가 대체로 중국 동북 지방의 서부 초원 지대에 있었으며 동쪽으로는 부여, 즉 오늘날 다안大安·첸안乾安·쌍랴오雙遼 일선과

맞닿았다는 것을 보여 준다. 최근 지린성 서부의 퉁위현通榆縣에서 선비 문화의 유적이 발견됐지만[18] 그 동쪽에서는 발견되지 않아, 부여국의 서쪽 경계는 대체로 바이청白城 동쪽의 조올하洮兀河에서 밑으로 쌍랴오·창투 일대의 동요하東遼河 지역까지 이르렀다고 할 수 있다. 그리고 주타이九台-창춘을 경계로 그 서쪽에는 한-부여 시기의 문화유형이 잘 보이지 않기 때문에, 부여와 선비의 실질적인 경계는 눙안-창춘-쓰핑四平 일대로 볼 수 있으며 그 서쪽인 쳰안-창링長嶺 일대가 완충지대였을 것이다. 이는 황허黃河 동쪽에서 도기 솥陶鬲[19]의 분포 지역과 선비족의 분포 지역이 일치하므로, 동으로 쑹화강과 넌강까지 도력이 분포하는 것을 보고 선비의 분포 범위를 짐작할 수 있다는 주장[20]과 일치한다.

동쪽 경계와 읍루

부여는 동쪽으로 읍루와 맞대고 있었다. 『삼국지』 위서 동이전에 '읍루는 부여 동쪽 1000여 리 큰 바닷가에 있으며 남으로 북옥저와 접했으나 그 북쪽 끝은 알 수 없다'는 기록이 있다. 또 '그 지역에는 험고한 산이 많으며 (……) 산림 사이에 거처한다. 기후가 몹시 차서 항상 굴속에 산다'고 했다. 『후한서』 읍루전의 기록도 이와 같다.

한편 1977년에 발견된 퇀지에團結-크로우노프카 문화는 춘추전국시대에서 동한시대에 해당하고 그 분포 범위가 한반도 함경북도에서 북으로는 완다산完達山 남쪽 기슭 이남, 서로는 무단강·라오예링老爺嶺 이동이다. 즉 시대와 지역이 모두 문헌에 나타난 옥저족의 분포와 부합해 옥저족의 유적으로 본다.[21] 그런데 북옥저가 남옥저의 북쪽 800리에 위치한다[22]고 했기 때문에, 두만강을 경계로 그 위

와 아래를 각각 북옥저·남옥저라고 불렀다는 것이 통설이다.[23]

북옥저가 오늘의 창바이산長白山과 낭림산맥 이동의 함경북도 북부 지역과 두만강 동북쪽의 프리모르스키 남부에 위치했으므로, 그 위에서 북옥저와 접하고 있던 읍루는 프리모르스키 중부와 헤이룽강 하류 무단강 유역에 위치했다고 볼 수 있다. 이 지역은 『삼국지』 읍루전에서 전하는 자연지세와 풍토에도 부합한다.[24] 한편 『삼국지』 읍루전에 '한漢 이래 부여에 신속했다 (……) 황초黃初[25] 중에 배반했다'고 해, 부여의 동쪽 경계가 220년 이전에는 읍루 땅인 쑹화강 하류를 포괄했다고 볼 수 있다.[26]

결국 부여는 양한 시대에 동으로 읍루를 예속시키고 있었으며, 그 경계는 분명히 장광차이링과 웨이후링이었다.

부여와 고구려의 세력 경쟁

기원후 부여는 고구려와 세력 경쟁을 통해 국력을 키워 나갔다. 『삼국사기』 고구려 본기에는 부여가 성장하는 모습이 비교적 상세하게 기록되어 있다. 고구려는 주변국들 중에서 부여와 밀접한 관련을 맺었다. 처음에는 둘 사이에 군사적 연맹이 성립되어 있었지만, 나중에 고구려가 부여의 역량을 넘어서고부터는 곧바로 부여를 병탄하려고 했다. 그래서 부여는 한의 손을 잡고 고구려에 맞섰고, 그 결과 관계가 점차 악화되었다.

부여가 강성하던 기원전 1세기에 그 남쪽에서 고구려가 새로운 세력으로 성장했다. 고구려의 시조 주몽이 부여에서 도망해 계루부를 건국했는데,[27] 초기에는 같은 예맥 계통의 나라였기 때문인지 부여와 고구려가 우호적인 관계였던 것 같다. 이는 대소왕이 유리왕琉璃王에게 보낸 편지에서 '우리 선왕(금와왕)이 그대의 선왕인 동명왕과 사이가 좋았다'[28]고 한 것을 통해 알 수 있다.

그런데 고구려가 급속히 성장하자, 부여는 힘으로 고구려 왕실의 예속을 유지하려고 했다. 처음에는 고구려에 사신을 보내 볼모를 요구했다. 이때 국력이 아직 약했던 고구려는 하는 수 없이 태자 도절都切을 보내려고 했는데, 도절이 두려워서 가지 않았다. 그러자 분개한 부여에서 5만 명의 군사로 고구려를 공격했다.[29] 당시 국가 간 전쟁에서 보통 2만 명 정도가 동원된 것을 고려하면, 이 공격은 국력을 기울인 대대적 군사 원정이라고 해석할 수 있다.[30] 그러나 전쟁이 벌어진 11월에 큰 눈이 내리고 사람들이 많이 얼어 죽어서 곧 돌아가고 말았다.[31]

그 뒤에도 부여는 외교적 방법으로 고구려 왕실을 계속 위협하고 예속시키려고 했다. 기원후 9년에 부여는 고구려에 보낸 편지에서 부여와 고구려를 각각 대국大國과 소국小國으로 묘사하며 고구려가 부여를 섬기는 것이 도리라고 강조했다. 그리고 부여의 요구를 계속 듣지 않는다면 고구려 왕조를 유지할 수 없을 것이라며 무력을 행사할 뜻까지 드러냈다. 여전히 부여와 싸울 만한 힘이 없던 고구려는 겉으로는 부여에 순종하는 듯했으나 실제로는 나중에 싸우기 위해 국력을 키워 나갔다.[32] 그리고 고구려의 세력이 급속히 강화되면서 두 나라는 힘의 균형을 이루었다.

유리왕 32년(13), 고구려를 공격하던 부여가 고구려군의 매복에 걸려 학반령鶴盤嶺에서 심대한 타격을 받았다.[33] 고구려에 대한 부여의 군사적 우세가 더는 이어지지 않게 된 것이다. 부여는 점차 열세

휘파허 남쪽의 발해 성터
쑹화강 수로 교통의 요충지로서 발해의 성이 있던 곳이 농경지로 변해 버렸다.

에 몰렸다. 고구려는 부여의 위협과 압력을 제거하고 그 지역을 통합하기 위한 준비를 적극적으로 추진한 뒤 마침내 대대적 공격에 나섰다.

대무신왕 5년(22) 2월에 고구려 군이 부여의 남쪽 경계에 다다르자, 부여는 전국의 군사를 총동원했다. 오늘날 휘파허 유역으로 추정되는 부여의 남쪽 진펄 지대에서 두 나라 군대 사이에 큰 싸움이 벌어졌다.[34] 이 전쟁에서 부여가 고구려 군을 물리치긴 했지만, 대소왕이 죽고 수많은 군사를 잃어 통치층에서 불안과 동요가 일어났으며 고구려로 넘어가는 자들이 늘어났다. 이때 대소왕의 동생(금와왕의 막내아들)은 갈사수 지역(압록강 유역)에 갈사국을 세웠는데,[35] 금와왕의 사촌 동생은 1만여 명을 이끌고 고구려에 투항했다. 고구려 왕실에서는 그를 연나부 지방(압록강 유역)에 안착시키고 '낙'이라는 성을 주어 특별히 우대했다.[36] 이렇게 전쟁과 대소왕의 전사를 계기로 통치층이 무너지고 흩어짐에 따라 부여의 국력은 뚜렷이 약해졌다.

2세기를 넘어서면서 고구려의 발전을 견제하기 위해 후한과 밀접한 외교를 전개하던 부여는, 농사에 유리한 평야인 요동군을 놓고 고구려와 다시 대립한다. 105년에 고구려가 요동군의 여섯 현縣을 빼앗았다가 격퇴되고, 111년에는 부여가 낙랑군을 공격했다. 118년에 고구려가 현도·낙랑을 공격하고 120년에도 현도성을 공격해 부여가 고구려에 맞서 싸웠다. 120년에 부여 왕이 왕자 위구태尉仇台를 후한에 파견했는데, 이것도 고구려의 현도성 공격에 따른 대응이었다. 『후한서』 효안제기의 '부여 왕이 아들을 보내 병사를 거느리고 현도성을 도와 구해 주고 고구려·마한·예맥을 격파한 뒤 마침내 사신을 보내 공물을 바쳤다'는 기사[37]가 이를 뒷받침한다. 『삼국사기』에도 고구려 태조왕 69년(121)에 '왕이 마한·예맥의 1만여 기병을 거느리고 나아가 현도성을 포위했다. 부여 왕이 아들 위구태를 보내 병사 2만을 거느리고 한나라 병사와 힘을 합해 맞서 싸우게 했으므로 아군이 대패했다'는 기사와 그 1년 뒤에 '왕이 마한·예맥과 요동을 침략하자 부여 왕이 병사를 보내 현도를 구원하는 동시에 우리 군을 무찔렀다'[38]고 한 기록이 고구려의 활발한 요동 진출을 견제하기 위해 부여가 후한과 밀접한 군사 외교를 전개했음을 보여준다.

한편 고구려가 일정한 영역을 차지한 국가로 성장한 태조왕 대에 부여 왕실에서는 고구려와 세력을 다투면서도 그 국가적 위상을 인

정하고 외교 사절을 보내는 등 우호 관계를 유지하려고 노력하는 모습도 보인다.[39]

북방의 한랭한 땅인 쑹화강 유역에 자리 잡은 부여가 온난한 랴오허 유역으로 진출하려고 하고, 압록강 중류 지역의 산간지대에 자리 잡은 고구려가 농경지로서 혜택을 입은 랴오둥으로 진출하려고 한 것은 경제적 기반을 확대하기 위해 당연한 요청이었을 것이다. 후한 정권은 이런 대립을 교묘하게 이용해 이민족 지배 정책을 실시했다고 볼 수 있다.[40] 그러나 부여는 3세기를 넘어서면서부터 서쪽에서 세력을 키운 선비와 고구려의 압력으로 성장하지 못하고 힘이 점점 약해졌다.

중국과 밀접한 교류

부여와 중국의 관계는 초기부터 비교적 우호적이었으며 일시적인 정략결혼과 공수동맹도 있었다. 그러나 중국이 5호 16국의 혼란기에 접어들면서 부여는 중국 동북 방면에서 크게 강성해진 모용씨 연나라의 침략을 받아 세력이 약해졌다.

흉노가 강대했던 서한西漢 초에 북부의 예맥족은 중국과 격절되어 비교적 교류가 적었다. 그러던 중 한 무제가 위만조선을 정복해 부여와 한 왕조가 점점 밀접하게 교류하게 되었다. 나중에는 예속 관계를 맺어 부여가 한 왕조에서 그 국군國君에게 주는 인수印綬를 받았다. 서한의 왕위를 빼앗은 왕망이 새로운 통치 체제를 확립하고 사방으로 사신을 보내 한의 인수를 거둬들이면서 새 왕실의 인수를 주었는데, 이때 '동으로 나간 사신은 현도·낙랑·고구려·부여에 이르렀다'[41]는 기사를 통해 부여가 왕망 전에 이미 서한의 인수를 받은 것을 알 수 있다. 부여와 한 왕조의 관계는 후한 초부터 진일보했다. 이는 부여 왕실에서 후한 이후 남쪽에서 성장하는 고구려를 견제하고 중국의 선진 문물을 받아들여 국가 발전을 위해 노력한 결과다. 『후한서』동이열전 부여조와 본기에 따라 부여가 후한과 맺은 교섭 관계를 표로 나타냈다.

부여와 후한의 외교 관계 기사

시기	관련 내용
광무제 건무 25년(49)	부여 왕이 사신을 보내 공물을 바쳤다. 광무제가 후하게 보답해, 사신을 해마다 통하게 했다. 夫餘王遣使奉貢 光武厚答報之 於是 使命歲通.
안제 영초 5년(111)	부여 왕이 처음으로 보병과 기병 7000~8000명을 거느리고 낙랑을 침략해 관리와 백성을 살상했으나 나중에 다시 스스로 와서 복종했다. 夫餘王始將步騎七八千人 寇鈔樂浪 殺傷吏民 後復歸附.
안제 영녕 원년(120)	(부여 왕이) 사자 위구태를 보내 황제를 알현하고 공물을 바쳤다. 천자가 위구태에게 인수와 금비단을 내렸다. (夫餘王)乃遣嗣子尉仇台 詣闕貢獻 天子賜尉仇台 印綬金綵.
안제 연광 원년(122)	부여 왕이 아들 위구태를 보내 병사를 거느리고 현도를 구했으며 고구려·마한·예맥을 격파했다. 夫餘王遣子(尉仇台) 將兵救玄菟 擊高句麗 馬韓 穢貊 破.
순제 영화 원년(136)	부여 왕이 수도 낙양에 조공을 보내니 황제가 황문고취와 각저희를 베풀었다. 其王(夫餘王)來朝京師(洛陽) 帝作黃門鼓吹角抵戲.
환제 연희 5년(161)	부여 왕이 사신을 보내 조하하고 공물을 바쳤다. (夫餘王)遣使朝賀貢獻.
환제 영강 원년(167)	부여 왕 부태가 2만여 명을 거느리고 현도를 노략질하니, 현도 태수 공손역이 그들을 격파하고 1000여 명을 참수했다. 王夫台 將二萬餘人 寇玄菟 玄菟太守公孫域擊破之 斬首千餘級.
영제 희평 3년(174)	부여 왕이 다시 공물을 바쳤다. (夫餘)復奉章貢獻.

후한은 건국 후 건무 8년(32)에 동북의 각 종족과 우호적인 관계를 맺으려고 했다. 제융祭彤이 41년에 요동 태수가 된 뒤 은혜를 베풀고 위엄을 부리자, 이를 계기로 각 종족이 한과 우호 관계를 회복

했다. 중국 동북 지구에서 세력이 강대했던 부여는 49년 한에 항복해 관계 회복을 추진했다. 같은 해 겨울에 부여 왕이 사신을 보내 한 조정에 공물을 바치고 한의 통치자는 후하게 보답해 이때부터 '사신이 해마다 통하게 했다'고 한다.[42]

남쪽 고구려의 위협과 서쪽 유목민의 압박을 받던 부여는, 이 양대 세력에 대항하기 위해 요동의 중국 세력과 손을 잡으려고 했다. 중국도 선비족과 고구려의 결속을 저지하고 이들을 제압하는 데 부여의 힘을 이용하는 것이 유리했기 때문에 장기간 긴밀한 관계를 유지한 것으로 보인다.

표에서 보듯 120년에는 부여 왕자 위구태가 후한 낙양에 가서 공물을 바쳤고, 2년 뒤에는 현도성에 가 고구려의 침입에 맞서 한을 구했다. 136년에는 부여 왕이 친히 낙양에 가서 조공했는데, 이때 한의 통치자가 헤어질 때 이례적으로 극진하게 접대했다. 또한 부여 왕이 죽으면 옥으로 만든 관을 썼는데 한 왕조에서 '미리 옥갑玉匣을 현도군에 가져다 놓고 왕이 죽으면 쓰게 했다'[43]는 것도 부여와 한의 밀접한 관계를 보여 준다.

부여는 이렇게 후한과 밀접한 관계를 발전시키면서 고구려에도 사신을 보냈다. 고구려와의 관계를 악화할 필요가 없었기 때문이다. 2세기는 부여와 고구려가 서로 견제하면서 요동 평야로 진출하려고 한 시기다. 현도와 낙랑 등 두 군이 명목상 존재했지만, 실질적으로는 요동군으로 흡수되었다. 당시 후한이 적극적인 동방 정책을 펼치지 않았기 때문에, 요동 태수를 중심으로 하는 군현 세력과 부여·고구려 등 3자의 요동 평원 쟁탈기였다고 할 수 있다. 사서의 기록을 보면 부여와 후한 사이에 마찰이 두 번 있었다. 111년에 부여 왕이 '보병과 기병 7000~8000명을 거느리고 낙랑을 노략질하고 관리와 백성을 살상'[44]한 것이 첫 번째 마찰이다. 그리고 두 번째 마찰은 167년에 부여 왕이 2만여 명을 거느리고 현도군을 약탈해 현도 태수가 그것을 격파한 일이다. 이런 마찰들은 부여와 한의 우호적인 관계를 생각할 때 예외적이라고 할 수 있다. 이 사건을 계기로 국교가 단절되었으나 일시적이었을 뿐이고, 174년부터 국교가 회복되어 부여 왕이 '다시 공물을 바쳤다'고 한다.[45]

한편 2세기 말경 공손탁이 요동에 독자적인 세력을 형성하고 동방의 패자로 군림했을 때, 부여의 위구태 왕은 후한 세력과의 관계 때문에 공손탁과 화친 관계를 유지하고 공손탁 일가의 딸과 결혼해 일종의 혼인 동맹을 맺었다.[46] 『삼국지』 위서 동이전의 부여 기록에 따르면, 공손탁이 부여를 복종시킬 수 있었던 것은 '해동에서 크게 기세를 떨쳤기' 때문이지 무력 침공이나 정벌 때문은 아니었다고 한다.[47]

공손연公孫淵이 통치하던 말년을 제외하면 요동 왕국이 동이 여러 나라의 종주국으로 군림했다. 공손씨의 확실한 요동 지배는 동이 나라들의 기록에는 '내속內屬'으로 표현되었다. 동이 나라들의 종속은 지역에 따라 차이가 있어서, 북쪽에 위치한 부여의 경우 요동 왕국이 직접 나선 반면에 남쪽의 한韓과 예濊나 왜倭는 낙랑군과 대방군을 통해 관리했다.[48]

부여는 요동 왕국 시기를 통해 공손씨 정권에 가장 협력한 존재다. 요동 왕국이 출현하기 전부터 한漢 왕조와 아주 우호적이던 관계가 요동 왕국 시절에도 이어진 것이다. 한 왕조와 부여의 관계에서 현도군이 연결 고리 구실을 했는데, 요동 왕국의 출현 이후 변화

옥의玉衣
한과 부여에서 왕이 죽으면 옥으로 만든 옷과 관을 썼다.

가 생겼다. 부여는 본래 현도군에 속했다. 한 왕조 말에 공손탁이 요동 지역에서 힘을 키우고 주변 세력을 굴복시키자 부여 왕 위구태는 스스로 소속을 요동으로 바꿨다. 그리고 이때 고구려와 선비가 강성해지자, 공손탁이 부여가 두 오랑캐 사이에 있다며 일가의 딸을 시집보낸 것이다. 요동 왕국은 이 혼인을 통해 부여의 내속을 보장받고 고구려와 선비를 방어하는 효과도 거둘 수 있었다.

한이나 위 왕조의 병력이 동북으로 출병했을 경우 부여는 병사나 군량을 지원하기도 했는데, 이런 협조 체제는 요동 왕국 시기에도 이어졌을 것이다. 이 관계에 따라 부여는 요동에서 의례의 물품을 받기도 했다. 부여 왕의 장례 때 쓴 옥갑이 그 예일 것이다. 한군현과 부여의 우호 관계는 전통적이라고 할 수 있는데, 특히 요동 왕국 시기의 요동과 부여의 관계는 과거에 비해 한층 더 친근했다.

한편 위魏가 공손씨를 멸망시킨 다음 관구검을 보내 고구려를 침공했을 때(244~245) 현도 태수 왕기王頎가 부여를 방문하자 부여의 권신인 대사 위거位居가 대가를 시켜 위군魏軍을 환영하고 군량을 제공했다.[49]

이렇게 중국과 관계를 맺으며 성장하던 부여는 285년에 요하 상류에서 일어난 선비족 출신 모용외慕容廆[50]의 침략으로 위기를 맞았다. 저항다운 저항도 못 하고 부여 왕 의려依慮는 자살했으며 많은 자제들이 옥저[51]로 망명했다. 종래에는 이때 부여의 수도가 함락되자 그 일부 세력이 동쪽의 두만강 유역으로 피난 갔다가 동부여를 세운 것으로 여겼다.[52] 그러나 당시 두만강 유역은 이미 고구려의 영역에 포함되었기 때문에, 과연 동부여가 고구려 땅에서 세워질 수 있었을지는 더 생각해 봐야 한다.

부여의 왕성

주변 세력과 영향을 주고받으며 부침을 겪은 부여국의 중심, 즉 왕성의 위치는 어디였을까? 『자치통감』에 따르면 부여가 후기(346)에 왕성을 서쪽으로 옮겼기 때문에 부여의 왕성은 전기와 후기로 나눠 살펴야 한다.

부여 전기의 중심지에 관해 일부 고고학자들은 시펑현 시차거우에서 라오허선[53]과 한수 상층(2기)으로 옮겼다가 최종적으로 라오허선을 중심으로 생활했다는 설을 제기하고 있다.

북한 학계에서는 '예성濊城'이 있는 곳이 부여의 수도였고, 그곳은 오늘날 지린의 '푸위현扶餘縣' 일대라고 보기도 한다.[54] 1941년에 중국에서 처음으로 '동북 통사東北通史'를 체계적으로 정리한 진위푸金毓黻는 부여 전기 왕성은 지금의 눙안, 후기 왕성은 랴오닝성 창투현 북쪽 40리의 쓰몐성으로 설정했다.[55]

이와 달리 부여 본래의 위치를 눙안의 동북방, 즉 쑹화강 북쪽의 쌍청에서 그 북쪽에 있는 아러추허(일명 아스허阿什河) 일대로 설정하는 견해도 있다.[56] 그러나 아스허 일대에서는 한·위 시기의 고성과 유물이 나오지 않았으며 현도군에서 북으로 1000리 떨어진 지점과 맞지 않는다. 게다가 346년에 부여가 서쪽의 연燕 가까이로 이동했다는데, 아스허는 그 위치와도 맞지 않는다. 따라서 대부분의 학자들은 『후한서』와 『삼국지』의 기록에 기초해 부여 초기부터 지린시 주변의 쑹넌 평원이 중심지였다고 본다.[57] 대개 지린시 일대의 시퇀산 문화를 부여 선주민의 문화로 보고, 지린 일대 한·부여 시기의 여러 유적과 유물 중에서도 특히 둥퇀산 난청쯔 고성을 부여의 중심으로 보기 때문이다. 또한 자오허시蛟河市의 신제新街 고성지古城址와 푸라이둥福來東 고성지[58] 등 지린시 교외에서 부여 시기의 읍락으로 볼 수 있는 자료가 나와 난청쯔 유적을 왕성으로, 주변의 고성지 유적을 읍락 지역으로 보는 근거가 되었다.[59]

부여의 중심지를 현도군 북쪽으로 1000리 떨어진 곳에서 찾는다면 마땅히 지금의 지린성 중부 쑹화강 중류 일대일 것이다. 특히 룽탄산과 둥퇀산 일대에서 한 대 유적과 유물이 많이 발견되어[60] 이런 주장을 뒷받침한다. 둥퇀산 유적에서는 한 대 동전인 오수전을 비롯해 청동거울과 한식漢式 명문으로 오랫동안 끝없이 즐거움이 있다는 뜻의 '장락미앙長樂未央'이 찍힌 와당이 나왔고, 둥퇀산에서 룽탄산에 이르는 철로 양측에서 발견된 한 대 무덤에서 토제 화로·귀걸이

등 한 대 무덤에서 항상 보이는 명기明器도 출토되었다.[61]

전기의 왕성, 난청쯔 성지

특히 지린시 둥퇀산에서 발견된 난청쯔 옛 성에 주목할 필요가 있다. 둥퇀산 남쪽 기슭의 높은 대지에 자리한 이 옛 성지는 황토를 판축해 주위를 둘렀으며 성 내부의 평면은 타원형이다.[62] 성 내부에서 토기 편과 벽돌·기와 및 청동제 방울·도용 등 한 대 부여의 유물이 많이 출토되었는데,[63] 고구려와 발해 시기의 유물도 흩어져 있었다.[64]

이 성지를 전기 부여국의 왕성으로 보는 이유는 크게 네 가지로 정리할 수 있다. 첫째, 『삼국지』 부여전에서 '부여는 현도군에서 북쪽으로 1000여 리 떨어진 곳에 왕성이 있었다'고 했는데, 바로 그 조건에 맞는 지린시 일대에 해당하기 때문이다. 둘째, 난청쯔 옛 성의 타원형 평면이 '성책城柵을 모두 둥글게 했으며 감옥과 비슷하다'고 한 『삼국지』 부여전의 기록과 맞는다는 것이다.[65] 셋째, 난청쯔의 지리와 문헌의 기록이 들어맞는다는 점이다. 부여는 '처음에 녹산에 있었고' '산과 언덕과 넓은 못이 많으며' '남녀가 음란하고 부인이 투기하면 모두 죽이는데 (……) 시체를 왕도(수도) 남산南山에 버린다'고 『삼국지』 부여전에 기록되어 있다. 그런데 고음운학 연구에 따르면, 녹산은 마땅히 둥퇀산과 부근의 룽탄산을 가리킨다고 한다.[66] 또 이 일대는 산이 겹겹이 있고, 강에 면한 개활지로서 넓은 못이 많다는 기록과도 맞는다고 본다. 그리고 '국國의 남산'이라는 것은 왕도(수도)의 남산을 가리키는 것인데,[67] 난청쯔의 동남쪽 1킬로미터 떨어진 곳에 있는 마오얼산 일대에서 '관은 쓰되 곽이 없는有棺無槨' 한 대 봉토 덧널무덤군이 발견되어,[68] 이곳이 바로 왕성의 남

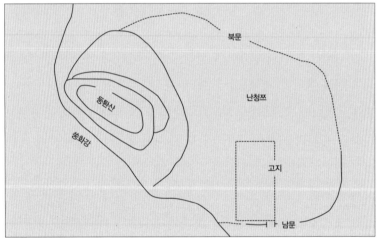

난청쯔 성벽(위)**과 구조**(아래)

지린시 둥퇀산의 난청쯔가 전기 부여국의 왕성이 있던 자리로 꼽힌다.

산에 해당한다는 것이다. 최근까지 발굴 조사한 마오얼산 일대에는 1000기가 넘는 덧널무덤이 있다고 한다.[69] 또 난청쯔에서 시퇀산 문화의 석기·토기 외에 한식漢式이 아닌 한漢 대 유물이 많이 출토되었는데,[70] 이것은 건국 설화처럼 예맥족의 한 지파가 예족이 살던 '예성'에 내려와서 서로 융합해 부여를 건국한 사실을 반영한다.[71] 넷째, 최근에는 난청쯔가 룽탄산 기차역 부근에 자리한 부여 왕성의 위성衛城이라고 보기도 하는데, 이것은 난청쯔의 규모가 주위 1킬로미터 정도로 비교적 작기 때문이다. 그리고 이런 주장을 받아들여 최근 대부분의 학자들이 난청쯔를 궁성, 룽탄산역 일대를 도성으로 보며 두 성이 합쳐져서 부여 전기의 왕성을 이루었다고 한다.

따라서 지금까지 알려진 문헌과 고고학 자료에 따르면, 건국 초기와 전성기인 3세기까지 부여의 왕성은 시퇀산 문화 이래 부여의 문화와 한 대 문화 요소가 많이 보이는 지린시 룽탄산·둥퇀산 일대로 설정하는 것이 합리적이다.

후기의 왕성을 둘러싼 논의

『자치통감』진기晉紀에 따르면, '부여는 처음에 녹산에 살았는데 동진東晉 영화永和 2년(346)에 백제의 침입으로 서쪽 연 가까이에 옮겼다가 연 모용황 자제의 공격을 받고 왕 이하 5만여 명이 포로로 잡혀갔다'[72]고 한다.

그렇다면 원부여인 지린 일대의 서쪽이라는 후기 부여성의 위치는 어디인가? 이에 대해 오늘날의 창춘·눙안 부근으로 설정하는 설이 일찍이 제기되었다.[73] 문헌에 뚜렷하게 나타난 『삼국지』시기의 부여는 둥랴오허 상류 쑹화강 유역 일대에 자리 잡고 있었기 때문에, 원부여 서쪽에 해당하는 도읍은 오늘날의 창춘 북쪽의 눙안 부근이 유력하다는 것이다.[74] 눙안은 조정걸曹廷杰이 쓴 『동삼성여지도설東三省輿地圖說』서문[75]에서 동삼성을 지배하려면 장악해야 한다고 역설한 만주의 요충지였다. 일찍부터 예족이 살면서 농사를 지은 비옥한 평야 지대로, 하천 유역의 기름진 땅과 넓은 초원이 농업과 목축 발전에 유리했다. 따라서 농안 일대는 백제로 표현된 세력의 침입으로 346년에 옮겼다는 부여성의 위치로서 최적의 조건을 갖추었다.

한편 부여국의 왕성과 관련해 『요사』 지리지의 통주通州와 용주황룡부龍洲黃龍府의 내용이 주목받는다. 이 기사에 따르면, 통주는 용주황룡부였고 발해의 부여성이자 부여국의 왕성이었다. 그런데 용주황룡부가 1920년 이후 그 위치를 동북방인 지금의 농안 일대로 옮겼기 때문에, 원래 위치는 농안의 서남쪽 부근으로 볼 수 있다는 것이다.[76] 그러나 이 기록만으로 용주황룡부가 원래 농안 서남쪽에 있었다고 주장하기는 어렵다. 부여가 '서쪽으로 연 가까이에 도읍을 옮겼다'는 기사를 다시 살펴보면, 타국의 침략으로 급하게 피난하는 상황

'황룡부'라는 역사적 지명이 남아 있는 지린성 푸위시 시내

이라 산지가 있고 험하며 방어하기에 유리한 지역을 택했을 가능성이 높다. 그렇다면 평야 지역인 눙안·창춘은 아닐 가능성이 높다. 지금까지 고고학계에서 눙안성 지역을 여러 차례 조사한 결과 이른 시기의 유적과 유물이 전혀 보이지 않는다는 것이 이를 방증한다.

346년 당시 부여 서쪽에 있던 연은 전연前燕 모용황慕容皝의 세력인데, 전연은 오늘날 차오양朝陽인 용성龍城으로 중심을 옮겨 시랴오허西遼河 이남 지역과 랴오둥의 톄링鐵嶺·푸순·번시本溪를 포함해 칭위안淸源까지 분포하고 있었다. 전연의 이런 세력 범위를 고려한다면, 지린시 일대에 있던 부여가 서쪽 연 근처로 옮겼다는 지역은 창춘이나 연의 이동 지역과 가까운 쓰핑·창투·시펑·랴오위안 등지였을 가능성도 있다. 부여가 피난한 지역으로 시평현 청산쯔城山子산성을 드는 견해가 최근 나오기도 했다.[77] 이 지역에서 한·위 시기의 유물은 보이지 않고 모두 고구려 시기의 유물이 보이는데, 이는 부여성을 고구려가 그대로 쓴 점에서 사실과 부합한다는 것이다.

한편 346년에는 지린 동북부의 읍루나 물길이 급속히 강해지면서 부여의 통제에서 벗어나 있었고,[78] 도리어 부여가 물길에 쫓기는 상황이었다. 따라서 『자치통감』에서 부여를 공격했다는 백제를 물길, 구체적으로는 백돌말갈伯咄靺鞨로 보는 이도 있다.[79] 그러나 『자치통감』에 기록된 백제는 고구려로 보는 것이 합리적이며 대부분의 연구자들이 그렇게 하고 있다.

지린 일대에서 서남쪽으로 이동하는 교통로를 분석한 결과, 쑹화강 상류의 휘파허와 류허柳河를 따라가는 것이 고대의 주요 교통로였음이 밝혀져 부여 피난 경로의 방증이 된다고 한다. 특히 4세기 이후인 모용외 시기 연의 위치는 차오양과 진저우錦州를 중심으로 한 라오시 지역과 시랴오허의 동북부도 상당히 포함되었다는 분석[80]에 따르면, '서쪽으로 연 가까이 이동'했을 때 부여의 위치가 지린 서북쪽보다는 서남쪽인 시핑 일대일 가능성도 충분하다. 특히 4세기 이후 눙안 서북 지역에 실위室韋나 실위 계통인 오락후烏洛侯의 선조가 살았다는 사실[81]도 부여인들이 이주하지 않았을 가능성을 높인다.[82]

눙안이나 시핑·랴오위안 일대가 모두 부여가 서쪽으로 연 가까이 이동했을 때 임시 도읍이었을 수도 있다. 하지만 눙안성과 청쯔산 산성에서 부여 때 도성의 흔적을 찾을 수 없어서 확언하기가 어렵다.

『자치통감』의 346년 기록과 관련한 백제의 요서 진출설은 연구가 더 필요하지만, 한강 유역의 백제가 고구려 지역을 지나 부여를 공격했을 가능성이 매우 희박해 기록 그대로 백제로 볼 수 없다는 것은 명백하다. 또한 백제가 고구려를 잘못 기록한 것이라고 보기에도 의문이 있다.[83] 만약 당시 부여 남쪽에 있던 고구려가 공격해 부여가 피난했다면 지린 북쪽으로 갔을 가능성이 훨씬 높기 때문이다. 따라서 346년에 부여를 공격한 백제를 고구려로 보는 것이 합리적이지만, 4세기 중엽 부여가 동북쪽에 존재한 물길·읍루 등에 밀려 피난했으며 그 방향은 서북쪽이 아닌 서남쪽의 어느 지역이라고 추정하는 주장[84]도 충분히 고려해 더 면밀하게 토론해야 할 것이다.

앞에서 본 것처럼 전성기인 3세기까지 부여의 중심은 지린 일대였다는 주장이 가장 합리적이다. 그러나 『자치통감』의 기록처럼 부여가 천도한 346년 이후 단계의 중심지 문제는 종래의 통설, 즉 눙안설이 유력해도 그것을 비판 없이 받아들이기보다는 고고학 자료를 『요사』지리지 용주황룡부의 기록과 연관 지어 다시 면밀히 검토할 필요가 있다.

부여의 멸망과 부흥 운동

부여는 3세기 중반까지 외세의 침략을 받지 않고 수도가 융성했다. 그러나 3세기 후반에 접어들어 주변 정세에 따라 격심한 변화를 맞았다. 부여는 대평원에 자리 잡아 외침을 방어하는 데 취약했다. 유목민과 농경민이 교차하는 중간 지대였다는 점도 주변 세력의 변화에 따른 영향을 쉽게 받은 이유다. 특히 3세기 중반 이후 중국의 통일 세력이 무너지고 유목민 세력이 왕성해져 동아시아 전체가 격동기에 접어들면서 더욱 그랬다.

랴오시 지역과 내몽골 지역에서 선비족 모용씨가 연燕을 세우고 세력을 키워 나갔다. 또 부여 남쪽에서는 고구려가 사방으로 세력을 팽창하기 시작했다. 그런 가운데 진晉이 모용선비 세력을 통제하지 못할 만큼 약해지자 부여는 285년에 선비족 모용외에게 수도를 함락당하고 1만여 명이 포로로 잡혀갔다. 이때 국왕 의려는 자살하고, 왕실은 북옥저 방면으로 피난했다.[85] 이듬해에 의라依羅가 왕위를 계승한 뒤 진나라 동이교위 하감何龕의 지원을 받아 선비족을 격퇴하고 나라를 회복했다.[86] 그러나 모용씨의 침입이 거듭되었고, 부여 사람들은 포로가 돼 북중국에 노예로 팔려 갔다. 또 진이 북방 민족에게 쫓겨 남쪽으로 옮기고(316~317) 쇠망함에 따라 부여는 외부의 지원을 받을 수 없게 되었다. 북중국에서 5호 16국 시대가 전개된 것이다. 이렇게 고립무원 상태에 빠진 부여는 4세기 들어 고구려의 공격을 받아 원래의 중심지를 유지할 수 없게 되자, 서쪽으로 근거지를 옮겼다.

『자치통감』 진기를 보면, 부여가 '백제의 침략을 받아 부락이 쇠잔해졌는데, 서쪽으로 연 가까이 옮기고는 방비를 하지 않았다'[87]고 한다. 즉 부여가 모용씨의 침입을 받기 전에 백제의 침략을 받았다는 것이다. 이를 4세기 초 백제의 해상 발전, 더 나아가 요서 진출의 근거로 보려는 설이 있다.[88] 그러나 앞에서 말했듯이 이 백제는 고구려를 잘못 표기한 것으로 봐야 옳을 듯하다.[89] 부여는 고구려의 침략을 받은 후 서쪽으로 연 가까이에서 고립무원 상태로 있다가 346년 전연의 왕 모용황이 보낸 세자 모용준慕容儁과 모용각慕容恪·모여근慕輿根 휘하 1만 7000명의 침략에 국왕 현玄 이하 백성 5만여 명이 포로로 잡혀가는 타격을 받았다.[90] 전연 왕이 현에게 '진동장군鎭東將軍'이라는 작위를 주고 사위로 삼는 등 회유책을 쓰기도 했으나, 어쨌든 부여는 중심 세력을 잃고 말았다.

이때 부여가 완전히 멸망했다는 설이 있다.[91] 346년 이후 부여의 고토는 전연의 소유가 되고, 370년 이후에는 고구려에 병합되었다고 보는 것이다. 그리고 그 주장의 근거로 「모두루묘지명」 중 대사자 모두루가 '북부여수사'를 지냈고 광개토왕 때 북부여를 진수했다는 내용과 『위서』고구려전에서 435년경 고구려의 국경이 '북으로 옛 부여에 이르렀다'는 기사를 든다. 결국 부여는 346년 모용연 세력의 침공을 받은 뒤 사실상 연에 종속된 상태로 국가의 명맥을 이어 간 것으로 보인다. 옛 수도 자리인 지린 일대는 고구려 세력에 귀속되었다.

부여가 모용황의 침입으로 기울어진 것은 사실이다. 그러나 『진서』나 『자치통감』의 자료만으로 부여의 멸망을 단언하기는 어렵다. 『위서』고종기의 문성제 3년(457)조에는 부여를 비롯해 10여 국이 사신을 보내 조공했다는 기사가 보이고, 『진서』권 111 재기 11 모용위조에 따르면 370년에 전진前秦의 부견苻堅이 10만 군을 거느리고 전연의 수도 업鄴을 쳤을 때 전연의 산기시랑散騎侍郎 여울餘蔚이 부여의 인질을 거느리고 밤에 성문을 열어 부견의 군사를 맞았다고 한다.[92] 즉 346년에 부여가 멸망한 것이 아니라는 내용이다.[93]

『자치통감』 권 102 진기 24 해서공 하조에는 『진서』보다 더 자세한 기사가 보인다. 그것은 여울이 부여·고구려 인질 500명을 거느리고 있었다며 세주細註에 여울이 부여 왕자라고 했다. 여기서 말한 인질은 모용씨가 부여를 쳐서 없앤 뒤 그 땅을 통치하기 위한 수단으로 잡았을 가능성이 높다.[94] 따라서 346년 모용씨의 침입으로 부여가 멸망했다기보다는, 부여의 세력이 거의 무너지고 흩어졌으나 그 주민과 영토는 전연과 전진에 신속된 상태로 존재했으며 여전히 고구려와 물길(말갈)의 진격 목표로 존재했다고 본다. 346년에 연군燕軍이 부여를 한 차례 공격한 뒤 귀환했다고 보는 것은, 만약 부여의 수도에 계속 머물며 그 영역을 직접 지배할 경우 당시 서쪽으로는 후조後趙와 대결을 벌이고 동으로는 고구려와 전쟁을 치른 뒤 대치하고 있던 연으로서는 상당한 병력 투여와 전쟁 지속을 감수해야 했기 때문이다.[95]

부여인들은 연군이 돌아간 뒤 나라를 다시 일으키려고 했다. 부여가 이렇게 명맥을 이은 것은 연이 북중국 방면으로 진출하면서 그 압력이 줄어들었으며 고구려는 연의 침공에 타격을 입은 데 이어 남쪽에서 올라오는 백제 세력과 대결하기에 급급했기 때문이다. 그러나 그 뒤 부여 세력은 광개토왕의 정복에 따라 고구려에 편입된 것으로 보인다. 광개토왕릉비가 이 사실을 전한다.

동부여는 옛날에 추모왕의 속민이었는데 중간에 배반해 조공을 바치지 않게 되었다. 20년(410) 경술에 왕이 친히 군대를 거느리고 가서 토벌했다. 왕의 군대가 부여성에 이르니 (······) 왕의 은덕이 널리 퍼졌으므로 개선했다. (······) 무릇 대왕이 공격해 처부순 성이 64개요, 촌이 1400개다.[96]

여기서 동부여는 부여를 가리키고,[97] 동부여가 옛날에 추모왕의 속민이었는데 중간에 배반해 조공을 바치지 않았다는 것은 광개토왕의 부여 정벌을 합리화하려고 꾸며 낸 이야기로 볼 수 있다. 광개토왕 대에 부여 정벌이 여러 차례 있었을 텐데 광개토왕릉비에 유독 410년의 사실만 크게 다룬 것을 보면 이 정벌이 가장 큰 규모였다는 것은 의심할 여지가 없다. 또 이때 64개 성, 1400개 촌락을 격파했다는 기록을 동부여를 상대로 한 전쟁의 성과로 보는 견해가 있으나,[98] 이는 대개 광개토왕의 통치 기간을 통틀어 말한 전과戰果로서 주로 백제 지역 정복과 관련된 것으로 보인다.[99] 어쨌든 광개토왕이 부여성에 진격했다는 것은 부여가 이때 실질적으로 고구려의 영역과 그 지배에 들어갔다는 뜻이다. 그래서 장수왕 대인 435년에 고구려를 방문한 북위의 사신 이오李傲가 당시 고구려의 영역이 '북으로 옛 부여에 이른다'고 보고한 것이다.[100] 결국 410년 고구려의 부여 정벌로 부여의 주민 다수와 넓은 지역이 고구려에 속했고, 부여 왕실은 고구려의 부여 지역 지배를 위한 방편으로 겨우 명맥을 유지하게 되었다.

한편 이오가 435년에 고구려의 영토가 동으로 책성柵城[101]에 이르렀다고 한 기록을 근거로, 광개토왕릉비에서 말하는 여성餘城이 바로 책성이며 두만강 유역의 동부여를 가리킨다고 보기도 한다.[102] 즉 동부여 두만강 유역설의 근거가 되는 것이다. 그러나 앞에서 본 것처럼 고구려 동천왕이 관구검의 침입으로 피난했다는 '치구루'와 책성은 같은 지역이지만 광개토왕이 정복한 부여의 부락 집단 '○○○미구루'와는 다른 실체다. 이 책성은 일찍이 고구려에 복속되어 있던 북옥저 지역에 설치되었지, 동부여를 멸망시키고 둔 것은 아니다. 태조왕 이전부터 고구려의 지배하에 있던 북옥저 지역을 광개토왕이 대대적으로 군사를 동원해 정복할 리는 없다. 광개토왕릉비에는 쇠약해진 부여의 수도를 광개토왕이 공격해 쳐부순 사실을 기록했다고 봐야 한다.[103]

부여는 급속히 약해져 5세기 말까지 간신히 그 세력을 유지했다. 이때 부여의 지배를 받던 물길족의 저항이 거세졌으나,[104] 부여는 그 반발을 진압할 힘이 없었다. 457년에 부여가 북위에 조공하며 국제무대에 얼굴을 내밀었지만,[105] 이는 일시적인 시도일 뿐이었으며 고구려의 지배에서 벗어나 독자적인 세력을 회복할 수는 없었다. 5세기 말에는 동만주 삼림지대에 살던 말갈의 전신인 물길이 세력을 키워 고구려와 다투고 동류 쑹화강을 거슬러 세력을 뻗침에 따라, 그 침략을 받은 부여 왕실이 고구려 내지로 옮겨졌다.

494년에는 부여의 왕과 그 일족이 고구려에 망명·항복해[106] 그 여맥마저 끊어져 버렸다. 이때 멸망한 부여는 고구려의 보호 아래 있던 지린시 일대의 원부여로 보는 것이 타당하다. 즉 위魏·진晉 시기에 크게 성장한 선비 모용씨와 고구려의 침입으로 부여족의 일파가 동쪽으로 이동해 건국한 부여가 고구려의 보호 아래 5세기까지 존속하다 고구려 문자왕 3년(494)에 물길의 흥기를 피해 왕족이 고구려에 투항하는 것으로 소멸했다.

한편 부여의 주민들이 고구려에 통합되는 과정에 일단의 잔류 세력이 서북쪽으로 가 두막루국을 형성했다.[107] 『위서』 열전 두막루전을 보면 두막루가 옛 부여라는 것이 분명하게 드러난다.

두막루국은 물길국 북쪽 1000리에 있다. 낙양에서 6000리를 가고, 옛날 북부여다. 실위의 동쪽에 있으며 동쪽은 바다에 이른다. 사방 2000리며 사람들은 농사를 짓고, 궁궐과 창고가 있다. 산과 언덕과 넓은 못이 많으며 동이의 지역 중에서 가장 평평하다. 땅은 오곡에 마땅하나, 오과는 나지 않는다. 사람은 크고, 성질은 강하고 용감하며, 삼가고 후하니 도둑이 없다. 그 군장은 모두 여섯 가축의 이름으로 관직을 하고, 읍락에는 뛰어난 장수가 있다. 음식을 함에 조두그릇을 사용하고, 마포麻布가 있으며, 옷은 '고려(고구려)'처럼 폭이 넓게 마름질한다. 나라의 높은 사람은 금은金銀으로 치장한다. 형벌은 엄하고 급히 처리하는데, 살인한 자는 죽이고 그 가족은 노비로 삼는다. 풍속이 음란하지만 투기하는 부인은 미워해, 투기하는 자를 죽이고 시체를 그 나라 남쪽 산 위에 버리는데, 여자 집에서 이를 가져갈 수가 없다. 소나 말을 바치면 가져갈 수 있다. 본래 '예맥'의 땅이라고도 한다.[108]

앞의 기록을 보면, "두막루국은 물길 북쪽 1000리에 (⋯⋯) 옛날 북부여."를 빼고는 『삼국지』 부여조의 기사를 그대로 옮긴 것이다. 이 자료는 두막루가 옛 북부여, 즉 부여라는 것을 분명히 보여 준다. 한편 『신당서』 유귀전에는 다음과 같은 귀중한 기록이 있다.

개원開元(713~741) 11년에 또 달말루와 달구 등 두 부락의 수령들이 조공했다. 달말루는 스스로 말하기를 북부여의 후예로서 고구려가 그 나라를

멸하자 유민들이 나하를 건너 그곳에 거처하게 되었는데, 타루하他漏河라
고도 하는 물줄기가 동북쪽으로 흘러 흑수黑水에 유입된다고 했다. 달구는
실위의 종족으로 나하의 남쪽, 동말하凍末河의 동쪽에 있으며 서쪽으로 황
두실위와 접하며 동북쪽으로는 달말루에 이른다고 했다.[109]

이 기록에서 가장 주목할 내용은 '고구려가 그 나라를 멸하자', 즉
부여를 멸망시키고 옛 부여 땅에서 달말루(두막루)가 세워진다는 것
이다. 달말루, 즉 두막루국의 전개 과정을 간결하게 기록했다.

나하는 많은 학자들이 지금의 넌강과 제1쑹화강이 합류하는 지점
일원으로 설정한다. 그렇다면 멸망 후 바로 제1쑹화강을 건넌 부여
인들이 후넌 평원 또는 쑹넌 평원 일대에서 새로운 생활을 시작했다
고 볼 수 있다.[110]

4

부여의 제도

"나라에는 군왕이 있고 가축의 이름으로 관명을 정해
마가馬加·우가牛加·저가豬加·구가狗加·대사大使·
대사자大使者·사자使者가 있다. 부락에는 호민豪民이 있으며,
하호라 불리는 백성은 모두 노복奴僕이 되었다."

『삼국지』 위서 동이전 부여조

중앙의 통치 조직

부여는 정치 발전 면에서 후진적이던 주변 세력과 달리 일찍이 국가
의 지배 체제를 형성해 왕이 있었다. 부여 왕은 그 전 예맥 사회 단
계의 예성에 거처했는데, '예왕지인'이 있었다는 것을 보면 예성에
거처한 부여 왕에게도 국새國璽가 있었다.[1] 왕위는 적장자에게 세습
되어,『삼국유사』동부여조에 '금와에 이어 그의 맏아들 대소가 태
자가 되었고, 그가 왕위를 계승했다'는 기록이 있다. 사회 발전과 함
께 왕권도 강화되어, 3세기 전반에 간위거簡位居 - 마여麻餘 - 의려로
이어지는 왕위의 부자 계승이 확립되었다. 특히 마여가 얼자孽子였
는데도 왕위에 오르고, 그 아들인 의려가 여섯 살에 즉위한 것은 왕
위의 부자 상속 원칙이 자리 잡았다는 증거다. 이렇게 부여의 왕권

은 부자 세습의 원칙하에 안정되어 있었고, 대외적으로도 일정한 집권력이 있었다. 왕위의 부자 상속은 형제 상속 단계에서 왕권이 한 단계 성장했음을 상징적으로 말한다. 대개 형제 상속 단계에는 왕위 계승을 위한 적자嫡子와 중자衆子 또는 본가本家와 지가支家를 구분하는 제도와 의식이 뚜렷하지 않다.[2] 그런데 부여의 경우 일찍부터 왕권의 부자 상속이 안정된 것으로 기록되어 있다. 이는 부여의 왕권이 여느 고대국가 못지않게 일정한 힘이 있었으며 안정되게 운영되었음을 시사한다. 『삼국지』 부여조의 기록대로 요동의 공손탁이 외교적 조처로 부여의 위구태왕에게 자기 일가의 딸을 출가시킨 사실은 당시 위구태왕에게 국제적으로 인정할 만한 통제력이 있었다는 것을 보여 준다. 이 점은 부여의 부강과 응집력을 시사하는 '그 나라는 선조 이래 일찍이 파괴된 적이 없었다'[3]는 기사도 방증한다.

부여의 왕은 무제한의 권력을 행사하는 전제군주가 아니었다. 왕의 권력은 귀족 합의 기구의 제약을 받았다. 왕이 특정 가계 출신 중에서 뽑혔고, 여섯 가축의 이름을 따서 붙인 마가·우가·저가·구가 등[4] '가加'들의 대표로 군림해도 초월적 존재는 되지 못했다. 마여는 제가諸加가 공립共立했고, 의려도 '옹립해 왕으로 삼았다'고 했으니 역시 제가의 관여로 임명되었을 가능성이 높다.[5] 날씨가 고르지 못해 수해나 한해가 생기고 흉년이 들면 그 허물을 왕에게 돌려 죽이거나 교체한 부여의 습속도 왕의 임명을 방증한다.[6] 부여의 전성기인 2~3세기에 왕은 권력자인 동시에 귀족의 대표자라는 양면성이 있었기 때문에, 귀족이라고 할 수 있는 '제가'가 공립한 것이다.[7]

부여에서 제가는 국가의 최고 관리로서 지방 행정사무를 관할했다. 처음에 '가[8]'는 일정 지역에서 부족원이 선출한 족장으로서 군사

부여의 왕성이 위치했던 곳으로 추정되는 둥퇀산

·재판·제사 등의 중요 업무를 집행하는 책임자에 지나지 않았으나, 부족 사회의 발전에 따라 귀족화되었다. 즉 국가 형성 초기 단계에 유대감이 강한 단위 정치체의 대소 족장 세력이던 '가'들이, 연맹과 결속을 통해 국가의 지배층으로 결집되어 가면서 중앙의 벼슬 이름인 대관大官·장관長官을 붙이게 된 것으로 보인다.[9] 제가는 주로 하호를 통치했는데, 세력의 크기에 따라 수백 혹은 수천 가家의 호戶를 지배했다. 이들은 평소에 귀족 족장으로서 부락을 지도하고, 적이 나타나면 군사령관으로서 독자적으로 전장에 나가 싸웠다.[10] 그러나 제가는 연맹 단계의 국가에 참여할 때 이미 대외 교섭권이나 무역권 등을 왕에게 빼앗겼고,[11] 사자使者·조의皂衣·선인先人을 밑에 둘 만큼 자치권이 인정되었어도[12] 왕의 영도력을 인정하는 조건하에 새로

편성된 지역의 백성을 지배할 뿐이었다.

부여가 국가적으로 성장하면서 제가 중 국왕 직속 관리인 대사직이 많은 권한을 가지며 정치적 비중이 높아졌다.[13] 원래 '사자使者'류는 씨족 내부에서 열등한 신분으로 조세를 총괄하는 관리였는데, 그 직능이 점점 중요시되어 여러 층의 사자로 분화되는 가운데 지위가 높아져 행정 관료로 성장했다.[14] 이들 중 최고 직위인 대사는 외교를 전담하고 대가를 지휘하며 우가를 단죄하는 등 국정을 총괄했다. 마여왕 때는 우가의 조카인 위거가 대사직을 맡아 실권을 장악하고 우가와 그 아들을 반역 혐의로 처형했다.[15] 따라서 부여의 정치조직에서 대사직이 가층加層을 포괄하며 나라 안팎 실무를 총괄한 최고위직이었다고 보기도 한다.[16] 그러나 부여의 정치기구는 국왕 아래의 조직과 제가 직속의 조직으로 구성되었고, 대사·사자 등 외교·군사업무를 주로 맡은 관료들이 있어도 이들이 제가와 구분되어 특정 직능을 나눠 맡은 관계官階로 존재하지는 않은 것으로 보인다.

고구려의 경우 대사자·사자 직위를 차지한 인물은 모두 방위에 따라 이름을 붙인 부部 출신으로 국왕 밑의 중앙 관계에 소속되었고, 그 정치적 비중이 대체로 제가 계급에 해당했다.[17] 즉 중앙의 귀족인 제가급 인물들이 그 밑으로 대사자·사자 등을 두었다는 것이다. 그렇다면 부여도 관계 명칭상 고구려와 거의 비슷했다고 보는 것이 타당하다. 결국 부여의 중앙 지배 체제는 왕을 중심에 두고 그 밑에서 국무를 관장하는 귀족 세력인 마가·우가·저가·구가 등의 회의체가 있었으며 구체적인 행정 실무는 왕과 제가 밑에 동시에 속한 대사나 사자 등이 처리했다고 볼 수 있다.

한편 부여의 지배 체제를 이해하기 위해 살펴볼 만한 흉노 사회

는, 지역의 단위 집단을 느슨하게 통합해 편제하는 식으로 국가 체
제를 확립했으며 부족적 차원의 제천 행사를 국가적 제전으로 승격
해 나라 전체의 결속력을 높이고 좌우 왕王[18]과 지역 내부의 단위 집
단에 대한 통제를 강화했다. 그리고 제천 행사 때 제장諸長 회의를
열어 국가의 중대사를 의결했다.[19] 사출도로 지방을 나눠 통제하던
부여의 수도에서 열린 국중대회인 영고迎鼓의 모습이 이와 비슷했을
것이다.

축제 때는 노예나 외래민을 제외한 전 부여의 읍락민이 참여해 밤
낮으로 술을 마시고 노래하며 춤을 추면서 서로 결속을 도모했다.
부여에서는 남녀노소를 막론하고 때와 장소를 가리지 않고 노래 부

고구려 고분(장천1호분)**의 벽화**
갖가지 놀이를 즐기고 사냥하는 장면이 담겼다. 부여의 영고도 이와 비슷한 모습이었을 것이다.

르기를 그치지 않아 『위서』에 노인, 아이 할 것 없이 종일토록 노랫소리가 끊이지 않았다는 기록이 있다.[20]

또한 부여에서는 국중대회 때 제천 행사와 동시에 형옥을 판결하고 죄수를 석방했다.[21] 수도에서 전국의 족장에 해당하는 제가가 모여 왕을 중심으로 하늘에 제사를 지내고 지난 해를 결산하며 주요 문제를 토의해 국가의 통합력을 강화한 것이다. 부여에서 한 해의 풍흉이 결정되는 시기에 왕을 살해하거나 교체했다는 『삼국지』 부여조의 기록은,[22] 왕의 치폐가 제천 행사 때 회의를 통해 결정되었을 가능성을 시사한다. 제천 행사 때 열리는 회의의 이런 기능은 왕권이 확립되고 국가의 체제가 성립된 뒤에도 상당 기간 지속되었다.

결국 국가의 중요한 문제들을 토의한 국중대회는 '가'라는 고급 귀족 관료들의 평의회였다고 볼 수 있다. 이 회의에서 최후 결정권은 국왕이 가지고 있었다. 부여처럼 전국적인 지배 조직이 미비하고 각 지방 부족들의 자치력이 강한 사회에서, 영고는 민속 행사일 뿐만 아니라 통합 기능을 수행한 정치 행사이기도 했다.

지방 통치 조직

지방 지배의 경우 왕성을 중심으로 사방의 각 지역에서 족장 출신 제가가 자치적으로 휘하 읍락민을 지배했기 때문에, 강력한 중앙집권 체제를 확립하지는 못한 것으로 보인다. 이런 사실은 『삼국지』가 쓰인 3세기 중엽의 부여 사회가 연맹체에서 중앙집권 국가로 성장해 가는 과정이었음을 단적으로 보여 준다.

부여는 둘레 2000리에 걸친 방대한 영토를 동서남북, 네 지역으로 나눠 전국에 대한 통치를 강화했다. 각 지역은 '가'들이 관할하고, 중앙 왕실은 국왕이 직접 통치하는 식이었다. 『삼국지』를 보면 부여의 지방에는 사출도가 있었는데, 이것은 단순히 지방을 넷으로 나눈 행정구역이라기보다는 고구려의 5나부처럼 수도를 중심에 두고 사방을 나눈 것을 의미한다. 그리고 '도道'는 교통로 또는 그 교통로상에 위치하는 지역이다.[23] 따라서 왕도에서 사방으로 통하는 길인 사출도는 고대국가에서 지방 지배의 기본이 되는 도로와 그 주변 읍락을 의미할 뿐,[24] 완비된 행정구역을 의미하지는 않는다.

사출도는 제가가 관할했다. 제가를 중앙 관계인 마가·우가·구가·저가로만 보는 견해[25]가 있으나, 제가는 부족장 전체를 뜻하는 이

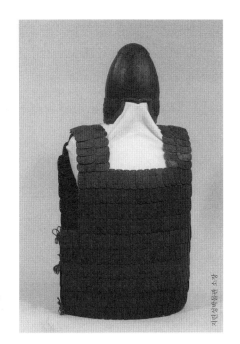

라오허선 출토 갑옷
얇은 철 조각을 실로 꿰매 만들었다. 함께 출토한 철제 무기들을 보면 부여의 군사력이 아주 강했음을 알 수 있다.

름으로 보인다. 당시에는 제가가 '압로'라고 불린 것 같다. 「광개토왕릉비문」에는 고구려가 부여를 쳤다는 기사 뒤에 광개토왕을 따라서 고구려로 간 자들로 '미구루압로味仇婁鴨盧', '비사마압로卑斯麻鴨盧', '타사루압로褍社婁鴨盧', '숙사사압로肅斯舍鴨盧', '○○○압로鴨盧'가 나온다. 미구루·비사마 등 압로 앞에 붙은 것은 부여에 있던 특정 지역 집단이나 부족의 이름일 것이다. 따라서 지명 뒤에 표기된 압로는 '부족 집단'을 의미하는 표현이거나 사출도를 관할하는 '가加'나 '간干'을 뜻하는 것이다. 한편 「광개토왕릉비문」에서는 부여성과 압로를 구분해 서술한다. 이 둘은 분명 실체가 다른 것으로서, 부여의 수도를 부여성이라고 하며[26] 압로는 특정 지역의 '가' 집단을 가리키는 것으로 볼 수 있다.[27] 그런데 이 집단들이 부여가 고구려의 지배를 받게 되자 독자적으로 지역민을 이끌고 고구려에 투항한다. 이를 통해 부여 사회의 지방 세력이 중앙에 대해 독자적인 힘을 가졌으며 중앙 부족은 지방 세력을 인정하고 이와 연맹해 국가 체제를 유지했다고 볼 수 있다.

한편 다섯으로 나뉜 지역 집단 밑에 있는 읍락은 성책으로 둘러싸여 있었는데, 그 성책이 아주 높고 견고해서 고대 중국의 역사가들은 그것이 감옥과 같다고 했다.[28] 읍락의 구체적인 유적이 최근 지린 시 교외 자오허시의 신제 고성지와 푸라이둥 고성지에서 발견되었다.[29] 이 두 고성의 성안에서 홍갈색의 굽접시·시루 등이 많이 나왔고, 성은 평지에 높이 솟아 있으며 그 평면이 모서리가 둥근 사각형, 원형에 가깝다.[30] 이런 사실은 『삼국지』 부여조에 '(부여는) 먹고 마시는 데 모두 조두그릇을 쓰고 성책은 모두 둥근데 마치 뇌옥과 같다'고 한 기사와 부합한다. 또 서한~양진 시대 제2쑹화강 유역은 부여의 영지領地였고, 현재 자오허시의 츠수이샹池水鄉·신제 고성지·쑹장촌松江村 푸라이둥 고성지는 부여국의 세력 범위 안에 있었다. 최근 둥퇀산 난청쯔를 부여의 왕성으로 보는 학계의 통설을 따른다면,[31] 신제·푸라이둥 두 성지는 분명히 부여의 읍락 유적일 것이다.

신제 고성은 둘레가 200미터 정도로 작은 범위 안에 읍락 지배를 위한 건물들이 들어서고, 그 안에 주로 각 읍락의 대표나 호민들이 거주했을 것으로 보인다. 신제와 푸라이둥의 고성은 모두 자오허 서안에 자리하며 서로 남북으로 9킬로미터 떨어져 있다. 두 성이 떨어진 거리를 보건대 당시에는 밀접한 관계가 있었을 것이다. 이런 점을 염두에 두고 부여 읍락의 존재 양상과 관련해 더 면밀하게 고찰해야 한다.

읍락이 부여 연맹체를 구성하는 가장 기본적인 단위 집단이었지만, 곧바로 중앙 권력이 미치는 지방의 단위는 아니었다. 『삼국지』 위서 오환선비동이전烏丸鮮卑東夷傳을 보면 '(선비는) 우북평 이동으로부터 요동에 이르기까지 부여와 예맥의 20여 읍과 접해 동부東部를 이루었다'[32]고 한다. 여기서 읍은 아마도 『삼국지』 동이전 한韓조에 나오는 국읍國邑에 해당하는 것으로, 「광개토왕릉비문」에 기록된 '○○○압로'에서 '○○○'에 대응한다고 볼 수 있다. 바로 이것이 부여의 중앙에서 지방을 파악하는 통치 단위였다. 사출도 연맹 체제에서는 부여 왕권이 각 국읍에 어느 정도 통제력을 발휘했겠지만 아직 제가의 자치적 성격이 유지되는 상태였기 때문에 각 국읍 내 단위 집단인 읍락까지는 중앙의 권력이 미칠 수 없었을 것이다. 결국 지역 단위 집단인 읍락을 일원적으로 통제할 만한 중앙집권 체제를 갖추지 못한 부여의 지방 통치는, 지역 수장층인 제가의 자치력을 인정하는 가운데[33] 이들을 통한 간접 지배 방식을 취한 것으로 보인다. 물론 부여는 왕위가 세습되었고 한漢과 교류할 때도 강한 왕권을 유지했기 때문에, 왕이 제가 세력을 통제·감시하는 지배력은 갖고 있었을 것이다.

부여의 지방 지배 및 정복 지역 통치 방식의 일단은 한漢 대 이래 부여에 예속되어 있던 읍루족을 통해서도 엿볼 수 있다. 『삼국지』 위서 동이전 읍루조에는 읍루인들이 '한 이래 부여에 신속했는데 부여가 조부租賦를 과중하게 부과하자 반발했다'[34]고 기록되어 있다. 당시 읍루는 『삼국지』의 기록처럼 읍락별로 복속시켜 그 족장을 통해 공납을 징수한 것으로 보인다. 이를 속민屬民—공납에 따른 지배 체제로 보기도 하는데,[35] 이 체제는 각 읍락 사회를 그대로 유지하면서 이들을 종족적으로 묶어 동옥저 부락·읍루 부락 등 집단적으로 파악해 공납을 받는 지배 방식이다. 대체로 이런 식으로 부여가 정복 지역을 통제하고, 정복 지역 주민들은 모두 하호 계층으로 취급되었을 것이다. 그리고 공납 지배가 매우 가혹했던 것 같다. 읍루의 경우 위의 황초 연간에 가혹한 공납 징수에 저항해 그 지배에서 이탈했다는 사실[36]로 이를 알 수 있다.

부여와 삼국 초기의 정치체제

삼국 초기의 정치체제는 대개 부部 중심으로 운영되어 '부 체제'라고 한다. 부 체제는 삼국 초기 사회의 정치체제이면서 운영 원리다. 따라서 부 체제 사회의 모습은 구조와 운영, 양자를 다 살펴야 이해할 수 있다. 구조적인 면에서 부 체제 사회는, 왕을 중심으로 한 중앙 부족과 제가-호민-하호로 구성된 읍락 공동체로 이루어졌다. 이 양 집단을 연결하는 장치가 '제가 회의'였고, 이것은 삼국 초기 사회의 운영 면에서 연맹적 요소가 강했다는 것을 말한다. 다만 연맹체 사회를 운영하면서 외교·군사·제의는 왕이 권한을 행사했다. 이를 통해 연맹체의 구성원을 통제한 것이다.[37]

이렇게 볼 때 고조선과 부여의 정치체제는 크게 두 가지 면에서 삼국과 다르다고 정리할 수 있다.

첫째, 기원후 3세기 무렵의 사실을 반영한 『삼국지』 위서 동이전 부여조에 부의 존재에 관한 기사나 부라는 말이 확인되지 않는다. 부는 『사기』의 조선열전이나 『위략』에도 보이지 않는다. 이것은 그 운영 체계가 부를 중심으로 한 체제와 달랐기 때문이라고 볼 수 있다. 부여는 부 대신 사출도를 운영했는데, 이것은 방위의 이름이면서 중요 근거지에 대한 편제의 의미가 강하다. 땅이 대단히 넓은 부여는 사방을 교통로와 방어 개념으로 연관 지어 편제한 것으로 보인다. 전 지역을 다섯 부족으로 편제해 중심 부족이 설정되었다는 설이 있지만, 사출도 기록만으로 중심 부족을 설정하기는 어렵다. 부여보다 일찍 국가를 형성한 고조선도 역계경歷谿卿[38] 같은 독자적 세력의 존재를 보면 부여와 비슷한 상황에 있었을 것이다. 그러나 나중 시기의 고구려 5부는 동가강과 압록강 유역의 제나諸那가 상호 통합한 끝에 지방 사회에 대한 통제력을 어느 정도 갖춘 다섯 집단만 남아 성립한 것으로서 그야말로 역사적 소산이다.[39]『삼국사기』초기 기록을 보면, 고구려의 5부는 압록강 유역 일대에 대해 권한을 행사했다.

한편 고구려에서는 부여처럼 사출도의 방위명이 지역 구분의 중심이 되지 않고 5부족의 구체적인 이름이 나타난다. 이는 5부족이 주체가 되어 부족 연맹을 조직했다는 뜻이다. 고구려 사회는 가부장 가족 세력의 증대와 족장의 지배력 강화가 부여보다 한발 앞서 있었다.[40]『삼국지』위서 동이전에서 '그 나라 가운데 대가大家는 농사짓지 않으며 놀고먹는 자가 1만여 명인데, 하호가 멀리서 식량을 날라 공급했다'[41]고 해 지배층이 증가한 것을 알 수 있다. 또한 5부족이 일종의 전사 조직체가 되어, 이를 중심으로 인근 부족에 대한 정복 활동이 부여보다 활발했다.[42]

부 체제하 고구려는 5부 대가大加·제가諸加 들의 연합체라고 볼 수 있다. 따라서 5부의 성격을 구체적으로 이해하려면 부와 왕권의 관계를 검토할 필요가 있다. 분명한 사실은 부의 전신인 나那가 독자적인 소국小國이나 부족을 가리키는 반면, 5부는 고구려국의 주요 구성단위로서 왕권에 귀속되었다는 점이다. 그러나 부여의 경우 지역 집단인 압로[43]를 볼 때 독자성이 아주 강했다고 할 수 있다. 광개토왕이 부여성을 친 410년에 왕의 교화를 사모해 다섯 집단(압로)이 왕의 개선군을 따랐다[44]는 것은, 부여 사회에서 지역 집단의 독자성이 멸망기까지도 강했음을 말한다.

'부'라는 말의 사용과 부 체제의 적용 문제는 초기 신라사의 경우에도 논의할 수 있다. 초기 신라사에 관한 한 연구에서는 신라 초기에 부라는 명칭은 아직 사용되지 않았지만 그 실상은 고구려 부 체제의 운영 양상과 같다고 보고 '삼성족단 체제三姓族團體制'라는 개념을 쓴다.[45] 연맹체처럼 운영된 신라 초기 사회를 부 체제로 파악한 것이다. 연맹체적인 사회 운영은 모든 초기 국가에서 상정할 수 있다. 그러나 국가권력이 일정한 지역에 지속적으로 제도나 권력을 행사하는 것이 부 체제라고 할 때,[46] 단지 연합한 주도 세력이 있는 정도인 삼성족단을 부 체제로 볼 수 있을지 의문이다. 이런 면을 고려한다면 고조선·부여 사회도 부 체제 단계로 보기는 어렵다.

둘째, 운영 면에서 볼 때 고조선과 부여 사회는 삼국 초기에 비해 중앙의 집권력이 다르다. 왕이 배출된 (지배 집단이자 정치체인) 중심 집단이 지방 부의 운동력을 잃게 할 정도로 집권력을 가졌던 것이 부 체제다. 이렇게 삼국 초기 사회를 구성하는 정치 단위들이 부로 편제된 것은 더 강해진 이들의 결속력을 의미한다. 즉 삼국 초기 사회는 부의 합의에 따른 의사 결정 및 정치 운영 구조(화백 회의·제가 회의)가 마련되고, 중앙 권력의 부 내부 통제력이 강화된 것이다.

고구려의 경우 '나那'가 상호 통합 과정을 거쳐 '5부'를 형성했다. "고구려 초기에 5부가 주관적·객관적인 면에서 당시 고구려 왕의 지배 아래 있던 여타 집단들과 구별되는 성격을 지녔기 때문에, 『삼국사기』의 원전이 된 고구려의 전승에서 '부'라는 단어를 다섯 집단에 한해 쓴 것이다."[47]

한편 각 부는 그것이 소국 단위든 읍락 단위든 기본적으로 읍락 사회를 기반으로 성립했으며 그 내부의 일을 독자적으로 운영하는 단위 정치체였다. 따라서 이 단계의 관등·관직 조직은 부 내부의 조직과 중앙의 조직이 이원적으로 구성되어 있었다. 부 체제 단계에서 지방 지배도 각 읍락의 독자성을 온존시키면서 읍락 단위의 공납 지배 질서를 관철시킨 것이 동일하다. 예를 들면, 고구려의 동옥저 지배가 그렇다. 그러나 부여의 정치체제는 삼국 초기의 부 체제 단계처럼 '대가大加'가 상호 통합 과정을 거쳐 부部와 같은 존재가 되는 과정이나 모습을 명확히 확인할 수 없다.[48]

부여는 기원전 2세기 이후 국가체를 형성했다. 2~3세기쯤에는 부여에 지역 읍락 공동체의 합의에 따른 의사 결정·정치 운영 구조(국중대회·제가 회의)가 마련되는 한편 읍락 공동체 내부에 대한 중앙 권력의 통제력이 강화되는 것을 확인할 수 있다. 『삼국지』 동이전 부여조에서는 일종의 족장 회의인 국중대회 때 국가의 중대사를 논의하고 형옥과 관련된 일을 처리해 국가의 지배 체제를 유지했다고 한다.[49] 이것은 한편으로 지역의 단위 정치체들 간 결속력이 더 강화되었다고도 해석할 수 있다.

부여 사회에서는 국가 체제 내에서 실제적인 기능을 수행하지 못한 왕을 볼 수 있다. 즉 왕의 강력한 주권이나 중앙정부의 통제력이

당시 군사력의 수준을 보여
주는, 시차거우 출토 검

보이지 않는다. 왕 대신 제가가 독자적인 단위 집단들을 이끌어 나갔다. 따라서 부여 사회는 5부 중심의 고구려 초기 부 체제와 다르며 조금 이른 단계의 지배 체제를 갖췄다고 할 수 있다. 특히 외형적인 병력 동원 비율과 규모를 비교하면, 2세기 고구려의 군사동원 체계가 2~3세기 부여의 것과 유사하다. 그러나 3세기 중반 이후 다른 양상을 보인다. 즉 부여의 군사동원 체계는 전사(호민·제가)와 보급병(하호)이 나뉘었으며 제가가 스스로 싸우는 상황이었다.[50] 그러나 고구려의 군사동원 체계는 계루부 왕권에 따라 나부별 군사력을 보유한다.[51] 이것은 중앙의 통제 강도에서 큰 차이가 있다. 제가 회의도 고구려를 비롯한 삼국은 부의 합의에 따르는 의사 결정 구조(화백 회의, 제가 회의)가 마련되고 중앙 권력의 부 내부 통제력이 강화되는 모습이 확인된다. 부여에서는 고구려와 달리 군사직의 분화가 보이지 않는다. 이런 현상은 부여의 제가가 전쟁 업무를 직접 관장한 사실로 확인되며 국가 발달의 저급성에서 기인한다고 본다.[52]

결론적으로, 삼국 초기 제나諸那와 평評

가운데 삼국의 주체가 된 집단들은 타지역 집단들을 명확히 다르게 인식했기 때문에 '부'라는 말을 썼다. 즉 삼국의 부는 그 역사적 성격에 따라 5나邦와 6탁평啄評 및 유이민계 부족들만 가리킨다. 그렇다면 부여에서 방위에 따른 지역 구분을 뜻하는 사출도는 삼국의 부와 분명히 다른 실체라고 볼 수 있다. 부여와 삼국 초기에는 정치체제의 연맹체적·합의체적인 면이 강하다. 그래서 부 체제 같은 면도 많이 보이지만, 그 운영상은 많이 다르다고 할 수 있다. 단순한 지역 구획 명칭이었다가 성격이 바뀐 삼국의 부는 삼국 건설의 주체였던 연맹 부족들로 그 역사적 성격을 규정할 수 있다. 그리고 사출도로 표현되는 부여 사회는 부 체제 직전의 모습을 보였다고 이해하는 것이 좋을 듯하다.

신분제도

부여 사회는 최고 통치자인 왕과 통치 계급이자 귀족인 제가와 제사諸使, 그리고 피통치 계급으로서 평민인 호민과 하호, 노예 계급인 노비로 이루어져 있었다. 부여의 이런 신분 분화는 무덤에서 나오는 화려한 부장품들을 통해서도 추측할 수 있다.

　최근 지린시 마오얼산·쉐구둥산學古東山의 한-부여 시기 덧널무덤과 시황산西荒山·리수툰梨樹屯 시산西山 돌널무덤에서 토기(물동이·항아리·굽접시), 청동기(공구·거마구), 철기(무기·공구), 금은기(귀걸이·패물), 장식품(마노 구슬·옥기), 직물(명주·비단) 등 화려한 부장품이 나왔다. 개별 무덤을 구체적으로 분석하기는 어렵지만 부여의 수도 남쪽 산으로 추정되는 둥퇀산에서 나온 덧널무덤과 화려한 한식漢式

유물들은 부여 사회의 지배층인 '가加' 계층의 것으로 보기에 충분하다. 지린시 우라제烏拉街에 자리한 쉐구둥산 유적도 도성 근처에 있던 지배 귀족의 무덤으로 볼 수 있다. 이 밖에 리수툰 시산이나 시황산 무덤은 부여의 지방에 있던 세력의 것으로 보인다.

이렇게 일부 지역의 무덤과 부장품을 통한 간단한 분석만으로도 부여 사회의 계급이 뚜렷하게 분화된 것을 알 수 있다.(표 참조)[53]

한–부여 시기 무덤과 출토 유물

	확인 고분 수	발굴 조사 고분 수	무덤 구조	출토 유물
시황산 암석묘	7기	7기(1979년)	장방형 수혈암석묘 다인多人, 다차多次, 화장火葬	간석기, 토기(20점), 청동기(32점), 철기(12점)
리수툰 시산묘	1기	1기(1987년)	장방형 수혈암석묘 화장	석기(6점), 토기(6점)
마오얼산 묘군	4000여 기	3기(1980년) 3기(1985년) 188기 (1989~1993년)	토갱묘 토갱목관묘 토갱목곽묘 토갱화장묘 토갱적석묘 토갱석광묘	옥기·석기(마노 구슬을 비롯해 800여 점), 동기(400여 점, 공구와 거마구), 철기(무기·공구 100여 점), 토기(50여 점), 금은기(장식품 40여 점), 비단, 한 대 유물(월광경·칠이배·화천)
쉐구둥산 묘장	1기	1기(1983년)	장방형 토광묘 (남녀 합장)	생산 공구(청동 가래, 철 낫), 병기(쇠칼4, 철제 창1), 일상생활용품(청동 도끼2, 청동 띠고리2, 청동 단추10, 청동 소명경1), 장식품(금반지1, 마노 구슬2)

부여 사회의 신분에 관해 살피는 데 좋은 무덤 자료로 위수 라오허선 묘장墓藏이 있다.[54] 무덤의 연대는 오수전과 한경漢鏡, 청동제 솥 등의 연대를 통해 대체로 후한 전반인 1세기 대로 추정된다. 라

오허선에서는 한·부여 시기 묘장으로 총 129기의 무덤이 발견되었다. 이곳의 남·북·중 세 구역 가운데 남구의 무덤에서 나온 부장품의 질과 양이 우수한데, 이 무덤은 라오허선 일대 부족 중 대성大姓에 해당하는 집단의 것으로 볼 수 있다.

또한 같은 구역 안에서도 빈부 차이가 있어서, 화려한 부장품을 가진 1호와 11호 무덤(대형 남녀 이혈 합장묘)을 중심으로 그 동측에 부채꼴로 분포한 무덤 32기 중 가까운 것은 남녀 합장을 했으며 부장품이 많은데 먼 것은 단신 무덤으로 철기 한 점 정도만 부장되었다.[55] 성인 남자의 무덤만 봐도 상위 등급의 무덤에서는 동혈 합장·1남 2녀 합장 무덤이 비교적 우세하고, 하위 등급의 무덤에서는 단신 무덤이 다수다. 이는 기원전 2세기를 지나 한漢 대에 이르면 부여에서 이미 사유제가 확립되고 남성이 우월한 지위를 차지해 가부장권이 확립된 일부다처제 사회가 된 것을 말해 준다.

최근 한 연구는 부장품의 질과 양 그리고 상징적인 유물의 부장 여부를 기준으로 볼 때 라오허선 유적에 크게 네 등급의 무덤이 있다고 한다.[56] 첫째 등급은 철제 무기·공구·장신구를 갖추면서 한경, 청동제 솥, 금동 패물, 마구馬具, 갑주甲冑, 금 귀걸이를 부장한 무덤이다. 둘째 등급은 역시 철제 무기·공구·장신구를 갖추면서 마구·갑주나 금 귀걸이를 부장한 무덤이다. 세 번째 등급은 철기와 장신구를 부장한 무덤이고, 네 번째 등급은 부장품이 없거나 토기 또는 장신구·철기를 부장한 무덤이다. 연구자는 이 3·4등급 무덤도 호민층 이상 신분의 것으로 보는데, 그 사실 여부를 차치해도 무덤 형식의 차이가 계층 차이를 반영하는 것은 분명하며 부여 사회의 계층 분화를 이해하는 데 많은 도움이 된다고 할 수 있다.

우가가 국왕과 혈연관계에 있는 자였다는 기록을 볼 때 '가加' 귀족은 여섯 명에 그치지 않고 더 많았을 것이다. 그리고 앞에서 말했듯이 외교·군사적인 일에는 '가' 계층 중 대사·사자에 해당하는 관직을 가진 이들이 임명된 것으로 보인다. 그리고 제가의 통솔을 받는 읍락은 호민과 하호, 두 계층으로 나뉘어 있었다. 계급이 분화되어 평민 중 부유해진 상층은 호민이 되고 일반 민은 하호가 된 것이다.

부여 사회 여러 계층의 모습을 보여 주는 『삼국지』위서 동이전 부여조 중 '읍락에는 호민이 있고, 하호라 이름하는 것은 모두 노복이 되었다'고 한 기록[57]을 둘러싸고 여러 해석이 있었다.

라오허선 유적 발굴 현장과 1호 무덤

먼저 호민은 촌락에 거주하는 유력한 백성을 의미하는데, 이를 족장[58]이나 거수渠帥[59] 또는 개인 재산이 많은 민[60] 등으로 각각 달리 파악했다. 다만 대체로 신분은 민에 속하면서 하호를 지배했다고 보는 점은 일치한다. 그런데 『후한서』 동이전 부여조에 '읍락은 모두 제가에 속했다'[61]고 한 것을 보면, 읍락의 지배자는 호민이 아니라 '가'였다고 할 수 있다. 그렇다면 호민과 가의 관계가 문제다. 대개 연구자들은 3세기 부여의 지배 구조를 고려할 때 가는 재지 호민이 성장해 중앙의 귀족계급이 된 계층으로서 자신의 세력 기반이 있는 읍락의 호민을 매개로 일반 민, 즉 하호를 지배했다고 본다. 『한서』나 『삼

국지』등 당대 중국 사서에 쓰인 호민을 보면, 하호보다 부유한 상층
민을 가리킨다.[62] 즉 호민은 결코 일반 민의 지위에서 벗어난 정치적
·신분적 계층은 아니었다. 그리고 그런 의미에서 호민은 관리가 아
닌 재지 사회의 유력자를 가리킨다. 따라서『삼국지』위서 동이전 부
여조의 호민도 위서 동이전 고구려조에 나오는 '농사를 짓지 않고
놀고먹는 자'와 같은 계층, 곧 경제적 부를 축적한 계층을 뜻하는 말
로 쓰였을 가능성이 높다. 부여의 호민은 동옥저나 예의 읍락 거수층
과 같다고 이해되기도 하지만, 거수가 읍락의 정치적 지배자라면 호
민은 경제적으로 부를 축적한 자의 성격이 더 강했다.[63] 호민층은 일
정한 사회 발전 과정에서 역사적으로 형성된 존재로 볼 수 있다.

　호민층에는 족장뿐 아니라 점복을 행하고 제천 행사에 참여하며
종교적 기능을 행한 샤먼 같은 이들이 있었고, 철을 다루는 대장장이
같은 기술자와 부유하고 유력한 민호民戶가 포함되었을 것이다. 이
들은 토지와 노동력을 확대해 가면서 토지로부터 유리되는 유랑민
을 용작민이나 노비로 편입시켜 읍락의 민을 지배한 것으로 보인다.

　호민 아래에 있던 촌락의 일반 민이 하호다. 이들은 평시에는 대
개 생산물을 지배계급에 공급하고 전시에는 군량을 부담해도 직접
전투에 참여하지는 않았다고 한다.[64] 하호는 가난해서 병장기를 갖
출 수 없었기 때문에, 제가가 싸울 때 전투에 참여하지 못하고 군량
만 보급한 것이다.[65] 2~3세기 이후 고구려의 피지배층인 하호가 읍
락의 구성원이 아니라 경제적으로 빈민에 가까운 존재로 변했듯
이,[66] 부여의 하호도 독립적인 가정이 있던 민 계층에서도 최하층을
이루는 빈민을 가리키는 개념이다. 이는『삼국지』에 '농사를 짓지
않고 놀고먹는 자'라고 표현된 호민이 하호와 대응되어 쓰이는 점에

서도 알 수 있다. 『삼국지』에 하호를 노예처럼 기술한 것은 중국인들이 보기에 하호의 계급적 처지가 노예와 별로 다를 바 없었기 때문일 것이다.

한편 하호가 호민의 노예가 되었다는 것은, 하호가 노예처럼 복종해야 할 만큼 호민의 세력이 절대적이었다는 의미로 해석할 수 있다.[67] 이를 통해 『한원翰苑』에 고구려 기사로 인용된 '하호의 급부給賦는 노예와 같이 한다'[68]는 내용도 '모두 노복이 되었다'[69]는 것과 같은 의미로 쓰였다고 볼 수 있다. 지금까지 하호에 대해서는 고대 그리스-로마의 노예와 같은 고전적 노예,[70] 또는 집안일에만 활용된 가내 노예(동방적 노예),[71] 농노,[72] 또는 양인良人 신분의 농민[73] 등으로 보는 다양한 견해가 제시되었다. 그러나 『삼국지』 위서 동이전의 용례를 보면, 하호를 노예로 규정하기보다는 호민의 지배를 받는 양인 신분의 일반 농민이나 읍락 구성원을 가리킨다고 봐야 할 것이다. 물론 양인 농민도 자급 농민과 용작 농민으로 구분할 여지가 있다. 또 『삼국지』 위서 동이전에 보이는 하호들은 나라마다 조금씩 차이가 있었을 가능성이 크다. 그런데 이 하호와 관련해 국가의 촌락 지배나 촌락 내부의 사회관계 등은 아직 확실하게 밝혀지지 않았다.

일반 민, 즉 하호 아래에는 분명히 노예가 있었으며 수많은 노예를 소유한 사람들이 있었다. 『삼국지』 동이전 부여조에 따르면 '사람을 죽여 순장했는데, 많을 경우 백 수십 인이었다.' 순장된 사람을 대개 노예로 볼 수 있다.[74] 그리고 순장된 노예 중에는 전쟁포로 노예가 많았을 텐데, 그 밖에 형벌 노예와 부채 노예도 있었다.

부여의 법률에 따르면, 살인자는 죽이고 그 가족을 노비로 삼았다. 또 절도를 하면 열두 배로 배상하게 했는데, 그렇게 못 하면 노비

로 삼은 것으로 보인다. '형벌을 내림에 엄하고 급했으며 살인자는
사형에 처하고, 그 가족을 노비로 삼는다'[75]는 기록을 통해 부여에
형벌 노예가 있었다는 것을 알 수 있다. 또 '도둑질을 할 경우 열두
배로 배상'하는 일책십이법一策十二法[76]을 통해 부채 노예도 있었음
을 알 수 있다. 부여의 읍락은 계급 분화가 상당히 진행되었으나, 한
편으로 읍락의 경작지에 대한 본원적 소유권은 읍락의 수장으로 대
표되는 읍락 공동체에 있었고 삼림·하천·초지 등의 읍락 공유지가
존재하는 등 공동체적 요소가 잔존했다. 호민들은 읍락의 수장 지위
와 사적 소유물(노비, 보습 같은 큰 철제 농기구 등)을 활용해 세력을 확
대해 나갔으며, 읍락민은 공동체 사회에 의지해 삶을 꾸려 나갔다.[77]
  결국 족장층과 호민들은 노예를 상당수 소유한 것으로 보인다.
8만 호의 인구 중 대부분을 차지하는 일반 백성인 하호가 노예와 같
은 처지에서 착취당했다고 하니, 부여 사회에서 노예의 수가 상당
히 많았다고 볼 수 있다. 아직 고고학적으로 순장 유적을 발견하지
는 못했지만, 족장층과 호민이 행한 순장으로 희생된 사람들은 노예
가 분명하다. 이것을 당시 생산관계와 연결해 본다면 특권계급으로
서 노예 소유자층인 귀족군과 노동계급으로서 하호·노예군으로 크
게 구분할 수 있다. 이 중 하호군은 당시 잠재적인 노예층을 형성하
고 있었다.

5

부여인의 생활

"형벌을 내림에 엄하고 급해 살인자는 사형에 처하고
그 가족을 노비로 삼는다. 도둑질을 하면 열두 배로
배상케 했다. 남녀 간에 음란한 짓을 하거나 부인이 투기하면 모두 죽였다.
(······) 형이 죽으면 형수를 아내로 삼는데, 이는 흉노의 풍습과 같다."

『삼국지』 위서 동이전 부여조

『위서』 실위전에는 '실위어가 거란어·고막해·두막루와 같다'고 했다.[1] 다시 말해, 부여의 후손으로서 부여와 언어가 같았을 두막루의 언어가 거란어·실위어와 같다는 것이다. 그런데 최근 연구 결과, 실위어가 몽골어족에 속한다고 한다.[2] 그렇다면 부여어·두막루어도 몽골어족에 속해야 한다. 부여 제가의 관명 중 '가加'나 '간干'이 몽골어족 계통인데, 몽골고원 유목국가의 군주를 가리키는 '칸'과 비슷한 음이 이를 방증한다. 한편 본래 예맥이라는 같은 뿌리에서 나온 고구려도 부여와 유사한 언어를 썼다.

기록이나 유물로 확인되는 부여 고유의 문자는 없다. 다만 한자漢字가 새겨진 국새를 쓰고 공문이나 법령을 공포하는 데도 한자를 이용한 것으로 보인다. '모였을 때 읍양揖讓하는 예의가 중국과 유사하

다'[3]는 기록을 봐도 여러모로 중국 것을 모방했다고 짐작할 수 있다. 역법도 은력殷曆을 썼다.[4]

부여의 상류층은 중국 예속禮俗의 영향으로 음식을 먹고 마시는 데 조두그릇을 사용하고, 연회에서 술잔을 주고받을 때 닦으며 출입할 때는 공손히 사양하는 예가 있었다.[5]

이렇게 북방의 유목 민족, 중국 왕조 등과 영향을 주고받은 부여인들이 어떻게 살았는지 더 자세히 살펴보자.

가족

부여의 가족제도에 관한 규정 중 투기죄에 대한 가혹한 처벌이 눈에 띄는데, 이는 일부다처제 또는 축첩이 상류층에서 일반적으로 행해진 결과일 것이다. 『삼국지』위서 동이전 왜인조倭人條에서 '풍속에 나라의 대인은 모두 부인을 네댓 명 둔다. 하호는 혹 부인을 두세 명 두는데 부인은 음란하지 않고 투기하지 않는다'[6]고 한 것을 보면, 당시 동방에서 가부장적인 일부다처제가 보편적이었음을 알 수 있다. 남녀 간의 간음에 대해 여자만 처벌한 것도 부여가 가부장권이 확립된 일부다처제 사회였음을 의미한다. 남편 하나를 중심으로 여러 아내가 가정생활을 꾸려 나가는 사회에서는 그것을 유지하는 규범으로서 투기에 대한 처벌이 있게 마련이다. 부여의 경우 처벌은 바로 매장권을 박탈하는 것으로[7] 처가에서 남자에게 소나 말을 갖다 바쳐야만 여자의 시신을 매장할 수 있었을 정도로 처벌이 가혹했다. 투기죄의 규정은 현재의 일부다처제 사회에도 있지만, 고대사회로 올라갈수록 처벌이 가혹해져서 사형까지 나타나는 것이다.[8]

지린성 호우스산猴石山에서 발굴한 돌널무덤

한편 부여에서는 형이 죽으면 동생이 형수를 아내로 맞아 같이 사는 형사취수혼兄死聚嫂婚 풍습이 있었다. 그 전 시기 풍습의 잔재나 예외적인 일이 아니라, 당대인들이 바람직한 혼인 형태로 여기고 널리 행했다.[9] 유교 윤리가 지배하는 사회에서는 악덕일 뿐이지만, 한 초 흉노에 귀화해 한나라를 괴롭힌 중항열中行悅이 북방 민족에 있는 이 풍속의 근거에 대해 '종족이 흩어지는 것을 두려워하기 때문'[10]이라고 밝혔듯이 종족 보존의 의미가 강하다. 즉 끊임없는 정복 전쟁으로 청장년 남자의 사망률이 높던 유목민 사회에서 인적 자원을 보충하기 위한 제도적 장치로서 생긴 것이 취수혼이라고 할 수 있다. 실제로 이 풍습은 흉노뿐 아니라 고대 중국과 고구려에 있었고, 현재 일본에도 있다. 또 취수혼을 통해 형의 재산과 어린 자식의 분리를 방지해 가족제도를 옹호하는 면이 있었다. 흉노에서 볼 수 있는 풍속, 곧 아버지가 죽은 뒤 의붓어머니를 취하거나 형제가 죽었을 때 그 아내를 처로 삼는 풍속은 이런 견지에서 설명할 수 있다.[11] 부여 사회에서도 취수혼을 통해 친족 공동체의 성격이 강하게 유지된 것이다.[12] 취수혼을 통해 혼인 대상인 단위족과 친선을 유지해 자기 부족의 존속에 도움을 받는다는 의식이 부여 사회에 강하게 자리하고 있었다.[13] 친족 집단이 분화되면서 취수혼이 점차 소멸되었는데, 여기에는 한漢 문화의 영향도 있었을 것이다.

신앙

농경이 본격화되면서 부여인들의 생활은 크게 안정되었다. 그들은 농경에 익숙해지면서 자연의 질서를 발견하고 그 질서에 순응해 생활을 더 안정시킬 수 있다는 것을 깨달아, 공동체의 질서 속에서 집단적으로 행동할 수 있게 되었다. 그리고 이런 면이 종교적 제의로 나타났다.[14]

부여에서는 혈연이 사회구조의 중요한 요소였고, 혈연을 통한 공동체 의식은 부족 구성원이 모두 참여하는 제사를 통해 더 강화되었다. 부여인은 '은정월殷正月에 하늘에 제사를 지내는데, 국중대회가 연일 계속되며 음식을 먹고 노래하고 춤추는 것을 영고라고 했다. 군대를 동원할 일이 있으면 또 하늘에 제사했다'[15]는 기록처럼 1년에 한 번 음력 12월에 영고라는 국중대회를 열었다.

영고는 고구려의 동맹제(10월), 동예의 무천제(10월), 마한의 10월제와 같은 성격의 제례로 씨족사회의 풍속을 계승한 것이며 수확에 대한 감사제였다. 그러나 부여가 고구려나 동예와 달리 본격적인 사냥철이 시작되는 은정월에 추수 감사제를 치른 것은, 함께 사냥에

나서는 전통을 계승했기 때문이라고 본다.[16]

영고에서 하늘에 제사를 지낸 것은, 신령이 거처하는 하늘이 만물을 주재해 복을 내릴 수 있다고 믿었기 때문이다. 영고가 추수 감사제에 해당하는 부여 말을 한자로 표기한 것이라고 보기도 하는데,[17] 일반적으로는 맞이굿인 영신迎神으로 본다.[18] 특히 북이 활과 화살처럼 하늘로 통할 수 있는 신비력을 지녔다고 믿은 예맥족의 풍속으로 미루어, 부여의 영고는 그런 의식을 반영한 종교적 의례였다고 본다. 가무歌舞로 신을 즐겁게 하는 샤먼에게 북은 없어서는 안 되는 제구祭具고, 국중대회에서 제사를 함께 지낸 것은 공동 의식을 높이는 데 도움이 되었을 것이다.

한편 흉노족이 5월에 용성龍城에서 대회를 열어 그 조상과 천지 귀신에게 제사를 지냈고 선비족도 계춘季春(음력 3월)의 요락수饒樂水에서 대회를 열었다는 것을 보면,[19] 영고 같은 제천 행사는 북방 유목 사회의 공통 습속이었다고 할 수 있다.

부여에서는 전쟁이 터졌을 때도 천신제를 지내고, 소를 죽여 그 굽이 붙거나 벌어진 것으로 길흉을 점쳤다고 한다. '소의 발굽이 갈라지면 흉하고, 합쳐지면 길한 징조로 여겼다'[20]는 것이다. 이것은 전쟁을 승리로 이끌기 위해 동물의 신체적 특징을 이용한 예로 볼 수 있다. 실제 소 발굽은 잘 벌어지지 않는 특징 때문에 지배 집단의 정치적 결정을 위한 수단이 되었다고 한다.[21] 점복은 원래 개인적·심리적으로 복을 구하기 위해서 시작했지만, 집단이 형성되고 지배자가 나타난 뒤에는 이렇게 집단을 이끌어 가는 데 이용되었다. 부여는 아직 국가권력이 강하지 못하고 토착 세력의 힘이 강했기 때문에 통치자가 점술을 통해 주민들을 통합하고 위무할 수 있었던 것

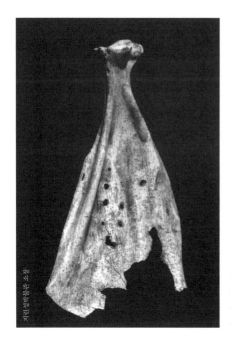

지린성박물관 소장

지린성에서 출토한 점뼈
다양한 수단이 동원된 점복은 개인적으로
복을 구하는 데서 그치지 않고 주민들을
통합하고 위무하는 데도 이용되었다.

이다. 점복은 아마도 중국 상商의 갑골 점법과 성격이 같은 것으로
보이며, 흉노는 물론이고 고구려와 삼한 등 북방 및 동북아시아 일
대에서 보편적인 관습으로 행해졌다.[22]

경제

족장층으로 여겨지는 대인大人[23]들은 외국에 나갈 때 수놓은 비단옷
에 모피 갓을 쓰고 금은으로 장식해 호사를 과시했다. 전체적으로
족장층의 부가 상당했고, 그들에게 부가 집중되어 있었다.

부여인들은 바이진바오 문화나 시퇀산 문화 단계에는 주로 석기나 목기를 농경에 이용했고, 전국시대 이후에는 철기 문화의 영향으로 쇠붙이로 만든 호미·가래·쟁기 그리고 소와 말의 힘 등을 이용해 농사를 지은 것으로 보인다. 부여에서 이미 땅을 깊이 가는 방법이 쓰였을 것이라는 견해도 있다.[24] 그런 농법은 우경牛耕이 가능한 시기에나 볼 수 있지만, 부여의 경우 라오허선에서 대형 보습이 나왔기 때문이다.

부여의 산업과 생산물에 관해 자세한 기록은 없지만, 『삼국지』의 '토지는 오곡에 적합하고 오과는 나지 않는다'는 기사를 통해 부여의 기본 생업이 농업이었다는 것을 알 수 있다. 8만 호를 거느린 부여는 고대 초기 국가 중에서 토질이 가장 비옥한 평지를 차지해 농업이 발달했다.

부여 선주민의 문화인 시퇀산 문화 말기 유적들에서 돌도끼와 반달칼·돌호미 등이 출토되고, 형태가 다양한 많은 토기가 점차 규격화되는 것 등을 볼 때 당시 주민들은 장기적으로 정착해서 농업을 중심으로 한 경제를 영위했다. 시퇀산 문화의 말기인 양툰楊屯 다하이밍大海猛 유적에서는 갈돌을 비롯해 더 많고 다양한 형태의 농구와 시루·좁쌀 등이 출토되고 있다.[25] 한-부여 시기의 여러 묘장과 유적에서 철제 삽과 낫, 여러 토기 등이 출토되는 것을 보면, 철기시대 이후 금속제 농기구의 출현과 함께 생산력이 급격히 증가한 것을 알 수 있다. 특히 옛 부여의 풍속에 기후가 불순해 오곡의 생육이 순조롭지 못한 해에는 모든 책임을 국왕의 탓으로 돌려 왕을 물리치거나 살해하기까지 했다[26]는 것은 역시 농경민족의 농본주의를 강하게 드러내는 사례라고 할 수 있다.

부여의 농업경영은 대체로 호민들이 토지를 소유하고 하호를 부

괭이   낫

삽

라오허선에서 출토한 철제 농구(지린성박물관 소장)

리는 식이었지만, 옛 농업공동체의 생산 형태도 분명히 남아 있었
다. 곡식 농사가 잘 되지 않았을 때 생산 경제의 계획자인 왕에게 책
임을 지운 것도 농업공동체의 일면이다.

　부여에서는 목축업도 성행했고, 주요 가축으로 말·소·돼지·개 등
이 있었다. 특히 부여의 대평원에서 생산된 말은 일찍이 외국에까지
알려졌다. 『삼국지』 위서 동이전 부여조의 '그 나라에서는 가축 기
르기를 잘하고 명마와 적옥·담비·아름다운 구슬이 난다. (……) 여
섯 가지 가축으로 관직을 정했다'고 한 기록은 부여에서 가축을 종

시차거우에서 출토한 청동 패식

소를 새긴 장신구를 통해 당시 목축의 발달을 짐작할 수 있다.

류별로 전문적으로 길렀을 것이라고 짐작하게 한다.[27] 역사적으로는 목축업이 농업보다 앞선 주요 생산 부문이었다. 훌륭한 말을 생산하기 때문에 농경민이면서도 기마 풍습을 가졌고, 보병과 함께 상당수의 기병도 있었다. 아직까지 소속 문제를 두고 논란이 많지만 전성기 부여의 영역에 있던 시평 시차거우[28]·둥랴오현東遼縣 차이란 유적[29]이나 위수 라오허선 덧널무덤 유적[30] 등에서는 유목민이 주로 쓴 철제 무기와 마구, 동제 비마飛馬 패식과 쌍이 동부雙耳銅斧, 청동제 솥銅鍑이 나오고 있다. 또 쉐구둥산이나 마오얼산 등 한-부여 시기의 중심 묘장에서도 철제 무기와 마구·농기구 등이 동부와 함께 출현한다. 쌍이 동부만을 놓고 본다면 이는 몽골 지역[31]이나 지안의 고구려 유적에서도 적지 않게 출토되는 유목민 계통의 유물이다. 부여는 선비와 인접하고 있었기 때문에 그들을 통해 유목민의 문물제도를 흡수하고 활용할 기초가 마련되어 있었다.

목축업이 발달하면서 부여는 우수한 전투력도 갖출 수 있었다.

'부여는 부유하고 선조 이래 다른 나라에 패해 본 적 없다'고 한 『삼국지』 부여조의 기록이 바로 부여의 높은 경제력을 말해 주는 것이다. 부여 귀족의 무덤인 둥퇀산 무덤이나 부여 영역에 있던 라오허선 유적에서 나온 수많은 철제 무기와 마구를 보면, 무장한 귀족이 직접 금속제 병장기를 들고 기마전에 나서는 모습을 떠올릴 수 있으며 그 군사력이 대단했을 것이다.

부여는 상업과 교통도 일찍부터 발전했기 때문에, 1세기 초에 이미 멀리 있는 후한과 외교 관계를 맺었다. 부여는 후한뿐만 아니라 그 뒤 위진남북조 시대의 여러 나라들과 외교 관계가 있었고 무역도 했다. 특히 후한 광무제가 부여 왕의 공납에 후하게 보답했다는 기록은 실질적인 상거래를 의미한다고 볼 수 있다. 옛 중국인들이 부여에서 생산된 여러 가지 모피류와 좋은 말과 구슬류 같은 특산물을 알 수 있었던 것도 부여의 무역이 성행했기 때문일 것이다.

예술

『후한서』 동이열전 부여조는 "부여인은 높고 큰 체형에 기질이 용감하고 사나웠으며 사람을 정성스럽게 대하고 손님이 오는 것을 좋아해 아주 잘 대접했다."[32]라고 전한다. 부여인의 물질문화에 관해서는 『삼국지』 위서 동이전 부여조를 통해 어느 정도 알 수 있다. 이 기록에서 부여인들이 음식을 먹고 마실 때 조두그릇을 썼다고 했는데, 둥퇀산을 비롯한 부여의 유적에서도 굽접시와 물동이 등이 주로 나왔다. 그 밖에 생활 유적이나 무덤에서 출토한 토기를 보면 항아리와 사발 등 시퇀산 문화 이래 생활용 토기와 한나라식 토기 들이 많이 쓰인 것을 알 수 있다. 이것은 부여에서 생활 용기를 만드는 공예가 상당히 발달했다는 증거다.

부여의 공예품 생산능력은 의복·무기와 장식품 등을 통해서도 짐

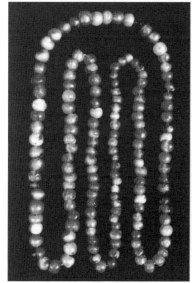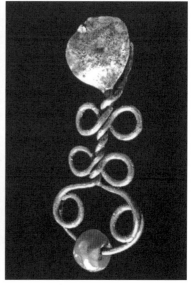

마오얼산에서 출토한 비단(위), 목걸이와 귀걸이(지린성박물관 소장)

작할 수 있다. 우선 부여인들은 윗옷과 겉옷(두루마기)·바지를 입고, 가죽신을 신었으며, 국외로 나갈 때는 비단으로 수놓은 찬란한 옷을 입었다고 한다. 흰색을 숭상해 흰옷을 좋아했으며 상복도 남녀 모두 흰옷이었다.[33] 그리고 북방의 추운 지역인 만큼 대인, 즉 귀족들은 그 위에 여우나 이리(삵)나 담비 등에서 얻은 모직물로 덧옷을 만들어 입고 모자는 금은으로 장식했다고 한다.[34] 이런 옷차림으로 호족과 일반 민이 구별되었다. 아름답게 수놓은 비단과 모직 옷, 여우·삵·담비 등의 고급 모피와 우수한 가죽신도 만들었다는 것은 당시 직물 생산 수준이 높았고 제조업이 전문화되었음을 보여 준다.[35] 또한 금은으로 장식한 모자와 갖가지 아름다운 구슬 장식품이 제작된 것은 높은 수준의 수공업과 함께 연금술의 존재를 짐작하게 한다.

활·화살·칼·창 등 각종 우수한 무기를 쓴 부여는 집집마다 갑옷과 무기를 보유했다고 한다. 지린시 마오얼산 무덤이나 융지永吉 쉐구둥산 등에서는 철제 칼, 창, 화살촉, 도끼와 수레 부속구 등이 다수 출토되어 기록을 증명한다. 특히 부여의 영역에 위치한 기원후 1세기대 위수 라오허선 유적에서는 무덤에 묻힌 사람의 족속 문제를 떠나 부여의 무기 제조에 대한 간접적인 정보를 얻을 수 있었다. 라오허선의 무덤 129기 가운데 성인 남자가 묻힌 무덤 90여 기의 경우, 부장품이 없는 일부를 제외하면 대부분 철제 무기가 부장되어 있었다. 무기 종류는 검·창·칼·화살촉과 방어용 무기인 찰갑·갑주 등이다. 무기들과 함께 엄청난 양의 마구류도 나왔다. 이렇게 많은 제품을 만들어 내려면 당시에 이미 전문 직업이 분화되어 있었을 것이다.

주거

시퇀산 문화 말기에 해당하는 창서산長蛇山 집단 주거지를 보면 가운데에 화덕이 놓이는 반지하식 직사각형 집터가 대부분 사용되었다. 부여도 거의 같은 주거 형태를 이용했을 것 같다. 천장 구조는 고구려 무덤에서도 볼 수 있는 모줄임으로, 인접한 벽들의 중간 지점에 긴 돌 올리기를 반복하며 모를 줄여 가다 천장을 막는 양식이다.

부여의 수도에는 궁성이 있었고, 전국에서 거둬들인 공물을 저장하는 창고와 뇌옥을 비롯한 형벌 기관들이 있었다. 궁성, 공물 창고, 형벌 기관 등은 부여가 국가를 형성하고 있었음을 증명하는 자료다.[36] 부여 궁성의 모습을 정확히 알 수는 없지만, 난청쯔 유적을 통해 추정해 볼 수 있다. 『삼국지』 위서 동이전 부여조에 따르면, 부여의 궁성은 둥글게 쌓고 감옥을 두는 특색이 있다. 그런데 난청쯔 고성지를 발굴한 결과, 황토로 판축해 담장을 쌓고 그 내부에 건축물을 세웠다는 것과 성 내부의 타원형 평면[37]이 확인되었다. 또 성 내부에서는 대량의 토기 편과 벽돌·기와 및 청동방울·도용 등 한 대 부여의 유물들이 출토되었다.[38]

법률

『삼국지』 위서 동이전 부여조를 보면 부여에 적어도 다음과 같은 법률이 있었던 것을 알 수 있다.

· 살인자는 사형에 처하고 그 가족을 노비로 삼는다.
· 도둑질한 자는 그 물건의 열두 배를 배상한다.

- 간음한 자는 사형에 처한다.
- 부녀자로서 간음하고 투기한 자는 모두 극형에 처하고 그 시체를 서울 남쪽 산 위에 버려 썩게 한다. 다만 그 여자의 집에서 시체를 가져가려고 할 때는 우마를 바쳐야 한다.[39]

성품이 온후해 평화적이었다는 부여에서 형벌이 가혹했던 것은 공동체의 원리를 철저히 지키기 위해서였던 것으로 보인다.[40] 이는 마치 개인 재산 제도가 형성되기 시작한 사회의 절도에 관한 규율이 엄한 것과 같은 이치로, 피지배계급의 이익에 배치背馳되는 새로운 제도를 창설할 때 지배계급이 만들어 내는 보편적 사상이었다.[41]

'하나를 훔치면 열두 배로 갚아야 한다'는 조항은 『위서』 형벌지에 '공공 기관의 물건을 훔친 자는 이를 다섯 배로 갚아야 하고 개인의 물건은 열 배로 갚아야 한다'는 것과 같은 법률 개념으로, 유목 경제 시대의 명백하지 않은 재산 관념이 반영된 법속의 잔재다.[42] 그 밖에 살인과 상해에 대한 처벌은 공동체의 구성원인 각 개인의 생명과 노동력에 대한 존중을 보여 준다.

부여에는 이런 법의 제재 대상이 된 죄인들을 감금하는 감옥이 수도뿐만 아니라 전국 각지에 있었다. 여기에 사형수 이외의 모든 범법자가 감금되고, 중대 범죄자는 국중대회인 영고 때 제가의 합의에 따라 처형되었을 것이다.

장례

부여에서는 장례를 치를 때 모두 순백색 의복을 입었다. 특히 죽은 사람의 아내는 베布로 만든 옷을 입고 패물이나 고리를 차지 않는 등[43] 귀족계급의 조상숭배 예절이 상당히 엄격하고 복잡했다. 왕의 장례에는 옥갑을 쓰고, 금으로 장식하고 옥으로 만든 옷을 입었다고 한다. 한 대 제후왕은 물론이고 외신外臣으로 존재한 남월 왕南越王의 무덤에서도 옥으로 만든 수의가 나와 고조선이나 부여의 왕도 옥으로 만든 수의를 썼을 가능성이 높다.

부여에서는 여름에 제가에 속하는 사람이 죽으면 얼음을 넣어 시신의 부패를 늦추며 상사 지냈다. 그리고 순장을 했는데, 많을 때는 함께 묻는 사람이 100명 가까이 되었다. 노예의 존재를 짐작하게 하는 순장 풍습은, 그 내용이 기록된 3세기까지 부여 사회에 공동체적 유대가 남아 있는 한편으로 왕권이 강해진 것과 연결된다. 순장은 개인 재산의 발생과 함께 싹튼 노예제도에 따라 부유층이 비자유인들을 생산수단으로 소유한 결과 생살여탈까지 장악하는 것이다. 그러나 순장제의 성행이 곧 노예제 사회를 증명하지는 않는다.[44] 노예를 순장하기보다는 생산수단으로서 상속인에게 물려주는 편이 더 합리적이라는 점에서 노예제도의 미발달 상태를 보여 준다고 할 수도 있다.[45]

영혼의 불멸을 믿고 장례를 잘 치르는 것은 고대사회의 공통적인 풍습이다.[46] 부여에서는 상주가 장례를 빨리 치르려고 하지 않고 주변의 강권을 못 이겨 따르는 것을 예절로 알아, 송장送葬을 멈추는 기간이 보통 5개월이나 되었다. 즉 죽은 사람의 매장을 연기하는 빈례殯禮[47] 상태를 지키려고 한 것이다.

한편『삼국지』위서 동이전의 부여조는 부여인들이 죽은 이를 위해 관은 쓰되 곽이 없는 무덤을 쓴다고 했다.[48] 즉 구덩이를 파고 관만 넣은 덧널무덤을 썼다는 것이다. 그러나 부여 유적을 조사한 결과, 기원전 3세기를 지나면서 쑹넌 평원과 쑹랴오 평원의 부여 중심 지역에서 구덩이를 파고 관만 넣은 덧널무덤도 있었지만 나무로 곽을 짜고 그 안에 널을 넣는 매장 방식이 주된 묘제로 쓰인 것을 확인해 문헌의 내용과는 다름을 알 수 있었다.[49]

6

부여와 중국 동북 지방의 고대 문화

"동이의 지역에서 가장 평평하고 오곡에 적합하다."
『후한서』 부여조

초기 부여의 문화와 변천

기원전 4~3세기가 되면 지린시와 그 주변 지역에서 한나라 및 주변 지역과 교류한 결과로 새로운 토기 양식이 출현하고 철제 농경 도구가 쓰이며, 움무덤이 그 전의 돌널무덤을 대체한다. 이 시기에 일어난 물질문화의 다양한 변화의 양상은 지린성 주변의 눙안 싱자덴刑家店[1], 더후이德惠 왕자퉈쯔王家坨子 북릉北陵[2], 수란舒蘭 황위취안 주산黃魚圈珠山[3], 화덴樺甸 시황산툰[4], 둥펑 스다왕石大望[5], 랴오위안 룽서우산[6] 등에서 관찰할 수 있다. 그리고 눙안 주변 제2쑹화강 연안 일대에 많이 분포하는 톈자퉈쯔田家坨子 문화[7]도 같은 시기 지린 일대에 중심을 둔 한-부여 시기의 문화권에 포함시킬 수 있다.

  기원전 2세기 초에 들어서면 한-부여 문화의 중심 지역인 지린시 일대의 문화에도 변화가 생긴다. 지린성 중부의 다른 지역에 비해 지린시 일대의 문화적 변화가 조금 늦게 일어나는 것은 이 지역이 시퇀산 문화의 중심지였기 때문이라고 본다. 이때 둥랴오허와 휘파허 상류 지역의 문화적 영향을 받아 파오쯔옌식 토기가 만들어지며 중원 한漢 문화와 지린성 서부 평원 문화도 수입된다.[8] 지린성 중부 지역 전역에는 석판을 이용한 돌널무덤 문화 요소가 사라지고, 철기가 쓰이기 시작하는 이 시기에 지린시 일대를 중심으로 동일한 문화 요소가 집중하며 통일성이 보인다.

지금까지 조사한 자료 가운데 지린시 일원에서 나타난 기원 전후 시기의 대표적 부여 문화 유적은 파오쯔옌 전산[9] 유적을 들 수 있다. 그 서북쪽에 위치한 넌강과 제1쑹화강 유역의 바이진바오-한수 문화는 이미 철기를 사용하는 한수 2기(상층)-바이진바오 3기 문화로 발전하면서 지역적 특성을 보인다. 초기의 대표적 평원 지역에서 이미 알려진 철기가 출토된 문화 유적은 너허訥河 얼커첸二克淺, 치치하얼 다다오싼자쯔大道三家子, 타이라이泰來 핑양平洋, 자오둥 둥바리東八里와 하투강쯔哈土崗子, 자오위안 샤오라하小拉哈, 빈현 칭화, 다안 한수 유적 등이다.[10] 넓게 보면 이 지역의 문화유형들을 부여 문화에 포함시킬 수 있다.

한 대 부여 문화와 관련해 고찰해야 할 또 다른 지역은 랴오위안과 둥펑 지역의 문화다. 일찍이 시차거우 유적과 차이란 유적에 대한 조사로 이 지역을 부여의 세력권에 포함해 이해하려는 연구가 있었다.[11]

1986년과 1987년에 발굴한 둥펑현 다자산大架山 유적 상층과 바오산寶山 유적 상층은 기원전 3세기에서 기원 전후한 시기의 지린성 중남부 구릉 지역 문화와 기본적인 양상이 유사하다. 다자산과 바오산 유적에서는 덧널무덤과 괭이와 철삽 등 철제 유물과 석기와 토기가 많이 나와, 이 일대에 한의 문화적 영향을 받은 주요 세력 집단이 거주한 것으로 확인되었다.[12]

랴오위안과 둥랴오허의 상류에 중심을 둔 량취안涼泉 문화도 주목되는데, 이 지역의 문화는 부여국 남부 지방의 주요한 세력 집단이 남긴 것으로 보인다. 이 일대에는 철기 등 각종 부장품을 매장한 덧널무덤 외에 언덕 위에 흙담을 두른 소규모 보루를 구축하는 관행이 보여 주목된다.[13] 다만 아직까지 그 문화적 특징이 명확히 정리되지 않았고, 부여 문화로 직결해 해석하기에는 많은 분석과 고찰이 필요하다.

바이진바오-한수 문화

부여인들이 제2쑹화강 유역의 지린성 중부 지역에 정착하기 전에 거주한 지역과 그들이 남긴 문화에 대해 그동안 많은 연구자들이 생각해 왔다. 그리고 그들 중 다수가 쑹넌 평원과 3자오 지역의 바이진바오-한수 문화를 주목했다. 3자오 지역과 넌강 서쪽 지방인 지린성의 부여·첸궈前郭·다안·진라이鎭賚와 젠안建安 등지는 서주西周 시대 이래 바이진바오·한수[14]·왕하이툰[15] 등의 문화유형이 발달했다. 최근에는 자오위안 샤오라하 문화유형이 주목받고 있다.[16]

1974년에 자오위안 바이진바오 유적을 처음 발굴해 바이진바오 문화라는 이름을 붙였고,[17] 같은 해에 다안 한수 유적을 발굴하면서 두 층위를 확인해 하층은 청동기시대인 바이진바오 문화(한수 1기 문화), 상층은 초기 철기시대인 한수 2기 문화라고 불렀다.[18] 바이진바오 문화는 대체로 시퇀산 문화와 같은 단계의 한수 1기 문화 단계가 있었고, 한수 2기 문화는 부여 시기에 번성했으며 남북으로 이웃하고 있었다.[19]

바이진바오-한수 유적을 주변의 샤오덩커小登科·둥산터우東山頭·관디官地·왕하이툰·라오산터우 등의 유적과 비교해 본 결과 이 유적들 내에도 시기 차가 있었다.[20] 이 문화유형을 시기상 바이진바오-한수 하층 문화와 바이진바오-한수 상층 문화로 구분하지만 동일한 문화 계열로 볼 수 있다.

기원전 8세기(춘추시대) 이전으로 추정되는 바이진바오-한수 하층 문화는 반지하식 주거지를 만들고 움무덤에 시신을 매장했으며 흙갈색 바탕흙으로 만든 삼족기·항아리·물동이·잔 등 단단한 토기와

바이진바오 유적 표석

돌도끼·돌칼 등 많은 석기와 골각기도 썼다. 생산도구는 뼈와 조개로 만든 것이 많았다. 바이진바오 유적의 1차 발굴 때 조개칼 40여점과 소량의 조개낫이 나온 것을 봐도 당시 농업이 발달한 것을 알수 있다. 예리한 뼈로 만든 고기 잡는 칼, 창, 화살촉 등은 당시 어렵생활이 활발했다는 증거다. 또 토기에 양¥과 목초지·울타리 등이도안되어 목축업도 병행한 것을 알 수 있다.

바이진바오-한수 상층 문화유형의 연대는 기원전 5세기(전국시대)에서 기원전 시기(서한 시대)까지 이른다. 분포 범위가 한수 하층 문화보다 넓고, 주거지에서 좁쌀이 나온 것을 보면 농경 활동이 있었다. 청동단검이 발견되지는 않았지만 검자루맞추개돌이 나와 이 지역에서도 청동단검이 쓰인 것을 알 수 있다. 토기 제작도 상당히 발전해 생활 용구와 생산 공구가 모두 보이고, 그중에 채색 그림이 있는 토기와 홍도紅陶가 현저히 많이 출토되었다. 철기도 나오는데 주

한수에서 출토한 유물(지린성박물관 소장)

물동이

세발 그릇

로 구멍이 있는 도끼와 칼이고, 갑옷의 일종인 갑편甲片은 이 문화를 만든 세력에게 군사력이 있었음을 보여 준다. 또한 물고기 비늘과 토제 그물추가 많아서 어렵의 발달을 증명한다.

그동안 문화적 유사성을 보이는 바이진바오-한수 문화를 남긴 주민 집단에 대한 논의에서 가장 주목한 것이 부여의 건국 설화다. 『논형』 길험편과 『삼국지』 부여조에 인용된 『위략』에 실린 건국 설화에는 동명이 북쪽의 탁리국에서 남쪽으로 엄호수를 건너가 부여의 땅에서 건국한 것으로 되어 있다. 설화의 내용을 그대로 따른다면 탁리국은 부여에서 북쪽으로 큰 강을 건넌 곳에 자리하기 때문에, 쑹화강과 넌강 건너에 분포하는 바이진바오-한수 문화와 연결하는 논자들이 많다.[21] 바이진바오-한수 1기 문화에 이어 나타난 한수 2기 문화가 탁리국과 초기 부여의 문화로 발전한다는 견해는 바이진바오 유적의 발굴 보고에서부터 제시되어 이미 통설이 되었다.[22] 중국 한족 문화의 영향을 받은 유물이 많은 것과 그 연대가 서한 시기에 해당되는 점을 통해 바이진바오-한수 문화의 주민 집단은 당시 쑹넌 평원 일대에서 활약하던 부여족으로 보는 것이 합리적이다.[23] 다만 그것을 부여 문화로 보느냐,[24] 탁리국의 문화로 보느냐[25] 하는 차이가 있다.

문헌에서 예맥이 단일 종족명으로 등장한 것은 대개 기원전 5세기 이후다.[26] 그런데 바이진바오-한수 하층 문화는 그보다 앞선 춘추시대보다도 빠른 시기에 유행했고, 넌강 이남의 지린 일대를 중심으로 발전한 예맥족의 시퇀산 문화와는 다른 특성을 보인다. 그래서 바이진바오-한수 문화는 맥인貊人의 문화로, 시퇀산 문화는 예인濊人의 문화로 보기도 한다.[27] 바이진바오-한수 하층 문화가 랴오닝성 서쪽 일대에서 발전한 샤자뎬夏家店 상층 문화와 유사하다는 것도 그런 주장의 근거다. 대개 랴오시 지역에서 유행한 샤자뎬 상층 문화의 주인공이 산융山戎이나 동호라고 하지만,[28] 맥족 계통도 있다고 본다.[29] 그리고 이들이 청동기시대에 북쪽 초원 지대를 통해 동쪽으로 이동했다는 설이 있어서, 앞의 주장은 고려해 볼 만하다. 그러나 샤자뎬 상층 문화와 바이진바오 문화 및 랴오닝 동북부 지역의 문화 간에 아주 비슷한 점이 있기는 해도 이들을 동일한 주민 집단이 남긴 문화유형이라고 단정하기는 어렵다. 이는 산융, 동호, 예맥 등 여러 종족이 같은 민족은 아니지만 뿌리를 찾아 올라가면 관계가 있을 수 있다는 것과 같은 방식의 설명이다.

바이진바오-한수 상층 문화는 '부여'라는 명칭이 처음 나오는 기원전 2세기, 즉『사기』단계보다는 빠른 시기에 유행했다. 따라서 이는 마땅히 부여국 성립 이전 어느 단계에 부여와 관련된 종족이나 국가가 남긴 문화로 봐야 한다. 그리고 그 중심 지역이 쑹화강 중·하류와 넌강 하류 일대에 분포하기 때문에, 부여의 선세인 예맥의 지파가 만든 문화일 가능성이 아주 높다. 주목할 만한 사실은 바이진바오-한수 문화권 이남에 분포하는 시퇀산 문화가 바이진바오-한수 문화와 차이점을 보이다가 기원전 4~3세기를 전후해 움무덤·덧널무덤이라는 묘제와 토기 등에서 유사성을 많이 보이기 시작한다는 점이다. 또 중원 문화의 영향을 많이 받은 유물이 나오는 등 두 문화의 차이가 보이지 않는 점을 보면,『논형』에 나오는 부여 건국 설화와 부합한다고 할 수 있다.

시퇀산 문화

지린시 일대에서 기원전 7~3세기까지 존재한 것으로 추정되는 청동기 문화로 시퇀산 문화가 있다. 부여와 그 전 세대의 문화를 파악하는 데 아주 중요한 시퇀산 문화는 제2쑹화강을 중심으로 지린시 시퇀산·창서산·량반산兩半山·호우스산·싱싱차오星星草와 투청쯔土城子 등지에 집중되어 있으며 분포지가 제1쑹화강 이남, 장광차이링 이서와 류허·휘파허 등 지린 하다링 이북 지구에 이른다.

시퇀산 문화의 대표 유적인 돌널무덤군은 씨족 공동묘지인데, 이곳에서는 농업 생산도구인 마제 돌도끼·반달형 돌칼·끌·갈판 등이 보편적으로 발견된다. 토기는 대부분 모래가 섞인 세발 그릇·시루·물동이·굽접시·사발 등이 나오고 있다. 『삼국지』 위서 동이전 부여조 중 '(토지가) 오곡 농사에 적합'하고 '음식을 먹는 데 조두그릇을 쓴다'는 내용과 부합하는 것이다. 한편 돼지 뼈와 어망추가 많은 것을 보면, 농업·가축 사육·어렵의 수준도 높았다.

시퇀산 문화권의 주요 유적과 연대

	초기	중기	후기
주요 유적	시퇀산, 싱싱차오, 샤오시산 小西山, 왕자툰王家屯, 싸오다거우 등	량반산, 호우스산, 창서산, 파오쯔옌 전산, 싸오다거우, 산딩다관, 샤오퇀산쯔小圓山子 등	창서산, 투청쯔, 둥퇀산, 쉐구둥산, 다하이멍, 시황산툰 등
대표 유적	시퇀산, 싱싱차오	창서산, 호우스산	투청쯔, 둥퇀산
연대	기원전 10~8세기	기원전 7~5세기	기원전 4~3세기

시퇀산 문화는 전성기인 기원전 5세기 전후에는 싸오다거우騷達溝 펑딩산平頂山의 산딩다관山頂大棺처럼 대형 석관을 산꼭대기에 단독 매장했고, 도끼나 손칼刀子 등 청동기가 열일곱 점이나 발견되어

한 지역 수장의 권한이 상당히 성장했음을 알 수 있다. 무덤이 산 정상이나 구릉에 단독 조성되는 현상이 시퇀산 문화 중·후기에 해당하는 창서산[30]과 투청쯔나 양툰 다하이밍 단계(기원전 3~2세기)에 이르면 더 뚜렷해지고 묘장도 돌널무덤에서 움무덤으로 교체되면서 철기가 부장된다.[31] 시퇀산 문화 말기 유적인 투청쯔·양툰 다하이밍 유적 등에서는 물동이·굽접시·사발 같은 토기가 나왔고 덧널무덤을 썼다. 이런 특징은 바이진바오-한수 상층 문화와 기본적으로 일치하며, 조금 후대인 부여 초기 단계의 것으로 추정되는 지린 파오쯔옌 전산 유적의 상층 퇴적층과 바이진바오 문화 지역에 가까운 라오허선 유적 출토 토기와도 같다.

시퇀산 문화의 족속에 관해서는 숙신설과 예맥설이 있었는데, 지금은 예맥설이 통설이다.[32] 시퇀산 문화의 중심 분포 지역은 '동이의 지역에서 가장 평평하고 오곡에 적합하다'고 한 『삼국지』의 기록과 들어맞는다. 주거지는 대개 반지하로 일부 지역에 돌을 둘러 만들었는데, 둥퇀산 일대 한漢과 그 전의 유적에서 대략 원형을 나타내는 토성土城이 발견되고 있다. 이 점은 부여가 '목책木柵으로 원형 울타리를 두르고 성을 쌓았으며 궁실·창고·감옥이 있다'는 기록과 부합한다.[33] 지린시 둥퇀산록에 위치한 난청쯔는 그 평면이 원형을 이루고 한식漢式 유물이 나와 부여 전기의 '왕성' 유적으로 본다. 그리고 룽탄산역 근처의 생활 유적도 한 대 부여 전기 '도성都城' 유적의 하나로 보고 있다. 따라서 시퇀산 문화는 예족, 즉 부여 선주민의 문화라고 봐야 타당할 것 같다.

시퇀산 문화와 바이진바오 문화는 토기에서 많은 차이를 보이지만 한수 2기-왕하이툰 문화와 시퇀산 문화 후기 단계의 묘장 및 유물은 기본적으로 같은 주민 계통의 문화로 볼 수 있어, 같은 시기에 병존한 부여 선주민의 문화라고 할 수 있다.

『삼국지』위서 동이전에 예인은 그 전에 이미 국가를 세웠으며 "그 도장의 문구가 '예왕지인'이고, 나라에는 '고성'이 있는데 이름을 '예성'이라고 했다. 따라서 동명은 '스스로를 망명자'라 했는데 아마도 그런 것 같다." 했다. 바로 동명의 남하와 그에 따라 탁리국과 부여가 일정 기간 병존한 사실을 말하는 것으로 볼 수 있다. 일반적으로 예성은 지린시 쑹화강 동안의 룽탄산 산성 혹은 둥퇀산 난청쯔 일대로 설정되기 때문에 그 위쪽에 존재한 한수 상층-왕하이툰 문화는 탁리국의 문화일 가능성이 높다.[34]

지린성 쑹화강 일대에 분포한 한 대 고고문화의 특징을 통해, 바

지린성 융지현에서 발견된
반지하식 주거지

이진바오-한수 상층 문화를 누리던 주민들이 제2쑹화강 중류로 남하해 지금의 지린을 중심으로 한 '예지穢地'에서 시퇀산 문화를 누리던 부여 선주민과 융합해 부족국가 부여를 건립했음을 알 수 있다.

파오쯔옌식 문화

중국 전국시대와 한 대 문화가 지린 일대에 전해지면서 토착 문화에 많은 변화가 생긴다. 이것은 지린 일대에서 철기가 아주 빨리 사용된 점을 통해 확인된다. 기원전 2세기 초반을 기준으로 지린 일대의 문화적 양상이 철기를 사용하는 파오쯔옌식 문화로 발전하는 모습은 각지에서 조사된 몇몇 유적에서 분명히 나타난다. 부여 고고학 자료를 처음 연구하던 1950년대에는 그 흔적이 지린 투청쯔 유적이나 룽탄산과 난청쯔 고성 일대에서 단편적으로 확인되기 시작했다. 이를 1957년에 '한漢 토기와 사도沙陶 혼합의 신석기시대 말기 문화'로 설명한 적이 있다.[35] 1963년에는 3단계로 발전하는 시퇀산 문화의 세 번째 단계라는 뜻에서 '문화삼文化三'으로 명명되었지만,[36] 시퇀산 문화 후기의 현상으로 보는 시각도 있었다.[37]

그런데 융지 양툰 다하이멍, 융지 쉐구둥산 한묘漢墓, 파오쯔옌 전산 등이 차례로 발굴되었다.[38] 특히 파오쯔옌 전산의 발굴을 통해 비로소 부여 문화층이 시퇀산 문화층보다 위층에서 확인됨으로써 그 뒤로는 파오쯔옌 유형으로 불리게 되었다.[39] 시퇀산 문화의 후기에 해당하는 다하이멍 유적 보고서에서는 다하이멍 2기로 명명했고,[40] 때로는 E유형으로 부르기도 했다.[41]

리원신李文信 이래 학자들은 지린시 일대에서 발견되는 한 대의

쉐구둥산 유적
부여인이 살던 주거지와 묘장이 밭 구릉에 넓게 분포하고 있다.

유적이 한인의 대량 이주를 반영한다고 보았다.[42] 그런데 우궈쉰은
한인의 취락 형성을 염두에 두면서도 이들의 영향을 받아 형성된
부여 문화로 이해하기 시작했다.[43] 그리고 이제 대부분의 연구자들
이 이를 부여 문화의 범주로 언급한다. 근래에는 한 대 부여 문화를
대부분 '파오쯔옌식 문화'라고 부른다. 국내의 오강원吳江原도 부여
문화를 파오쯔옌식 문화로 명명하면서 시퇀산 문화에 이어 기원전
3세기 대에 다하이밍식 유적군이 출현하고, 그 뒤를 이어서 이 문화
가 기원전 2세기 초반에서 기원후 2세기까지 지속된 것으로 설정
했다.[44] 이와 비슷한 시기에 속하는 생활 유적으로는 양툰 다하이밍
·쉐구둥산·황위취안 주산의 주거지와 저장 구덩이, 그리고 눙안 톈
자퉈쯔의 주거지와 파오쯔옌 전산 주거지 상층 유적 등이 있다.[45] 이
유적들은 대부분 제2쑹화강 중류 연안의 낮은 (모래)언덕에 있다. 이

유적들 가운데 양툰 다하이밍·쉐구둥산·황위취안 주산의 주거지와 저장 구덩이는 형식이나 출토 유물을 통해 문화유형이 같다는 것을 알 수 있다.[46] 그리고 투청쯔·룽탄산·둥퇀산과 파오쯔옌 전산 상층, 융지 양툰 다하이밍 중층, 다자산 상층, 쉐구둥산 상층 유적 등의 아래에는 모두 시퇀산 문화층이 존재해 단절 없는 문화적 발전상을 보여 준다.[47]

예를 들어 1973년과 1975년에 시굴한 쉐구둥산 유적에서는 명확하게 부여 시기의 유적이 시퇀산 문화층 위에서 나왔다. 쉐구둥산의 토기와 철기는 내몽골 샤포잉쯔沙婆營子 고성古城이나 랴오양 싼다오하오三道壕의 전한前漢 시대 촌락 유적에서 나온 유물과 형태가 똑같다. 쉐구둥산 유적이 전한 시대 촌락의 유적인 것이다.[48] 결국 이것은 시퇀산 문화 이후 지린시 북쪽 쑹화강 유역에서 선진 문화의 영향을 받으며 성장한 토착 민족, 즉 부여인이 살던 흔적임을 알 수 있다.[49] 같은 층위 양상이 융지 양툰 유적에서도 발견되었다.

파오쯔옌 문화에 속하는 유적에서는 모두 회도가 출토되며 물동이·굽접시·사발 등 주요 토기와 철제 괭이钁·자귀錛·끌鑿·창矛·송곳錐도 나온다. 특히 대표적인 부여 토기인 쌍이호雙耳壺와 쌍이관雙耳罐 등에서 확인되는 시퇀산 문화의 영향은 자체 문화 발전의 뚜렷한 증거라고 할 수 있다.

대표적인 파오쯔옌 전산 상층 유적에서는 주로 항아리·물동이·굽접시·사발 등 토기가 많이 보인다. 토기에는 시퇀산 문화 토기의 주요 특징인 가로로 붙인 넙적한 다리형 손잡이橋狀耳와 젖꼭지형 손잡이가 유행한 것으로 보아, 시퇀산 문화와 연원 관계가 있음을 알 수 있다. 그러나 파오쯔옌 전산 유적 상층 단계에는 중국 한의 토기나 철기 문화가 적극적으로 수용되지는 않았던 것 같다. 세발 그릇이 보이지 않고, 굽접시나 물동이·주전자 등이 성행하지 않기 때문이다.

이 밖에 시퇀산 문화에서 부여 문화로 변하는 시기의 매장 유적으로 주목되는 것이 싱자뎬 묘지와 시황산툰 유적이다. 싱자뎬 유적은 기원전 4~3세기에서 기원 전후한 시기에 눙안과 더후이 지역 등지에서 유행한 문화유형으로 시퇀산 문화 말기의 특징을 보인다.[50] 다만 문화유형으로 설정하기에는 그 내용에 대한 정리가 아직 부족하다. 한편 지린 중부의 화뎬 시황산툰에서는 1979년에 8기의 무덤을 조사했는데, 모두 여러 번에 걸쳐 여러 명을 매장한 화장火葬 수혈竪穴 무덤이었다.[51] 무덤 바닥에는 두껍게 자작나무 껍질이 깔려 있었으며 괭이·낫·칼 등 철제 농구와 T자형 손잡이가 달린 청동 곡인검曲刃劍과 촉각식觸角式 동검銅劍, 손칼, 삼각문 거울, 쌍익촉雙翼鏃 등이 나왔다. 토기는 수제 물동이와 잔, 사발 등이 나왔다. 이 가운데 철기는 전국시대 연燕의 하도下都에서 나온 전형적인 철기와 일치한다.[52]

필자가 직접 시황산툰 유적을 답사한 결과, 유적은 산 정상부에 있는 암석을 그대로 파서 묘실墓室과 묘도墓道를 만들었으며 뚜껑돌은 커다란 석판을 이용해 조성한 무덤임을 확인했다. 이런 매장법은 그 전 청동기 단계에 비해 지역의 지배 권력이 훨씬 성장했다는 증거다. 매장 유적인 시황산툰 유적은 전국시대 말기인 기원전 4~3세기에 지린성 중부에 한漢 문화가 전파되면서 그 일대에 거주한 예족이 이를 통해 철기 문화를 발전시켜 나갔다는 사실을 알려 준다.

한 대 부여의 파오쯔옌 문화는 기원전 2세기 초반에 지린을 중심으로 형성된 문화유형으로, 분포 지역이 시퇀산 문화와 겹쳐진다.

시황산툰 무덤

이는 폭넓게 존재하는 지린의 시퇀산 문화가 계승·발전해 형성된 초기 철기 문화라고 할 수 있다.

　기원을 전후한 시기에 지린 지역 마오얼산과 둥퇀산 유적 단계에서 도성과 궁궐이 조영되고 무덤이 덧널무덤 일색으로 정형화되고 부장품도 한식 이기류利器類와 위세품威勢品, 토기 등이 크게 유행한다. 이런 파오쯔옌식 문화의 특징적 유물을 정리한 것이 다음 표다.

파오쯔옌식 문화 대표 유적과 유물

	유적의 성격	토기	무기	공구	마구	장신구
파오쯔옌 전산	주거지 및 생활 유적	항아리, 물동이, 접시, 굽접시, 분 등	돌화살촉	철괭이, 철자귀, 숫돌 등		

마오얼산	지배층 무덤	항아리, 물동이, 접시, 굽접시, 동제 솥, 화수피 그릇 4	철제 창, 뼈 명적	철괭이, 동제 삽, 쇠고리 머리칼	철 말재갈, 금관金箐, 동환銅環	한식 동경, 도금 동면구, 동물문 금패식, 도금 동식, 금단추, 동단추, 동팔찌, 칠기, 마노주
둥퇀산	도성과 거주지	굽접시, 이배耳杯, 시루, 쟁반 등	동화살촉		동방울	한식 동경, 여자 시비 토용, 옥장식, 유리귀걸이, 한전문토식
룽탄산 유적	생활 유적	한식 토기	동화살촉			옥장식, 백동경, 와당, 오수전
쉐구둥산 유적	회갱灰坑과 한대 유물	물동이, 굽접시, 사발, 시루	철제 창	철괭이, 철낫, 철자귀, 철끌, 철송곳		

라오허선 유적

그동안 기원전에 해당되는 부여의 유적으로는 파오쯔옌 유형 유적과 시차거우 유적 및 스이샹石驛鄉 유적을 주로 인용해 왔다. 그러던 차에 라오허선 유적의 발견은 부여사 연구에 중요한 단서를 제공했다. 라오허선 유적은 창춘과 지린시 중간에 자리한 위수시에 있으며 1980년과 1981년에 걸쳐 조사되었다. 라오허선에는 시기가 다른 유적이 상층, 중층, 하층으로 있는데, 하층에서는 시퇀산 문화 시기의 주거지 2기, 상층에서는 발해 시기 말갈족의 무덤 37기가 조사되었다. 그리고 중층에서는 장방형 수혈 움무덤 129기가 발견되었다.[53]

출토 유물은 대개 부여 왕성 주변의 마오얼산 묘지 출토품과 유사한데, 그보다 시기는 조금 빨라 전한 시기에서 후한 초기에 해당한다. 린윈林沄은 이 문화를 라오허선 2기 문화 또는 둥퇀산 문화로 제안하기도 했다.[54] 발굴로 얻은 동경銅鏡 세 점과 채집된 동경 한 점이 똑같이 전한 후기에서 후한 초의 산물이기 때문이다.

라오허선에서 출토한 유물은 세 군群으로 분류할 수 있다. 우선, 일곱 점의 시차거우 출토와 비슷한 동자루 달린 철검을 제외하면, 지방색이 있는 유물이고, 차이란 묘지나 시차거우 묘지와 똑같은 동심원의 철선凸線으로 된 호심경이 있다. 그리고 라오허선 유적에서는 도끼斧, 일자형 호미 날鋤(鍬)先, 끌, 손칼, 송곳, 칼劍, 창, 갑주, 재갈, 차축두 등 특히 많은 철제품이 나왔다. 이것들이 한漢 문화의 제품과 비슷한 형태라서 중국 학계에서는 한에서 직접 수입했다고 본다.

그런데 라오허선 문화가 모두 직접적으로 동일 지점에서 시퇀산 문화층을 파괴하고 새로 형성된 층위에서 발견되었다는 점, 또 시퇀산 문화에서는 기본적으로 보이지 않는 중국 한 대의 특징을 갖춘 철제 괭이·도끼·삽·낫 등 농업 생산도구가 발견되었다는 점을 주목할 만하다. 따라서 라오허선 유적과 문화는 최근 대부분의 학자들이 '시퇀산 문화'를 직접 계승한 한 대 부여의 문화 유적으로 보고 있다. 즉 넓은 의미에서 파오쯔옌식 문화유형으로 볼 수 있는 것이다. 그러나 토기와 묘장의 유사성이 있어도 라오허선 유적이 부여의 유적이라고 단정하는 것은 아직 이르다. 라오허선 유적은 많은 부분에서 시퇀산 문화와 차이를 보이고, 특히 투조透彫의 금식패金飾牌나 화장에 따른 매장 방식 등 선비·오환 계통의 양식도 많이 보이기 때문에 그 족속 문제에 대해서는 앞으로 학계의 고찰이 더 필요하다.

라오허선 유적의 족속 문제는 차치하더라도 파오쯔옌식 문화와 라오허선 유적 문화의 동일성을 고려하면, 라오허선 유적은 부여의 역사와 문화를 이해하는 데 중요한 지표로 활용할 수 있다.

라오허선 유적의 문화 요소는 북으로 쑹화강 북안의 헤이룽장성 자오위안현 왕하이툰 유지에까지 분포한다. 출토 토기의 재질과 모양 및 움무덤이라는 매장 습속도 왕하이툰-한수 상층 유형과 동일하며 중국 한 문화의 영향을 많이 받았다. 바로 이런 문화의 영향 아래에서 한 대 부여 시기 부여 지배 집단의 덧널무덤이 마오얼산을 비롯한 지린시 일대를 중심으로 발전한 것으로 볼 수 있다.[55] 이는 제1쑹화강과 넌강 일대 및 제2쑹화강 지역이 같은 문화권에 속하면서 주민 집단도 어느 정도 동일했기 때문에 보이는 현상이다.

라오허선에는 북방 초원 문화에 속하는 유물도 적지 않다. 예를 들어 동복銅鍑, 철촉, 슴베 달린 철도자鐵刀子, 철제 허리띠고리, 동패식銅牌飾, 동제 팔찌, 관주串珠, 금은 이식 등은 모두 초원 문화의 특성이 있다. 이 밖에 라오허선 유적에는 토기가 많이 부장되었다. 그중 바탕흙에 모래가 섞여 거친 토기인 협사도夾砂陶가 가장 많고, 항아리·물동이·굽접시·사발도 많이 보인다. 이 토기들은 가로로 붙인 넙적한 손잡이와 젖꼭지형 손잡이가 있어, 한 대 부여 문화인 파오쯔옌 유형과 같은 특징을 보인다.

라오허선 출토 토기와 유사한 토기는 일찍이 지린시 융지현 쉐구촌學古村의 매장지에서 확인했다. 여기에서 출토한 철제 창, 철제 낫, 철복鐵鍑, 동제 팔찌, 타원형 동포 등이 모두 라오허선 묘지와 일치한다. 특히 라오허선과 쉐구촌 출토의 횡단면이 원형을 나타내고, 다리 모양 손잡이橋狀把手가 있는 항아리는 지린시 파오쯔옌 전산과

굽접시　　　　　　　　　금도금 허리띠고리

철제 칼과 창

라오허선에서 출토한 유물(지린성박물관 소장)

눙안 톈자퉈쯔에서도 많이 발견되고 있다. 토기의 유사성은 라오허
선 유적이 파오쯔옌식 문화와 같은 계통의 주민 집단이 남긴 문화임
을 말해 준다.

　고고학적으로 조사한 자료 가운데 단면 원형의 다리 모양 손잡이,
높은 굽이 있는 고배高杯, 원추형 다리脚가 있는 솥鼎이라고 불리는
협사도가 대표적 유물인 유적은 지린시, 더후이, 위수, 자오허, 눙안,

쐉양 등에 산재한다. 특히 지린시와 그 교외에서 가장 많이 발견되고 있다.

라오허선 묘지 출토 유물의 유형과 연대, 지리적 분포와 문화적 특징을 고려할 때 그것을 부여족의 유물이라고 보는 데는 의문의 여지가 없다.[56] 문헌에 따르면 부여국은 북방의 탁리국에서 온 '망명자'와 토착 예인穢人이 융합해 성립했다. 라오허선 묘지에서 재지 전통문화와 북방 초원 문화의 공존 현상은 부여 건국의 역사 전설을 증명하는 것이다. 한편으로 부여와 유목 민족이 인접해 문화 교류를 계속했다고 해석할 수 있다.

『삼국지』위서 동이전에는 "부여는 원래 현도군에 속했다. 한 말漢末에 (……) 요동군의 지배하로 들어갔다." 하며 '한 대 부여 왕의 장의葬儀에는 옥갑이 사용돼 언제나 미리 현도군의 장소에 옥갑을 두고, 왕이 죽으면 부여 사람들이 그것을 받아 가지고 와서 매장에 썼다'[57]고 한다. 또『후한서』동이열전은 후한 건무 25년(49) 이래 부여와 한 왕조가 교류와 교전을 반복한 것을 구체적으로 열거한다. 문헌의 기록과 라오허선 묘지의 출토 정황을 보면 라오허선 묘지에 반영된 한 문화의 영향을 이해할 수 있다.[58]

그러나 라오허선 유적을 부여 문화로 본다고 해도 이 유적을 남긴 집단은 지린시에서 100킬로미터 넘게 떨어져 있기 때문에 부여의 핵심과는 독립된 세력으로 볼 수밖에 없다. 이에 대해 부여의 사출도와 관련지어 지방에 세력이 있는 집단의 무덤일 가능성을 제시한 논문도 있다.[59] 앞으로 마오얼산 고분군의 실체가 드러나 비교 연구를 해야만 부여 핵심 세력의 실상을 파악하고 마오얼산 고분군과 라오허선 유적의 관계도 명확히 드러날 것이다.

시차거우 유적

고고학적으로 부여의 문화를 이야기할 때 먼저 주목한 것은 시핑에 자리한 시차거우 유적과 스이샹 차이란 유적이다.

시차거우 유적은 1956년에 시핑현에서 발견되었는데, 이때 무덤 63기와 유물 6264점이 발굴되었다고 한다.[60] 그러나 보고서에는 유적과 유물이 매우 소략하게 소개되어 현재까지도 그 전체 내용이 밝혀지지 않았다.[61] 이런 가운데 시차거우 유적을 흉노, 동호, 선비, 부여의 것으로 파악하는 등 여러 의견이 있다. 시차거우나 차이란 유적에 보이는 토기나 동자루 철검銅柄鐵劍은 무덤 주인공의 민족문화 전통을 잘 반영하는 것으로 보이는데, 이 두 유적을 곧바로 부여족과 관련짓기에는 더 많은 분석과 고찰이 필요할 것 같다.[62]

시차거우 묘지는 북방 유목 민족의 특징인 일군의 패식牌飾이 출토되어 당초에는 흉노의 유적으로 인식되었다.[63] 그리고 나중에는 오환의 유적으로 본 연구자도 있다.[64] 시차거우 묘지에서 출토한 유물은 주변 유목 문화와는 다른 요소를 포함하고 있다. 패식이 북방 문화의 한 요소라고 해도, 그런 검은 북방 유목 문화에 존재하지 않는다. 특히 검신劍身에는 한漢 문화와 같이 철장검鐵長劍이 채용되지만 독특한 형식의 청동 칼자루銅柄와 함께 주조되었고, 사용자가 칼을 깊게 차던 습관을 분명히 반영하고 있다. 그래서 이 칼자루는 단순히 장식으로 만든 동패식銅牌飾에 비해 무덤 주인공이 소속된 민족의 문화적 전통을 설명할 수 있다고 본다.

시차거우에서 출토한 동자루 철검은 지금까지 일부가 공개되었는데, 자루 손잡이의 머리 형식이 두 가지다. 하나는 촉각식이고, 다른 하나는 긴 자루에 고리를 끼우는 식이다. 검코는 모두 편평한 나팔

형이고, 윗면은 평행 잔금무늬로 장식되어 있다. 이런 청동 칼자루
는 시차거우 무덤에서 처음 발견되어, '시차거우형 검자루'라고 총
칭할 수 있다. 현재 중국 동북 지방 남부와 한반도 및 일본에서 날과
자루를 따로 주조한 검 중에는 이와 비슷한 것이 발견되고 있다. 이
런 검의 제작상 특성은 유라시아 초원 지대의 단검과는 전혀 다른
특징을 보인다.

1979년에는 시황산툰 근처의 구릉 위에서 매장지 일곱 기가 발
굴되어 시차거우 출토 철검의 기원지가 분명해졌다. 1호 무덤에서
는 촉각식 동자루 동검 두 점이, 3호 무덤에서는 그 파편이 한 점 출
토되었다. 또 1981년에는 지린성 융지 왕툰汪屯의 채소밭 지표 밑
60센티미터 지점에서 시황산툰에서 출토한 것과 똑같이 생긴 검 한
점이 발굴되었다.

이렇게 자루와 날이 이어서 주조된 촉각식 동검은 쑹화강의 상
·중류 지역에 광범하게 분포한다. 그러나 이런 검의 날은 윗부분이
좁고 아랫부분이 넓은 형태고, 중간에 돌기가 없다. 이런 형식의 검
날은 중국 지린성과 랴오닝성의 동북부 지역에서만 발견된다. 따라
서 자루와 검신이 이어서 주조된 촉각식 동검은 지린 중부의 쑹화강
유역이 집중 유행지로 추측되며 '시황산형'이라고 부를 수 있을 것
이다.[65]

1974년 지린성 수란시 시허溪河 하오쓰자춘濠四家村의 가게에서
구입된 동자루 철검 한 점이 1982년 지린시박물관에 수장되었다.
이 검의 날은 아주 특수해 윗부분이 좁고 아랫부분이 넓은 형태를
하고 있는데, 중국에서 처음으로 발견되었다. 중국 내에서 가장 많
이 출토한 촉각식 검은 시차거우형 동자루 철검이다. 선양 교외 상

바이관툰에서 수습된 것이나 지린 교외 량반산의 농민이 수습한 것이 모두 같은 형태다. 그리고 1979년에 지린성박물관이 둥랴오현 차이란 묘지에서 수집한 동자루 철검이 한 점 있다. 1980~1981년에 지린성문물공작대가 발굴한 라오허선 묘지에서는 시차거우형 동자루 철검 일곱 점이 출토되었다.

최근 대부분의 연구자들이 라오허선 묘지가 부여의 유적이라고 주장한다. 그리고 시차거우 묘지를 부여의 유적이라고 보기도 한다.[66] 라오허선과 시차거우 묘지의 부장품은 확실히 공통점이 많다. 그러나 당시 주민들의 생활용품 가운데 가장 중요한 필수품인 토기는 크게 다르다.

시차거우 묘지에서 출토한 토기는 발표된 자료가 얼마 안 되지만, 그중 약 10센티미터 높이의 작은 항아리壺 한 점과 라오허선 묘지에서 출토한 손잡이 없는 병이 몇 가지 점에서는 유사해도 차이점이 많다. 예를 들어 시차거우에서 출토한 물동이, 주전자注壺, 손잡이 달린 잔 등이 라오허선 묘지에서는 발견되지 않는다. 특히 랴오양에 있는 한 대 묘장이나 유적에서 출토한 것과 완전히 똑같은 회색 물동이罐와 굽다리접시高杯가 라오허선 묘지에서는 전혀 나오지 않는다. 또 시차거우에서 출토된 주둥이 아래에 돋을띠무늬와 나란히 눈금 무늬를 새긴, 주둥이가 밖으로 휜 물동이나 자루형袋狀 다리가 붙은 솥도 라오허선 묘지에서는 보이지 않는다.

시차거우 묘지에 대한 보고에 따르면, 이 무덤에서 출토한 토기는 바탕흙에 모래가 섞였고, 거칠게 만든 적갈색·흑색 토기를 제외하면 정치精緻하게 만든 바탕흙에 모래를 섞어 정제精製한 적갈색 토기가 있다고 한다. 또 '갈아서 빛을 내고 주황색을 바른 목 긴 적색 항아리'도 있다고 한다.

2000년 8월 내몽골 후허하오터에서 '중국고대북방민족고고문화
국제학술검토회'가 열렸다. 이 회의에서 쑨서우다오孫守道가 시차거
우 출토 토기를 보여 주면서 시차거우 묘지에 핑양, 싱룽산興隆山 묘
장의 토기와 똑같거나 상당히 비슷한 토기가 많다면서, 그 밖의 토
기는 라오허선 묘지와 다른 점이 상당히 많다는 것을 확실하게 주장
했다.[67] 시차거우 묘지의 습속과 매장 방식이 아직 정식으로 보고되
지 않았기 때문에, 라오허선 묘지와 상세히 비교하기는 힘들다. 이
런 상황에서 시차거우 묘지와 라오허선 묘지가 동일한 문화에 속한
다고 단언하는 것은 적절치 않다.

차이란 묘지

시차거우 유적과 함께 부여 문화와 관련해 주목받은 차이란 유적은
시차거우 유적에서 30킬로미터 정도 떨어져 있다.[68] 그러나 이 유적
도 아직 정식으로 발굴하지 않아 전체 내용을 파악할 수 없다. 차이
란 묘지는 매장지가 상당히 파괴되었고, 일부 유물을 채집해 박물관
에 전시했다. 차이란 묘지의 출토 상황은 시차거우 묘지 및 라오허
선 묘지와 상당 부분 비슷하며 세 유적 모두 동자루 철검의 민족 문
제를 논의하며 살펴보는 의미가 있다.

차이란 묘지에서 출토한 유물 중에는 분명히 한漢 문화에 속하는
것이 있다. 반량전, 오수전, 동경, 환두 철검環頭鐵劍, 철제 창 등이 그
예다. 소형 유물도 있는데, 그중 타원형 동포銅泡는 시차거우나 라오
허선에서 출토한 것과 똑같고 역시 한 문화에서 전래한 것이다. 이

런 단추 모양의 동 제품은 랴오닝뿐만 아니라 중원 지역의 한漢 무덤에서도 보인다.

한편 차이란 무덤에는 북방 유목 민족의 문화적 색채가 잘 보이지 않는다. 하지만 여기서 나온, 야수문野獸文이 새겨진 동패銅牌 한 점이 닝샤寧夏 퉁신同心 다오둔쯔倒墩子 흉노 무덤 출토품과 유사하다. 그리고 차이란 묘지에서 출토한 동포, 청동방울, 철촉鐵鏃, 관주, 패식 등은 광대한 북방 초원 지역의 무덤에서 보편적으로 보이는 유물들이다.

금제 귀걸이와 은제 귀걸이가 한 쌍씩 차이란 유적에서 출토되었는데, 똑같은 형식의 귀걸이가 시차거우와 라오허선의 묘지에서는 상당히 많이 보인다. 『위수 라오허선柳樹老河深』 보고서에서는 이런 귀걸이를 내몽골 천바얼후기陳巴爾虎旗 완궁完工 선비 무덤에서 출토한 은제 귀걸이와 비교한다. 완궁과 다오둔쯔 유적에서 출토한 귀걸이는 금은 실을 꼬는데, 한쪽 끝을 편평하게 만들었다. 이 점은 차이란 묘지의 이식과 일치한다. 차이란, 시차거우, 라오허선 묘지의 귀걸이는 그 형상이 완궁과 다오둔쯔 무덤의 귀걸이에 비해 복잡하다. 귀걸이가 많이 출토되는 세 유적을 제외하면 귀걸이는 현재 지린성 퉁위현 싱룽산 고묘古墓와 헤이룽장성 타이라이현 핑양 107호 묘에서 발견되는 정도다. 출토 유적과 유물의 분포 상황을 보면, 대개 이런 귀걸이는 북방 초원 지역의 문화적 영향을 받아 쑹화강 중류 일대에서 발전한 유물이라고 볼 수 있다. 결국 차이란과 시차거우 무덤에서 발견된 유물은 그 문화적 속성을 '지방적'인 것과 '한漢 문화적'인 것, '북방 초원 문화적'인 것 등으로 나눌 수 있다.[69]

차이란 묘지의 문화적 속성과 족속에 대해서도 신중하지 않을 수

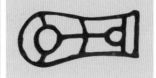

청동 방울   청동 장식   호심경

차이란 출토 유물(지린성박물관 소장)

없다. 우선 이 묘지는 발굴한 것이 아니고 수습 정리 과정도 거치지 않았기 때문에 무덤 주인공의 상세한 매장 방식을 판단할 수 없다. 또 해당 묘지에서 채집한 토기는 라오허선 묘지 출토품과 유사한 사발碗이 한 점 있지만, 시차거우 묘지에서 출토한 사발과도 유사한 예를 볼 수 있다. 그 밖의 토기 편은 '라오허선 문화' 또는 '둥퇀산 문화'와 분명히 다르다.

근년의 조사 자료에 따르면, 랴오허 유역의 한 대 유적은 휘파허 유역의 둥펑현 다자산 상층 유적과 일치한다. 이 유적들은 독자적인 고고학 문화로서 구분될 가능성이 높다. 따라서 시차거우형 동자루 철검은 중국 동북계 단검 후기 단계에 지린성 중부의 쑹화강 유역에서 형성된 지역 문화유형이라고 할 수 있다. 그것은 부분적으로 한 대 부여계 유물에 상당하지만, 그 대부분은 부여족이 점유한 것으로 인정되지 않는다.

부여 관련 고고 문화의 명명

린윈은 1992년 11월 한국에서 열린 국제 학술 교류 회의 〈동북아시아 고대 문화의 원류와 발전〉에 제출한 논문을 통해 이렇게 건의했다. "지금 라오허선 묘지를 대표로 하는 고고 문화들은 정식 명명이 급히 필요하다. 우리는 이런 문화를 부여 유적이라고 생각하지만, 일부에서는 이런 견해를 찬성하지 않는다.[70] 또 많은 사람이 라오허선 묘지가 부여 유적인 것을 찬성하지만 부여 유적의 규정과 범위에 대한 견해는 서로 다르다."

이에 대해 『위수 라오허선』 보고서의 필자는 '부여'라는 민족의 이름으로 본문 중의 고고 문화를 명명하는 것은 적합하지 않고, 고고학의 관례를 따라 지명地名에 기초해 명명하는 것이 좋다고 제안한다. 즉 정식으로 발굴하고 유적이 가장 풍부한 지역에 기초해 '라오허선 2기 문화'라고 부르는 것이다.[71] 이 명명에 대해서는 아직 중국 학계에서 확정되지 않았다. 또 부여 왕성 유적일 수 있으며 부여 관련 고고 문화 소재지 중 가장 먼저 알려진 지린시 동쪽 교외에 위치한 둥퇀산 유적에 근거해 '둥퇀산 문화'라고 부르자는 주장이 최근 제기되었다.

지린시박물관에서 부여 고고학을 집중적으로 연구한 둥쉐쩡은 '둥퇀산 문화'가 '라오허선 2기 문화'보다 더 적절하다고 보았다.[72] 아직까지 '라오허선 2기 문화'의 민족성에 대한 학자들의 인식이 일치하지 않고, 그 내용과 특징에 대한 범위도 확정하지 못했기 때문이다. 또 다른 이유는 라오허선 2기 문화는 부여족의 '보통' 유적일 뿐이라는 점이다. 전면적이지 않아 문화 유적이라고 하기에는 부족하다는 것이다. '마오얼산 문화'라고 부르자는 주장[73]도 있는데, 그 이름을 쓰지 않는 주요 원인은 명명 관례에 부합하지 않는다는 것이다. 둥퇀산 유적은 인근의 마오얼산 묘지를 포괄하는 유적으로 거주지와 묘지뿐만 아니라 성지城池와 건축물도 있다. 선부여 문화와 전형적인 부여 문화를 모두 포함하는 것이다. 부여의 가장 대표적인 문화 유적이라고 할 수 있는, 둥퇀산 일대에 매장된 문화 유적은 아주 풍부하다. 따라서 아직 부여 문화 전체를 파악하지 못한 현재로서는 부여의 고고 문화를 둥퇀산 문화라고 하는 것이 가장 합리적이라고 본다.

한국 고대사의 체계에서 부여사는 마치 부록 같은 존재로 연구의 가장자리에 방치되다시피 했다.[1] 자연히 부여는 역사 교과서나 개설서에서 고조선 후기에 만주 지역에서 일어난 여러 초기 국가 가운데 하나로 소개되고 있다. 쑹화강 유역에 위치하며 영고라는 풍습이 있던 나라로 옥저·동예·삼한 등과 같은 발전 단계에 있었다는 것이다.[2]

그런데 부여는 성립부터 멸망에 이르는 과정이 여타 초기 국가와는 전혀 달랐다. 옥저와 동예처럼 고구려의 성장으로 그 국가적 명맥이 끊어지지 않았고, 삼한처럼 백제·가야·신라의 성장으로 사라지지 않았으며 5세기 말까지 왕조가 이어졌다.

최근 가야의 민족사적 위치를 높이 평가하면서 고구려·백제·신라 등 3국에 가야와 부여를 더해 한국 고대사상 '5국 시대'를 설정하자는 제안이 있었다.[3] 이는 시대구분과 관련해 아주 의미 있는 제안이다. 가야의 경우 열 지역 이상의 집단이 연맹한 국가였고, 6세기 중엽 신라가 완전히 병합할 때까지 낙동강 중·하류 지역에서 지속적으로 지배권을 행사한 것이 엄연한 사실이다. 다만 학계에서는 대개 부여와 가야가 끝내 중앙집권 국가를 이루지 못한 채 부족 연맹 국가 단계에서 멸망했다는 이유를 들어 '5국 시대'를 설정하는 데 회의적이다. 그리고 이런 중론의 배경에는 두 나라의 역사가 다른 세 나라와 견줄 만큼 복원되지 않았다는 점이 있다.

우리 고대사를 삼국시대로 부르는 데는 고려 때 나온 『삼국사기』 나 『삼국유사』에 반영된 역사 인식이 크게 작용하고 있다. 그 시대 의 지식인들은 고대에 형성된 본격적인 국가를 고구려·백제·신라 등 '삼국'으로 인식했다. 부여와 가야는 왕실의 집권력이 일정 단계 에 머물고 말았으며 고대국가를 완성하지 못했다고 보았다. 게다가 신라와 국경을 맞닿은 적이 없어 전쟁을 비롯해 어떤 형태의 접촉도 하지 못한 먼 북쪽의 부여는 고려 사람들의 역사적·지리적 인식 대 상에서 원천적으로 몰각될 수밖에 없었다.[4]

7차 교육과정 개정 교과서에서는 초기 국가들에 대해 서술하며 초기 고구려, 옥저, 동예, 삼한과 함께 부여를 서술한 뒤 삼국시대사 를 서술할 때 고구려의 성장 내용에 부여의 성장을 다시 덧붙여 그 전보다 상세하게 다뤘다.[5] 이런 서술은 가야사를 삼국시대사와 대등 하게 서술해야 한다는 의견을 반영하는 과정에 부여사도 주목한 결 과라고 할 수 있다. 이렇게 일시적으로나마 부여사를 삼국시대의 내 용 속에 다룬 것은 의미 있는 시도라고 평가할 만하다.

돌이켜 보면 1976년에 이병도가 『한국고대사연구』 중 「부여고」 에서 부여사의 기본적인 내용을 정리해 발표하고 40여 년이 흐르는 동안 부여의 역사와 문화를 바라보는 학계의 시야는 한층 넓어졌다. 하지만 주로 중국 현지 연구자들이 꾸준히 진행한 만주 지방의 고고학적 연구 성과에 크게 힘입었다. 특히 부여의 무대였던 지린성과 헤이룽장성 남부의 신석기시대 및 청동기시대, 철기시대 유적과 유물의 출토 상황이 차츰 확인되면서 그동안 수수께끼처럼 남아 있던 부여사의 여러 면이 조금씩 드러나기 시작했다. 중국의 새로운 고고학적 성과는 1990년대 말에 펴낸 『한국사』 4권에 어느 정도 반영되었다.[6] 그리고 2000년 이후에는 제1쑹화강 유역의 바이진바오 유적에 관한 조사 보고서가 출간되어 부여의 초기 집단에 대한 연구 성과를 냈고, 부여 도성 남쪽의 집단 무덤 구역으로 추정되는 마오얼산 유적이 몇 년에 걸쳐 발굴 조사되어[7] 전성기 부여사 연구에 새로운 자료를 제공했다.

사실 2000년 이후 부여사 연구의 성과가 쏟아져 나온 데는 부여의 활동 무대가 동북공정의 주된 대상 지역이라는 점이 크게 작용했다. 주지하듯이 2002년부터 추진된 중국 동북공정의 여러 목적 중에는 고구려사와 발해사, 더 나아가 고조선사와 부여사 등 고대 한국의 북방사를 중국사로 편입한다는 것이 있다. 동북공정이 추진되기 전부터 중국 학계에서는 부여를 중국 지방 민족의 정권으로 보는 것이 통설이었다. 그러다 동북공정의 시작과 함께 부여는 더욱 집중적인 연구 대상이 되었고, 고고 조사와 병행해 많은 연구 성과가 나오고 있다. 그동안 선비나 흉노의 문화로 해석하던 동북 지역, 특히 지린성·헤이룽장성 일대의 고고 자료들도 부여의 유적으로 설명하기 시작했다. 부여의 활동 지역이 오늘날 중국 땅이다 보니 우리가 유적 현장에 접근할 기회조차 쉽게 갖지 못하는 동안 부여사 연구의 주도권을 놓친 셈이다. 중국 박물관에서 부여의 유물을 모두 감춰 직접 볼 수 없게 한 사실은 부여사 연구를 둘러싼 문제의 심각성을 단적으로 말해 준다.

　많은 사람들이 동북공정 탓에 우리의 고대 역사인 고구려사가 중국사로 편입되었다고 걱정하며 동북공정에 대한 반박 논리를 만들기 위해 고민한다. 그 반박 논리에서 가장 중요한 내용은 주몽을 비롯해 고구려를 세운 집단이 예맥족이 세운 부여의 왕족 출신이라는 점이다. 즉 동북공정에 대응하는 데 무엇보다 중요한 것은 부여사를 중국의 역사가 아닌 예맥족이 세운 한국 고대의 역사로 자리매김하게 하는 일이다.

　부여가 한국 고대사의 전개에 끼친 영향과 그 유산은 실로 심대하다. 무엇보다도 고구려를 세운 세력이 바로 부여에서 분파했다는 점을 유념해야 한다. 백제도 정신적인 뿌리를 부여에 두었고, 한반도 남부에서 성장한 신라와 가야도 부여 주민과 문화의 영향을 깊이 받았다. 부여의 영토에서 일어난 발해 역시 부여를 계승했다고 내세웠다는 점에서 부여사는 우리 고대사에서 변방이 아니라 중심이자 원류에 해당하는 역사였음을 알 수 있다. 그동안 감춰진 우리 고대사로서 부여사의 제자리를 찾는 것은 결코 외면할 수 없는 과제다.

1. 우리 역사 속 부여의 의미

1 『삼국지』위서 동이전 부여조, '魏略曰其國殷富自先世以來未嘗破壞'.

2 김철준, 「고려 중기의 문화 의식과 사학의 성격」, 『한국고대사회연구』, 지식산업사, 1975.

3 이기백, 「삼국유사의 사학사적 의의」, 『진단학보』 36, 1973; 정병삼, 「일연」, 『한국의 역사가와 역사학』, 창작과비평사, 1994.

4 고조선부터 후삼국에 이르는 왕조의 역사를 다룬 『삼국유사』 기이편에 따르면, 평나와 현도군이 합쳐져 평주도독부가 되고 임둔과 낙랑의 땅에 동부도위부가 있었다. 그리고 4군과 2부가 분화되어 세워진 72국은 삼한을 가리킨다.

5 일연은 전라도 나주와 남원에 각각 있던 고대 왕조 북대방과 남대방이 신라에 복속했다고 보았다.

6 김태영, 「삼국유사에 보이는 일연의 역사 인식에 대하여」, 『경희사학』 5집, 1974.

7 『제왕운기』 권 하下 동국군왕개국연대, '本紀曰 (……) 故尸羅高禮南北沃沮東北扶餘穢與貊皆檀君之壽也'.

8 이우성, 「고려 중기의 민족 서사시」, 『성균관대학교논문집』 7집, 1962; 이
   규보, 박두포 옮김, 『동명왕편·제왕운기』, 을유문화사, 1974.

9 한영우, 『조선전기사학사연구』, 서울대학교출판부, 1981.

10 정통론은 한 국가의 멸망과 새로운 국가의 창건을 통해 왕조나 정권이 교
   체되거나 한 국가에서 혈연이나 세력이 분열될 경우, 기존 국가의 정당성
   을 어느 국가가 계승하거나 담보하는가에 대한 역사적·정치적·철학적
   담론의 총체다. 주자는 『자치통감資治通鑑』의 저술 방식을 비판하면서 도
   덕 사관에 입각한 『자치통감 강목資治通鑑綱目』을 저술했는데, 여기에서 촉
   한 정통론을 주장했다. 의리와 명분을 중시하는 성리학을 주창한 그가 기
   존 정통론을 철학적 담론으로 끌어올리며 촉한 정통론을 강화한 것이다

11 한영우, 「17세기 초 동인의 역사 서술: 오운의 『동사찬요』와 조정의 『동
   사보유』」, 『조선후기사학사연구』, 일지사, 1989.

12 『동사보유』는 네 권으로 되어 있으며 1권의 차례는 단군조선-기자조선-
   위만조선-사군-이부-삼한(마한·진한·변한)-북부여-동부여-삼국(신라·고
   구려·백제)로 이어진다.(한영우, 앞의 글, 55쪽.) 2권은 통일신라시대이며 3권
   이 고려 시대인데, 서술 분량을 보면 이 책이 고려 시대에 비해 고대사에
   큰 비중을 둔 것이 드러난다. 고대사를 서술한 분량이 상대적으로 많아진
   것은 설화와 전설을 대폭 수록했기 때문이다. 『동사보유』 1권 고대사의
   내용으로 삼한과 삼국 사이에 북부여와 동부여를 별항으로 설정한 것은
   아주 이색적이다.

13 고영진, 「한백겸」, 『한국의 역사가와 역사학』 상, 창작과비평사, 1994,
   175~188쪽.

14 한영우, 「조선 시대의 역사 편찬과 역사 인식」, 『한국의 역사가와 역사학』
   상, 창작과비평사, 1994, 110쪽.

15 한백겸, 『구암유고·동국지리지』, 일조각, 1987, 251쪽.

16 '부여족은 말갈족으로 통칭되나 남북조시대 이후 고구려에 복속되었고,
   당나라 대에는 발해국을 건설했으며, 5대에는 동단국東丹國을 세웠고 송
   나라 대에는 숙여진, 원 대에는 동진국東眞國을 세웠으며 지금은 노호老胡

의 땅'이라고 했다.

17   『동사』는 크게 5권으로 되어 있는데, 1권이 단군 세가이며 여기에 부附
     로 부여열전과 숙신씨열전을 기록했다. 2권은 신라, 3권은 고구려·백제,
     4권은 지승地乘, 5권은 흑치黑齒열전이다.(한영우, 「17세기 중엽 남인 허목의 고
     학과 역사 인식」, 『조선후기사학사연구』, 일지사, 1989, 112쪽.)

18   한영우, 앞의 글, 117~118쪽; 정옥자, 「허목」, 『한국의 역사가와 역사학』
     상, 창작과비평사, 1994, 189~200쪽.

19   이만열, 「17·18세기의 사서와 고대사 인식」, 『한국사연구』 10집, 1974.

20   『숙종실록』 권 31 23년주에 '성경은 바로 옛 심양이며 청나라 사람들이 요
     동을 처음 얻었을 때 도읍으로 정한 곳'이라고 한 것을 보면, 『성경지』가
     청나라 사람들이 심양을 비롯한 요동에 대해 자세히 기록한 책인 것 같다.

21   『국역 성호사설』 3 천지문天地門 졸본부여卒本夫餘, 민족문화추진회, 1977.

22   앞의 책 경사문經史門 삼성사三聖祠.

23   송찬식, 「성호의 새로운 사론」, 『백산학보』 8집, 1970; 한영우, 「18세기
     전반 남인 이익의 사론과 한국사 이해」, 『조선후기사학사연구』, 일지사,
     1989; 하우봉, 「이익」, 『한국의 역사가와 역사학』, 창작과비평사, 1994.

24   이종휘, 김영심·정재훈 역주, 『동사』, 소명출판, 2004, 5~15쪽.

25   한영우, 「18세기 중엽 소론 이종휘의 역사 인식」, 『조선후기사학사연구』,
     일지사, 1989, 276~353쪽.

26   김문식, 「이종휘」, 『한국의 역사가와 역사학』, 창작과비평사, 1994,
     258~267쪽.

27   이종휘, 김영심·정재훈 역주, 「고사삼국직방고론古史三國職方考論」, 『동사』,
     소명출판, 2004.

28   『삼국사기』 고구려 본기 대무신왕조.

29   한영우, 「18세기 후반 남인 안정복의 사상과 『동사강목』」, 『조선후기사학
     사연구』, 일지사, 1989, 276~353쪽; 배우성, 「안정복」, 『한국의 역사가와
     역사학』, 창작과비평사, 1994, 268~282쪽.

30   『동사강목』 범례 범통계.

31 한영우, 「19세기 초 정약용의 역사관와 대외관」, 『조선후기사학사연구』, 일지사, 1989, 355~385쪽; 조성을, 「정약용」, 『한국의 역사가와 역사학』, 창작과비평사, 1994, 325~342쪽.

32 『아방강역고』권 5 예맥고에서 '지난 역사책을 두루 살펴보면 예맥은 북부여 지역인데, 뒷날 이것을 두막루라고 일컬었다'고 보았다. 북부여의 위치는 개원현으로 그 서쪽으로 선비와 잇닿아 있었다고 한다. 부여에 대한 이런 인식은 안정복의 『동사강목』과 같다. 한편 예맥고는, 전한 대에 북부여왕 해부루가 동쪽의 강릉으로 옮겼기 때문에 강릉을 예濊라고 한다고 했다. 해부루가 이미 옮겨간 뒤로도 북부여 지역은 예맥이라 불렸다고 보았다.

33 이것은 안정복이 『동사강목』에서 내린 결론과 같다.

34 한영우, 「19세기 초 『해동역사』의 역사 서술」, 『조선후기사학사연구』, 일지사, 1989, 388~441쪽; 「한치윤」, 『한국의 역사가와 역사학』, 창작과비평사, 1994, 343~361쪽.

35 _____, 「한말 신채호의 민족주의 사론」, 『한국민족주의역사학』, 일조각, 1994, 73~75쪽.

36 앞의 책, 10쪽.

37 신채호, 「조선상고문화사」, 『단재 신채호 전집』상, 형설출판사, 1982, 363~366쪽.

38 앞의 책, 91~110쪽.

39 상동.

40 이만열, 「단재의 고대사 인식」, 『단재 신채호의 역사학 연구』, 문학과지성사, 1990, 242~245쪽.

41 池內宏, 「夫餘考」, 『滿鮮史研究』上世 第一冊, 吉川弘文館, 1949, 439~467.

42 夫餘在長城北 去玄菟千里 (……) 北有弱水 方可二千里 多山陵廣澤 於東夷地域最平敞.

43 日野開三郎, 「夫餘國考」, 『東北アジア民族史』上, 三一書房, 1988,

13~97.

44   田村晃一,「新夫餘考」,『靑山考古』5, 1987.

45   李健才,「夫餘的疆域和王城」,『社會科學戰線』4, 1982.

46   武國勛,「夫餘王城新考」,『黑龍江文物叢刊』4, 1983.

47   董學增,「吉林東團山原始, 漢, 高句麗, 渤海諸文化遺存調查簡報」,『博物館研究』1, 1982.

48   田耘,「西岔溝古墓群族問題淺析」,『遼海文物學刊』2, 1987.

49   吉林省文物考古研究所 編,『楡樹老河深』, 文物出版社, 1987.

50   李殿福,「漢代夫餘文化芻議」,『北方文物』3, 1985.

51   동북공정 이후 중국 학계의 부여사에 대한 연구 성과는 「동북공정 이후 중국 학계의 고조선·부여·예맥 연구 동향」(박준형,『중국의 동북공정과 한국 고대사』, 주류성, 2013, 213~248쪽.)에 잘 정리되어 있다.

52   黃斌·劉厚生,『夫餘國史話』, 遠方出版社, 2005.

53   楊軍,「東夫餘考」,『史學集刊』4, 2010.

54   張福有·孫仁杰·遲勇,「夫餘後期王城考兼說黃龍府」,『東北史地』2, 2011.

55   傅郎雲·楊暘,『東北民族史略』(吉林人民出版社, 1983); 孫進己·馮永謙,『東北歷史地理』(黑龍江人民出版社, 1989); 佟冬 編,『中國東北史』(吉林文史出版社, 1987) 등이 모두 부여사를 중국 동북사의 일부로 본다.

56   손진태,『한국민족사개론』, 을유문화사, 1948.

57   이병도는『한국사』고대편(을유문화사, 1959, 65~324쪽.)에서 한국의 고대 문명이 한반도 서해안 지대에서 발생했다는 전제 아래 고조선·진번·진국 등 서해안과 남해안 지대에 속한 분포 행렬을 전면에 내세운 반면, 부여·고구려·동예·옥저 등은 그 배후 지대에 속한다는 의미에서 후방 행렬 사회로 다뤘다

58   이병도,『한국고대사연구』, 박영사, 1976.

59   김철준,『한국고대국가발달사』, 한국일보사, 1975.

60   이도학,「방위명 부여국의 성립에 관한 검토」,『백산학보』38집, 백산학회, 1991.

61 김철준, 앞의 책, 1975.

62 _____, 「부족 연맹 세력의 대두」, 『한국사』 2, 국사편찬위원회, 1975, 133~138쪽.

63 이기백·이기동, 『한국사 강좌』, 일조각, 1982, 57~80쪽.

64 이기백·이기동, 앞의 책, 1982, 100~108쪽.

65 김영하, 「한국 고대의 정치 구조」, 『한국사의 시대구분』, 한국고대사연구회, 1995.

66 김광수, 「고조선 관명의 계통적 이해」, 『역사교육』 56, 1994.

67 노태돈, 「삼국시대의 '부部'에 관한 연구」, 『한국사론』 2, 1975, 17쪽; 『고구려사 연구』, 사계절, 1999, 117~121쪽.

68 이기동, 「한국 민족사에서 본 부여」, 『한국고대사연구』 37, 2005, 5~13쪽.

69 송기호, 「부여사 연구의 쟁점과 자료 해석」, 『한국고대사연구』 37, 2005, 15~54쪽.

70 박양진, 「고고학에서 본 부여」, 『한국고대사연구』 37, 2005, 55~79쪽.

71 吉林市博物館, 「吉林市泡子沿前山遺址和墓葬」, 『考古』 6, 1985; 張立明, 「吉林泡子遺址及其相關問題」, 『北方文物』 2, 1986.

72 이종수, 『송화강 유역 초기 철기 문화와 부여의 문화 기원』, 주류성, 2009.

73 _____, 「부여 성곽의 특징과 관방 체계 연구」, 『백산학보』 67, 2003; 「부여 성곽의 고구려 연용에 대하여」, 『선사와 고대』 43, 2015.

74 송호정, 「부여의 국가 형성 과정과 문화 기반」, 『북방사 논총』 6, 고구려연구재단, 2005, 193~234쪽. 이 책에 인용하지는 않았으나 참고할 만한 최근 연구로 다음과 같은 것들이 있다. 董學增·仇起主 編, 『扶餘王國論集』, 吉林市文物管理處, 2003; 于波主 編, 『夫餘史料滙編』, 吉林人民出版社, 2009; 付百臣, 『夫餘歷史知識』, 吉林人民出版社, 2009; 趙紅梅, 『夫餘與玄菟郡關係研究』, 吉林文史出版社, 2008; 張博泉, 『夫餘與高句麗論集』, 吉林文史出版社, 2011; 董學增, 『夫餘史迹研究』, 吉林文史出版社, 2011;

楊軍,『夫餘史研究』, 蘭州大學出版社, 2012.

2. 부여의 기원

1   夫燕亦勃碣石之間 一都會也 (……) 北隣烏桓夫餘 東縮穢貊朝鮮眞番之利.

2   리지린,『고조선 연구』, 과학원출판사, 1963, 220쪽.

3   하추도何秋濤는 "부符는 곧 부여夫餘고,『왕회王會』의 '예인濊人'이다. (……)
    '예濊'는 곧 '부여夫餘' 두 자의 합음合音이다."라고 했다.(『周書 王會篇 箋釋』
    卷 下)

4   『논어정의』에서 9이 가운데 하나로 부여를 '부유鳧臾'로 표기한다. 중국의
    전적에서는 부여를 중국 정사의 '부여夫餘'와 동음이자로 표기한 예가 여
    럿 있는데,『논어정의』의 부유도 그런 경우다.『자회보字匯補』에는 '부유鳧
    臾는 동방의 나라 이름이며 곧 부여夫餘를 말한다'고 기록되어 있다.『해
    동역사海東繹史』 지리고地理考에서 한진서는 부여가 9이 중 '부유鳧臾'와 같
    고『통지씨족략通志氏族略』,『산해경』에 나오는 '불여국不與國'도 부여를 가
    리킨다고 했다.

5   『사기』 흉노열전에 '흉노의 좌방 왕과 장수는 동방에 거주하는데 상곡 이
    동 지역은 예맥·조선과 접한다匈奴左方王將居東方 自上谷以往者接穢貊朝鮮'고 해
    부여의 기록이 없다. 그래서 부여의 건국을 한나라가 흉노의 동쪽 땅을
    평정한 기원전 119년부터 고조선을 멸망시킨 때 사이의 일로 여기기도
    한다.

6   최남선의 『아시조선』(『륙당최남선전집』 2, 1973.) 중 「조선 사람의 줄거리」
    에 다음과 같은 문장이 있다. "'붉'은 神明의 原義로부터 轉滋하여 開發·
    滋蔓·光明의 義를 가지게 된 말이며, 후에 漢字로 譯하여 '貊' '發' '夫里'
    등을 作하고, 다시 訛하고 略되어 '番' '方' '夫餘' 등으로 부르게 된 것이
    다."

7   白鳥庫吉,「濊貊民族の由來を述べて, 夫餘高句麗及び百濟の起源に及
    ぶ」,『史學雜誌』 45-12, 1936.

8   『삼국지』 권 30 위서 30 오환선비동이전 30, '魏書曰 烏丸者 東明也 漢初

匈奴冒頓滅其國 餘類保烏丸山 因以爲號焉 (……) 鮮卑亦東胡之餘也 別保
鮮卑山因號焉'.

9   리지린, 앞의 책, 1963, 214~220쪽.

10   이 주장에서는 우위얼허 유역을 고리국櫜離國(또는 탁리국櫜離國)의 원거주
     지로 본다.(佟冬 編,『中國東北史』,吉林文史出版社, 1987, 337.)

11   『자치통감』권 97 진기 19 목제 영화 2년(346) 정월조, '初夫餘居於鹿山
     爲百濟所侵 部落衰散 西徙近燕 而不設備 燕王皝遣世子俊帥慕容軍 慕容
     恪 (……) 遂拔夫餘 虜其王玄及部落五萬餘口而還 皝以玄爲鎭軍将軍 妻以
     女'.

12   『신당서』권 219 열전 144 북적 발해조, '俗所貴者 (……) 扶餘之鹿'.

13   『동국이상국집』(민족문화추진회, 1985.) 권 3 동명왕편, '東明西狩時 偶獲雪
     色鹿 倒懸蟹原上 敢自呪而謂天不雨 沸流漂沒其都鄙 我固不汝放汝可助
     我愼鹿鳴聲甚哀上徹 天之耳霖'.

14   김철준,『한국사연구』9, 1973;『한국고대사회연구』, 지식산업사, 1975,
     417쪽.

15   『논형』권 2 길험편, '北夷櫜離國王侍婢有娠 王欲殺之 婢對曰 有氣大如
     雞子 從天而下 我故有娠 後産子 捐於豬溷中 豬以口氣噓之不死 復徙置馬
     欄中 欲使馬借殺之 馬複以口氣噓之不死 王疑以爲天子 令其母收取奴畜
     之 名東明 令牧牛馬 東明善射 王恐奪其國也 欲殺之 東明走 南至掩水 以
     弓擊水 魚鱉浮爲橋 東明得渡 魚鱉解散 追兵不得渡 因都王夫餘 故北夷有
     夫余國焉'.

16   이 강 이름들은 글자 모양이 비슷해서 전사 과정에 혼동된 것으로 보인
     다.『위서』에는 시엄수施掩水,『후한서』에는 엄체수掩滯水,『양서』에는 엄수
     淹水로 나오는데 이는「광개토왕릉비문」에 나오는 엄리대수奄利大水와 같
     이 '큰 강'을 뜻하며 현재의 쑹화강이나 그 지류를 가리킨다는 견해가 일
     반적으로 받아들여진다.

17   리지린, 앞의 책, 1963, 219쪽.

18   신神이 큰 강을 건넜다는 고사가 역대 헤이룽강 가까이 사는 사람들 사이

에는 일반적으로 퍼져 있었다고 한다.(傅郎雲·楊暘, 『東北民族史略』, 吉林人民出版社, 1983, 37.)

19 三上次男, 「穢人とその民族的性格」, 『古代東北アジア史硏究』, 吉川弘文館, 1966, 372; 芮逸夫, 「韓國古代民族考略」, 『中韓論文集』, 1955; 김정배, 『한국민족문화의 기원』, 고려대학교출판부, 1973.

20 이병도, 「현도군고」, 『한국고대사연구』, 박영사, 1976, 170~171쪽; 文崇一, 「濊貊民族文化及其史料」, 『民族學硏究所集刊』, 1958; 김정학, 『한국사』 23, 국사편찬위원회, 1984, 134쪽.

21 정약용, 「예맥고」, 『강역고』 권 2(『여유당전서』 6집 1권); 황철산, 「고조선의 종족에 대하여」, 『고고민속』 1, 1963.

22 三品彰英, 「濊貊族小考」, 『朝鮮學報』 4, 1953.

23 『사기』 권 129 화식열전 69, '東綰穢貉朝鮮眞番之利'.

24 앞의 책, 권 110 흉노열전 50, '諸左方王將直上谷以往者 東接穢貉朝鮮'.

25 앞의 책, 권 129 화식열전, '夫燕亦勃碣石之間 一都會也 (……) 北隣烏桓夫餘 東綰穢貊朝鮮眞番之利'.

26 『한서』 권 28 하 지 8 하 지리, '上谷至遼東地廣民希 數被胡寇 (……) 北隙烏丸夫餘 東賈眞番之利'.

27 周向永, 「夫余名義考釋」, 『社會科學戰線』 1, 1996; 송호정, 「부여의 성립」, 『한국사』 4, 국사편찬위원회, 1997, 152~153쪽.

28 『사기』, 권 129 화식열전.

29 『사기』 화식열전 오씨라조烏氏倮條에서 진나라 시황제 때 오씨현의 '라'라는 사람이 주변 나라들과 장사를 해 큰 이득을 본 이야기를 전하는 중에 부여라는 이름을 썼기 때문에 부여가 진시황 때 존재했다고 본다.(『부여사』, 『조선전사』 2, 과학백과사전출판사, 1979, 118쪽.)

30 세죽리-연화보 문화는 기원전 4세기 말~3세기 초(연燕 소왕昭王 대)의 전국戰國 철기문화 및 기원전 3세기 말의 진秦·한漢 교체기, 그 이후 기원전 2세기 초 무렵의 한漢 초 철기 문화를 포괄하고 있다.(사회과학원 고고학연구소 편, 『조선고고학개요』, 1977, 139~143쪽; 송호정, 「세죽리-연화보 유형 문화와

위만조선의 성장」,『호서사학』48, 2007, 1~34쪽.)

31 송호정,「요동~서북한 지역에서 고조선의 국가 형성」,『역사와현실』21, 1996.

32 黑龍江省文物考古研究所,「黑龍江賓縣慶華遺址發掘簡報」,『考古』7, 1988; 이종수,『송화강 유역 초기 철기 문화와 부여의 문화 기원』, 주류성, 2009, 169~197쪽.

33 이종수, 앞의 책, 1988, 196쪽.

34 田耘,「兩漢夫餘研究」,『遼海文物學刊』2, 1987, 121; 송호정,「부여의 성립」,『한국사』4, 국사편찬위원회, 1997, 155쪽.

35 대체로 부여라는 이름이 등장하는 기원전 2세기부터 기원후 1세기경까지, 전한 시대의 부여를 초기 부여라 할 수 있다.

36 其舊都 有人不知所從來 自稱天帝子解慕漱 來都焉.

37 東明帝繼北扶餘而興立 都于卒本州爲卒本扶餘 卽高句麗之始祖.

38 大使者牟頭婁 (……) 河泊之孫日月之子鄒牟 聖王元出北夫餘天下四方知此國郡最聖○○○.

39 노태돈,「부여국의 경역과 그 변천」,『국사관논총』4, 국사편찬위원회, 1989.

40 『삼국지』권 30 위서 30 오환선비동이전,‘其印文言 穢王之印 國有故城 蓋本穢貊之地 而夫餘王其中 自謂亡人 抑有似也’.

41 「광개토왕릉비문」은 여러 자료들 가운데 가장 이른 시기의 것이라는 점에서뿐 아니라 고구려 사람들이 썼다는 점에서 고구려의 기원 문제에 관한 자료로서 가장 믿을 만하다고 볼 수 있다. 특히 고구려 건국 전설 중 적어도 고구려의 기원에 대해서만은 고구려 왕실에서 가장 정확히 알았다고 할 수 있기 때문에 믿을 만하다고 본다.

42 하느님天帝과 수신水神(하백)을 대신하는 인격신의 모습을 띤 해모수와 유화가 등장하는 고구려 건국 설화(『삼국사기』소수所收)는「광개토왕릉비」·「모두루묘지」·『위략』설화보다 후기에 형성된 것으로 여겨진다. 그리고 『삼국사기』의 설화가 전면에 등장할 때 주몽의 출생지가 동부여라는 전

승과 동부여왕 해부루와 금와왕에 관한 전승도 덧붙여진 것으로 여겨진
다.(박시형, 『광개토왕릉비』, 사회과학원출판사, 1966, 93~114쪽; 노태돈, 「주몽의 출
자 전승과 계루부의 기원」, 『한국고대사논총』 5, 1993.)

43 노태돈, 앞의 글, 1989, 67쪽.

44 「광개토왕릉비」, 『역주 한국고대김석문』 1, 한국고대사회연구소, 1992,
3~35쪽.

45 노태돈, 앞의 글, 1989.

46 _____, 「5세기 금석문에 보이는 고구려인의 천하관」, 『한국사론』 19,
1988.

47 武田幸男, 「牟頭婁一族と高句麗王權」, 『朝鮮學報』 99·100, 1971.

48 여기서 북부여는 『삼국사기』나 『삼국유사』에 고구려인의 시각에서 부여
를 북부여라고 표기한 것과 전혀 다른 실체로, 부여의 북쪽에 있는 부여
라는 뜻이다.

49 북위 시대의 난하難河로서 넌강과 제1쑹화강을 가리킨다.(李健才, 「夫餘的疆
城和王城」, 『社會科學戰線』 4期, 1982.)

50 『삼국유사』 권 1 기이 1 동부여.

51 『삼국사기』 권 13 고구려 본기 1 시조 동명성왕.

52 廿年庚戌 東扶餘舊是鄒牟王屬民 中叛不貢 王躬率往討 軍到餘城 而餘擧
國駭服獻○○○○○○○王恩普覆 於是旋還 又其慕化隨官來者 味仇婁鴨
盧 卑斯麻鴨盧 椯社婁鴨盧 肅斯舍○○.

53 노태돈, 앞의 글, 1989, 43~48쪽.

54 이병도, 「부여고」, 『한국고대사연구』, 박영사, 1976, 201~206쪽; 노태돈,
앞의 글, 1989, 45~46쪽.

55 『삼국사기』 권 13 고구려 본기 1 시조 동명성왕 10년, '冬十一月 王命扶
尉猒 伐北沃沮滅之 以其地爲城邑'.

56 앞의 책 시조 동명성왕 2년, 6년, 10년.

57 고구려 시조 주몽의 출자 전승 중 동부여 출자설보다 북부여 출자설이 먼
저 성립되었다고 한다. 6세기 후반 이후 해부루 천도 설화와 금와왕 설화

로 구성된 동부여 건국 전승이 북부여 출자설에 덧붙여져서 동부여 출자설이 성립했는데, 그것이『신집新集』에 수록되고 그 계통의 사서가 이어져『삼국사기』고구려 본기의 주몽 전승이 되었다고 한다.(노태돈,「주몽의 출자 전승과 계루부의 기원」,『한국고대사논총』5, 1993, 44쪽.)

58 노태돈, 앞의 글, 1988.

59 ＿＿＿, 앞의 글, 1993, 45쪽.

60 박시형,『광개토왕릉비』, 사회과학원출판사, 1966, 206쪽.

61 리지린·강인숙,『고구려역사』, 사회과학출판사, 1977, 21~26쪽.

62 『삼국사기』권 13 고구려 본기 1 시조 동명성왕 10년.

63 앞의 책 시조 동명성왕 6년, 10년 및 권 14 고구려 본기 2 대무신왕 9년.

64 여호규,「1~4세기 고구려 정치 체제 연구」, 서울대 대학원 박사 학위 논문, 1997, 12~52쪽.

65 『삼국사기』권 15 고구려 본기 3 태조대왕 4년.

66 『삼국지』권 30 위서 30 오환선비동이전 30 예濊.

67 임기환,「고구려 집권 체제 성립 과정의 연구」, 경희대 대학원 박사 학위 논문, 1995, 12~52쪽.

68 이는 '광개토왕릉비'의 주변 지역 정복 기사 중 부여에 대한 정벌을 동부여로 표기하는 점에서도 방증된다. 이때 부여는 아마도 '서쪽으로 옮겨연 가까이 간西徙近燕' 뒤 선비에 쫓겨 다시 지린 일대 원부여 지역에 거주하고 있었을 것이다.

69 김현숙,『고구려의 영역 지배 방식 연구』, 모시는사람들, 2005.

3. 부여의 성쇠

1 『후한서』권 85 열전 75 동이 부여국, '建武中 (……) 二十五年 夫餘王遣使奉貢 光武厚答報之'.

2 김철준,『한국고대국가발달사』, 한국일보사, 1975, 61쪽.

3 김해 대성동 88호분과 91호분에서는 모용선비 및 부여에서 주로 사용한 마구와 유사한 청동 유물이 나와 가야 지역에 선비와 부여가 일정한 영향

을 미쳤음을 시사하고 있다.(2012년 8월 8일 자『한겨레신문』)

4   江上波夫,『騎馬民族國家』, 中公新書, 1967, 154~198.

5   『신당서』권 219 열전 144 북적 발해조, '地方五千里 戶十餘萬 勝兵數萬
    頗知書契 盡得夫餘沃沮弁韓朝鮮海北諸國'.

6   『무경총요』전집 16 하, '渤海 夫餘之別種 本濊貊之地'.

7   『후한서』권 85 동이전 부여조, '夫餘國 在玄菟北千里 南與高句麗 東與挹
    婁 西與鮮卑接 北有弱水 地方二千里 本濊地也 (……) 於東夷之域 最爲平
    敞 土宜五穀'.

8   『진서』권 97 사이전 부여국조, '夫餘國 在玄菟北千餘里 南接鮮卑 北有弱
    水'.

9   제1현도군은 기원전 82~75년경 고구려의 서북쪽인 소자하蘇子河 강 방
    면으로 축출(제2현도군)되었고, 그 뒤 늦어도 서기 106년에는 다시 훈허
    방면으로 축출(제3현도군)되었다.(여호규,「고구려 초기 대중對中 전쟁의 전개 과
    정과 성격」,『동북아역사논총』15집, 2007, 9~33쪽.)

10 『삼국지』권 30 위서 30 오환선비동이전, '夫餘在長城之北 去玄菟千里
    南與高句麗 東與挹婁 西鮮卑接 北有弱水'.

11 약수의 위치에 관한 여러 견해는「濊貊民族の由來を述べて, 夫餘高句麗
    及び百濟の起源に及ぶ」(白鳥庫吉, 1936.)에 잘 정리되어 있다.

12 숙신은 주周나라 때 중국 동북 지방의 쑹화강 유역을 중심으로 살던 민족
    의 이름이다. 후한 때는 읍루라고 불렸는데, 그 세력이 약해지자 물길이
    지배하며 물길로 불리다가 6세기 중엽 물길 세력도 약해지자 각 부족이
    자립했고, 이들은 '말갈'로 총칭되었다.

13 여호규, 앞의 글, 2007.

14 양한 교체기에 고구려는 지금의 타이쯔허 유역에 있던 양맥梁貊을 치고,
    지금의 신빈현新賓縣 라오청老城 부근으로 보이는 한의 고구려현을 공격
    한다.(『삼국사기』권 13 고구려 본기 1 유리왕조.) 그 뒤 동한 때는 요동·현도
    양 군을 침입(『삼국지』권 30 위서 30 오환선비동이전 부여조)하는데, 이를 보면
    양한 시기 부여와 고구려의 경계는 대략 지금의 훈허·휘파허 상류 분수

령 일대다.

15 田村晃一,「新夫餘考」,『青山考古』5, 1987, 133쪽.

16 『삼국지』권 30 위서 30 오환선비동이전 30.

17 고증에 따르면, 저리무명哲里木盟에서 발견된 서건舍根 문화유형의 유적(張柏忠,「哲里木盟發現的鮮卑遺存」,『文物』2, 1981.)은 동부 선비의 것이라고 한다. 그리고 1960년대에 확인된 네이멍구 후룬베이얼멍呼倫貝爾盟의 완궁完工 유적과 신바얼후우기新巴爾虎右旗 자라이눠얼札賚諾爾 고묘군(米文平,「鮮卑石室的發現與初步研究」,『文物』2, 1981.)은 덧널무덤木槨墓과 거기서 출토된 군사·유목민 계통의 유물들을 통해 탁발선비의 것으로 확인되었다.

18 中樹·相偉,「通楡縣興隆山鮮卑墓淸理簡報」,『黑龍江文物叢刊』3, 1982.

19 도력은 흙으로 만든 세발 그릇이다. 중원中原 문화를 대표하는 유물로, 랴오시 지방과 지린성·헤이룽장성 일대에 많이 분포하며 랴오둥 지역에서는 잘 나오지 않는다.

20 何光岳,「鮮卑墓的來源與遷徙」,『黑龍江文物叢刊』4, 1984, 24~26.

21 林沄,「論團結文化」,『北方文物』1, 1985;「肅愼挹婁和沃沮」,『遼海文物學刊』1, 1986; 정영진,「옥저, 북옥저강역고」,『한국상고사학보』7, 1991, 81~91쪽.

22 『삼국지』권 30 오환선비공이전 30 동옥저조, '北沃沮一名置溝婁去南沃沮八百餘里 (……) 與挹婁接'.

23 정영진, 앞의 글, 1986.

24 읍루 지역에는 험고한 산이 많으며 주민들은 산간지대에서 산다고 했는데, 이것은 큰 산맥 지대를 연상케 한다. 오늘날의 프리모르스키 북부 지역은 시호테알린 산맥이 남북으로 가로질러 그런 지세에 부합한다고 볼 수 있다.

25 위魏 문제文帝 때 연호로 220~225년에 해당한다.

26 孫進己,「古代東北民族的分布」,『東北地方史硏究』2, 1985, 47.

27 노태돈,「주몽의 출자 전승과 계루부의 기원」,『한국고대사논총』5, 1993, 37~68쪽.

28 『삼국사기』권 13 고구려 본기 1 유리명왕 28년, '秋八月 扶餘王帶素使來 讓王曰 我先王與先君東明王相好 而誘我臣逃至此'.

29 앞의 책 유리명왕 14년, '春正月 扶餘王帶素遣使來聘 稱交質子 王憚扶餘 强大 欲以太子都切爲質 都切恐不行 帶素恚之 冬十一月 帶素以兵五萬來 侵 大雪 人多凍死 乃去'.

30 여호규, 「군사동원 체계와 복속 지역 지배 방식」, 『고구려 정치사 연구』, 신서원, 2014, 327~332쪽.

31 『삼국사기』권 13 고구려 본기 1 유리명왕 14년, '冬十一月 帶素以兵五萬 來侵 大雪'.

32 앞의 책 유리명왕 28년, '秋八月 夫國有大小 人有長幼 以小事大者禮也 以幼事長者順也 今王若能以禮順事我 則天必佑之 國祚永終 不然則欲保 其社稷難矣'.

33 앞의 책 유리명왕 32년, '冬十一月 扶餘人來侵 王使子無恤 率師禦之 無 恤以兵小 恐不能敵 設奇計 親率軍伏于山谷以待 扶餘兵直至鶴盤嶺下 伏 兵發 擊其不意 扶餘軍大敗 棄馬登山 無恤縱兵盡殺之'.

34 『삼국사기』권 14 고구려 본기 2 대무신왕 5년, '春二月 王進軍於扶餘國 南 其地多泥塗 王使擇平地爲營 解鞍休卒 無恐懼之態 扶餘王擧國出戰 欲 掩其不備 策馬以前 陷濘不能進退'.

35 앞의 책, '夏四月 扶餘王帶素弟 至曷思水 濱立國稱王'.

36 앞의 책, '秋七月 扶餘王從弟謂國人曰 我先王身亡國滅 民無所依 王弟逃 竄 都於曷思 吾亦不肖 無以興復 乃與萬餘人來投 王封爲王 安置掾那部 以其背有絡文 賜姓絡氏'.

37 『후한서』권 5 안제기 5 효안제 연광 원년(122), '春二月 扶餘王遣子將兵 救玄菟 擊高句麗 馬韓 穢貊 破之 遂遣使貢獻'.

38 『삼국사기』권 15 고구려 본기 3 태조대왕 69년 '十二月 王率馬韓 穢 貊 一萬餘騎 進圍玄菟城 扶餘王遣子尉仇台領兵二萬 與漢兵幷力拒戰 我軍 大敗', 태조대왕 70년 '王與馬韓穢貊侵遼東 扶餘王遣兵救破之(馬韓以百濟 溫祚王二十七年滅 今與麗王行兵者 盖滅而復興者歟)'

39 앞의 책 태조대왕 25년에 '부여가 사신을 보내 뿔이 세 개인 사슴과 꼬리가 긴 토끼를 바쳤다'는 기사(二十五年 冬十月 扶餘王使 獻三角鹿 長尾兎 王以爲 瑞物 大赦), 같은 왕 53년에 '부여가 사신을 보내 호랑이를 바쳤다'는 기사(五十三年 春正月 扶餘使來獻虎 長丈二 毛色甚明而無尾)와 역시 태조왕 69년에 '왕이 부여에 행차해 태후의 묘에 제사했다'는 기사(六十九年 冬十月 王行扶餘 祠太后廟)를 통해 두 나라의 화친 관계가 유지된 것을 알 수 있다.

40 井上秀雄, 『古代朝鮮』, 日本放送出判協會, 1972, 39~40.

41 『한서』 권 99 열전 69 왕망, '始建國 元年 (……) 其東出者 至玄菟 樂浪 高句麗 夫餘'.

42 『후한서』 권 85 열전 75 동이 부여국, '夫餘王遣使奉貢 光武厚答報之 於是 使命歲通'.

43 『삼국지』 권 30 위서 30 오환선비동이전 30, '漢時 夫餘王葬用玉匣 常豫以付玄菟郡 王死則迎取以葬'.

44 『후한서』 권 85 열전 75 동이 부여국, '至安帝永初五年 夫餘王始將步騎七八千人 寇鈔樂浪 殺傷吏民 後復歸附'.

45 앞의 책, '(夫餘)復奉章貢獻'.

46 『삼국지』 권 30 위서 30 오환선비동이전 30, '夫餘本屬玄菟 漢末 公孫度雄張海東 威服外夷 夫餘王尉仇台更屬遼東時句麗鮮卑强 度以夫餘在二虜之間 妻以宗女'.

47 권오중, 『요동 왕국과 동아시아』, 영남대학교출판부, 2012, 55쪽.

48 앞의 책, 2012, 139쪽.

49 『삼국지』 권 30 위서 30 오환선비동이전 30, '歲歲遣使詣京都貢獻 正始中 幽州刺史毌丘儉討句麗 遣玄菟太守王頎詣夫餘 位居遣大加郊迎 供軍糧'.

50 모용씨는 선비족으로 '외庳' 때(285) 랴오허 상류에서 일어나 앞서 부여를 공파해 동쪽으로 떠나게 하고 요서 지방을 침략해 극성棘城(오늘날 진저우錦州 부근) 지방에 도읍하더니(294) 그의 아들 모용황慕容皝은 스스로 '연왕燕王'이라 일컫고 얼마 있다 용성龍城으로 천도해(342) 위세를 떨쳤기 때

문에, 바로 이해에 모용황이 대대적으로 고구려에 침입해 고국원왕을 달아나게 하고 용성 천도 4년 후 마침내 부여까지 침략했다.

51 옥저를 동해안 지방으로 설정하는 설(이병도, 「부여고」, 『한국고대사연구』, 박영사, 1976.)과 간도 지방의 북옥저(池內宏, 「夫餘考」, 『滿鮮史硏究』 上世 第一册, 吉川弘文館, 1949, 459·462~464.)로 보는 설이 있는데, 두만강 유역으로 보는 것이 타당할 것 같다. 『위서』 권 100 고구려전에 있는 435년경 '동쪽으로 책성에 이르렀다東至柵城'는 책성이 바로 이곳에 설치한 고구려의 진성鎭城일 것이다.

52 노태돈, 「부여국의 경역과 그 변천」, 『국사관논총』 4, 국사편찬위원회, 1989, 43~48쪽.

53 孫進己·馮永謙, 『東北歷史地理』, 黑龍江人民出版社, 1989, 256~259.

54 사회과학원력사연구소, 『조선전사』, 과학백과사전출판사, 1979, 125쪽.

55 金毓黻, 『東北通史』 上篇 卷 3, 國立東北大學, 1941, 30~31.

56 아러추허 일대는 금조金朝의 발상지로 평야가 넓고 토양도 비옥해 『위서』 동이전에서 말하는 지세에 눙안보다 더 적합하다고 한다. 녹산은 아러추허 부근의 산이고 후기의 왕성은 눙안으로 본다.(池內宏, 「夫餘考」, 『滿鮮地理歷史硏究報告』 13, 1932, 452~454.)

57 李殿福, 「漢代夫餘文化芻議」, 『北方文物』 3, 1985; 武國勛, 「夫餘王城新考」, 『黑龍江文物叢刊』 4, 1983; 노태돈, 앞의 글.

58 山本首, 『蛟河敦化的古迹調査報告書』 鉛印本, 1938; 張忠培, 「吉林市郊古代遺址的文化類型」, 『吉林大學社會科學學報』 1期, 1963.

59 신제 고성지는 한 변의 길이가 50여 미터인 사각형 토성으로 돌자귀나 굽접시나 삼족기, 시루 등 난청쯔 유적 출토물과 비슷한 유물이 나와 부여의 읍성으로 봐도 좋을 것 같다.(董學增, 「吉林蛟河縣新街·福來東古城考」, 『博物館硏究』 2期, 1989.)

60 李健才, 「夫餘的疆域和王城」, 『東北史地考略』, 吉林文士出版社, 1986. 부여가 한漢·위魏와 밀접한 관계를 맺고 사자使者의 왕래가 잦았으며 한 문화의 영향을 깊이 받았기 때문에, 부여 전기의 왕성은 한·위 시기의 문화

유물이 많이 나오는 룽탄산성과 둥퇀산 일대라고 추정한다.

61 李文信,「吉林市附近之史的遺物」,『歷史與考古』1, 瀋陽博物館專, 1946.

62 성은 남북에 각각 문이 있었고, 주변 담장의 길이는 1050미터이며, 남문 부근에는 남북 길이가 150미터이고 동서 너비가 73미터인 직사각형 고지高地가 있다.(董學增, 앞의 글.)

63 馬德謙,「談談吉林龍潭山東團山一帶的漢代遺物」,『北方文物』2期, 1991.

64 董學增,「吉林東團山原始・漢・高句麗・渤海諸文化遺存調査簡報」,『博物館硏究』創刊號, 1972.

65 李健才,「夫餘的疆域和王城」,『社會科學戰線』4期, 1982, 170~173.

66 吉林省地方志編纂委員會 編,「古代文物遺蹟」,『吉林省志』卷 43 文物志, 吉林文史出版社, 1994, 102.

67 노태돈, 앞의 글, 1989 참조.

68 吉林市博物館,「吉林帽兒山漢代木槨墓」,『遼海文物學刊』2期, 1988.

69 吉林省地方志編纂委員會 編, 앞의 글.

70 董學增, 앞의 글, 1972.

71 武國勛, 앞의 글, 1983.

72 『자치통감』권 97 진기 19 목제 영화 2년 정월, '初夫餘居於鹿山 爲百濟所侵 部落衰散 西走近燕 而不設備 燕王皝遣世子俊帥慕容軍 慕容恪 (……) 遂拔夫餘 虜其王玄及部落五萬餘口而還 皝以玄爲鎭軍將軍 妻以女'.

73 池內宏, 앞의 글; 日野開三郞,「扶餘國考」,『史淵』34, 九州大, 1946, 1~104.

74 노태돈, 앞의 글, 1989, 35~36쪽;『中國歷史地圖集釋文彙編』東北卷 夫餘條, 中央民族學院出版社, 1988, 32.

75 傅朗雲,「評曹廷杰的歷史公的」,『博物館硏究』2期, 1989.

76 譚其驤 主編,『中國歷史地圖集』4 東晉十六國 南北朝時, 中國地圖出版社, 1982, 9~10.

77 王綿厚,「東北古代夫余部的興衰及王城變遷」,『遼海文物學刊』2期, 1990,

83; 王綿厚·李健才,『東北古代交通』, 瀋陽出版社, 1988, 178~185.

78 『삼국지』권 30 위서 30 오환선비동이전 30 읍루, '自漢以來 臣屬夫餘 夫餘責其租賦重 以黃初中叛之 夫餘數伐之 其人衆雖少 所在山險 隣國人畏其弓矢 卒不能服也'.

79 당시 사가들은 백돌을 알지 못했기 때문에 음이 가까운 백제로 썼다고 보는 견해도 있다.(孫進己·馮永謙 主編,『東北歷史地理』2, 黑龍江人民出版社, 1989, 89.)

80 지배선,『중세동북아사연구』, 일조각, 1986, 54~56쪽.

81 『북사』실위열전에 따르면 실위는 오늘날 헤이룽장성 어얼구나허額爾古納河 유역에 있었다. 오락후도 그 주변에 있던 종족 국가로 나온다.

82 『위서』권 100 열전 88 고막해국庫莫奚國, 거란국契丹國, 오락후국烏洛侯國.

83 노태돈, 앞의 글, 1989, 49쪽.

84 王綿厚, 1990, 82쪽.

85 『진서』권 97 열전 67 동이 부여, '武帝時 頻來朝貢 至太康六年 爲慕容廆所襲破 其王依慮自殺 子弟走保沃沮'.

86 앞의 책, '明年 夫餘後王依羅遣詣龕 求率見人還復舊國 仍請援 龕上列 遣督郵賈沈以兵送之 廆又要之於路 沈與戰 大敗之 廆衆退 羅得復國'.

87 『자치통감』권 97 진기 19 목제 영화 2년(346) 정월조, '初夫餘居於鹿山 爲百濟所侵 部落衰散 西徙近燕 而不設備 燕王皝遣世子俊帥慕容軍 慕容恪 (……) 遂拔夫餘 虜其王玄及部落五萬餘口而還 皝以玄爲鎮軍將軍 妻以女'.

88 정인보,『조선사연구』, 서울신문사, 1947, 202~205쪽.

89 노태돈, 앞의 글, 1989, 48~50쪽.

90 『진서』권 109 재기 9 모용황 3년.

91 이병도, 앞의 글, 1976.

92 『진서』권 111 재기 11 모용위조, '散騎侍郎徐蔚等 率夫餘高句麗及上黨質子五百餘人 夜開城門以納堅軍 暐與評等數十騎奔于昌黎'.『자치통감』권 102 진기 24 해서공 하조 태화 5년(370), '十一月戊寅 燕散騎侍郎餘蔚

帥扶餘高句麗及上黨質子五百餘人(餘蔚夫餘王子)夜開鄴北門納秦兵'. 부
여 왕자의 이름이 『진서』에는 '서울徐蔚', 『자치통감』에는 '여울餘蔚'로 표
기되어 있다. 이 책에서는 『자치통감』의 표기를 따라 '여울'로 읽겠다.

93 金毓黻, 『東北通史』, 臺北: 洪氏出版社, 1941, 256~257.

94 지배선, 앞의 책, 1986, 204쪽.

95 노태돈, 앞의 글, 1989, 43~44쪽.

96 卄年庚戌 東扶餘舊是鄒牟王屬民 中叛不貢 王躬率王土 軍到餘城 而餘擧
國駭服獻○○○○○○王恩普覆 於是旋還 又其慕化隨官來者 味仇婁鴨
盧 卑斯麻鴨盧 椯社婁鴨盧 肅斯舍○○ 凡所攻破城六十四 村一千四百.

97 王建群, 『好太王碑研究』, 吉林人民出版社, 1984.

98 박시형, 『광개토왕릉비』, 1966, 207쪽; 공석구, 「광개토왕릉비의 동부여
에 대한 고찰」, 『한국사연구』 70, 1990.

99 한국고대사회연구소 편저, 「광개토왕릉비」, 『역주 한국고대금석문』 1,
1992, 29쪽.

100 『위서』 권 100 열전 88 고구려, '世祖時 (……) 東至柵城 南至小海 北至舊
夫餘'.

101 책성은 오늘날 훈춘시 외곽의 바렌성八連城으로 설정해 왔으나 바렌성에
서는 발해 시대의 유물만 출토되기 때문에, 이곳은 발해의 동경용원부(책
성부) 자리이고 고구려 시대의 책성은 바렌성 부근 5리 지점에 있는 고구
려성인 원터허부성溫特赫部城이라고 설정하기도 한다.(엄장록·정영진, 「온특
혁부성」, 『연변문화유물략편』, 연변인민출판사, 1989, 78쪽.) 그러나 이를 입증할
고고학 자료는 발견되지 않고 있다.

102 이용범, 「고구려의 성장과 철」, 『백산학보』 1, 1966, 5~57쪽; 노태돈, 앞
의 글.

103 박시형, 앞의 책, 1966, 205~207쪽; 왕건군, 임동석 옮김, 『광개토왕릉비
연구』, 역민사, 1985.

104 『위서』 권 100 열전 88 고구려, '但黃金出自夫餘 珂則涉羅所産 今夫餘爲
勿吉所逐 涉羅爲百濟所幷 國王臣雲惟繼絶之義 悉遷于境內'.

105 『위서』권 5 제기 5 고종문성제 태안 3년, '十有二月 (……) 是月 于闐 扶餘 等 五十餘國 各遣使朝獻'.

106 『삼국사기』권 19 고구려 본기 7 문자명왕 3년, '二月 扶餘王及妻孥 以國 來降'.

107 김정배,「두막루국연구」,『국사관논총』29, 1992, 71~80쪽; 魏國忠,「豆 莫婁國考」,『學習與探索』3期, 1982, 137; 張博泉,「魏書豆莫婁傳中的幾 個問題」,『黑龍江文物叢刊』2期, 1982.

108 『위서』권 100 열전 88 두막루, '豆莫婁國 在勿吉國北千里 去洛六千里 舊 北扶餘也 在失韋之東 東至於海 方二千里 其人土著 有宮室倉庫 多山陵廣 澤 於東夷之域最為平敞 地宜五穀 不生五果 其人長大 性強勇 謹厚 不寇 抄 其君長皆以六畜名官 邑落有豪帥 飮食亦用俎豆 有麻布衣 制類高麗而 幅大 其國大人 以金銀飾之 用刑嚴急 殺人者死 沒其家人為奴婢 俗淫 尤 惡婦者殺之 尸其國南山上至腐 女家欲得 輸牛馬乃與之 或言本穢貊之地 也'.

109 『신당서』권 220 열전 145.

110 李建才,『東北史地考略』, 吉林文史出版社, 1986, 38; 董万侖,『東北史綱 要』, 黑龍江人民出版社, 1987, 108. 한편 두막루인들은 점점 주변의 실위 나 물길 등의 영향을 받아 8세기경에 그 이름을 잃어버리고 부여국의 존 재도 이때야 사라진다고 보기도 한다.(김정배, 앞의 글, 79~80쪽.)

4. 부여의 제도

1 『삼국지』권 30 위서 30 오환선비동이전 부여조, '其印文言 濊王之印 國 有故城名濊城 蓋本濊貊之地'.

2 노태돈,『고구려사연구』, 사계절, 1999, 203쪽.

3 『삼국지』권 30 위서 30 오환선비동이전 부여조, '魏略曰其國殷富自先世 以來未嘗破壞'.

4 앞의 글, '國有郡王 皆以六畜名官 有馬加 牛加 豬加 狗加 大使 大使者 使 者'. 여기서 여섯 가축은 말, 소, 돼지, 개, 양, 닭이다. 신채호는 이를 윷놀

이의 도(돼지), 개(개), 걸(양), 윷(소), 모(말)에 적용해 해석했다.

5   부여의 왕위 계승은 특별한 문제가 있을 경우 제가가 제한적으로 관여해
    제가 평의評議에 따른 선거제도 겸행한 것으로 보인다. 이는 부족장 회의
    에서 맹주를 선거로 추대하던 방식의 유제다.

6   『삼국지』 권 30 위서 30 오환선비동이전 부여조, '舊夫餘俗 水旱不調 五
    穀不熟 輒歸咎於王 或言當易 或言當殺'.

7   井上秀雄,「朝鮮の初期國家」,『日本文化硏究所硏究報告』 1, 1976,
    78~79.

8   '가'는 대개 고구려어의 '개皆', 신라어의 '한翰·간干' 등과 일치하는 것으
    로 본래 부족장을 의미했는데 뒤에 왕 또는 대관의 칭호가 되었다는 견
    해(김철준,『한국고대국가발달사』, 한국일보사, 1976, 63쪽; 이병도,「부여고」,『한국
    고대사연구』, 박영사, 1976, 214쪽.)가 일반적으로 받아들여지고 있다. 이는
    만몽 계통의 汗Han·Kan, 可汗Gahan·Kagan과 같은 말로 '귀한 사람', '큰
    어른'을 가리키는 존칭어로서 특정한 벼슬 이름은 아니었다고 이해된
    다.(「부여사」,『조선전사』 2, 과학백과출판사, 1989, 128쪽.)

9   이병도, 앞의 글, 1976.

10 『삼국지』 권 30 위서 30 오환선비동이전 부여조, '有敵 諸加自戰 下戶俱
    擔糧飮食之'.

11 노태돈,「삼국시대의 '부'에 관한 연구」,『한국사론』 2, 1975, 132쪽.

12 고구려에서 사자·조의·선인 등이 왕의 직속 벼슬인 동시에 제가에 속한
    벼슬이던 것으로 보아 부여에서 대사大使·사자使者도 중앙 벼슬인 동시에
    제가의 밑에 속한 벼슬 이름으로 볼 수 있다. 이것은 부족제 사회가 고대
    국가의 형태로 변할 때 수반되는 구제舊制의 유풍이다.

13 井上秀雄,「夫餘國王と大使」,『柴田實記念日本文化史論叢』, 1976, 78;
    김광수,「부여의 '대사'직」,『박영석교수화갑기념 한국사학논총』, 1993,
    63~68쪽.

14 김철준,「고구려·신라의 관계 조직의 성립 과정」,『한국고대사회연구』,
    지식산업사, 1975.

15 『삼국지』권 30 위서 30 오환선비동이전 30 부여조, '季父牛加有二心 位居殺季父父子 籍沒財物 遣使簿斂送官'.

16 김광수, 앞의 글, 1993.

17 임기환, 「고구려 집권 체제 성립 과정의 연구」, 경희대 대학원 박사 학위 논문, 1995, 74~75쪽.

18 흉노의 왕인 선우單于 밑에는 좌우 현왕賢王과 좌우 곡려왕谷蠡王 등 네 명이 가장 높은 위치에 있었고, 그 밑으로 대장大將·대도위大都尉·대당호大當戶·골도후骨都候 등이 있었다.(林俊雄, 『遊牧國家の誕生』, 山川出版社. 2009, 71~74.)

19 林幹, 「匈奴社會制度初探」(內蒙古自治區 第一會歷史科學討論會 發表文, 1962; 『匈奴史論文選集』, 1983); 護雅夫, 「北アジア·古代遊牧國家の構造」, 『岩波講座 世界歷史』 6, 岩波書店, 1971.

20 『위서』권 100 열전 부여조, '國中大會 連日飲食歌舞 (……) 行道晝夜無老幼皆歌 通日聲不絕'.

21 이기백은 한때 '斷刑獄 解囚'을 '형옥을 중단하고 죄수를 풀어 준다'로 해석했지만 나중에 이 해석이 잘못되었음을 인정하고 '형옥을 판결하고 죄수를 풀어 준다'로 해석했다.(이기백, 「한국 고대의 재판과 축제」, 『역사학보』 154, 1997.)

22 『삼국지』권 30 위서 30 오환선비동이전 30 부여조, '舊夫餘俗 水旱不調 五穀不熟 輒歸咎於王 或言當易 或言當殺'.

23 武田幸男, 「牟頭婁一族と高句麗王權」, 『朝鮮學報』 99·100, 1981, 160.

24 김철준, 앞의 글, 1976, 63쪽.

25 이병도, 앞의 글, 1976, 212쪽.

26 「광개토왕릉비문」에서는 신라의 수도를 신라성이라 한 것으로 보아 부여의 수도도 부여성이라고 불렀을 것이다.

27 압로는 동부여의 각 지역을 대표하는 귀족과 같은 존재를 나타내는, '가加'나 '간干'과 의미가 같은 칭호로 보기도 하고(박시형, 『광개토왕릉비』, 1966, 207쪽), 이동 가능한 취락으로 보기도(武田幸男, 『高句麗史と東アジア』,

岩波書店, 1989, 65.) 한다. 혹자는 막연히 성城이나 관명官名으로 추정(천관
우, 「광개토왕룽비재론」, 『전해종박사화갑기념사학논총』, 1979.)하지만, 압로 앞에
지역명이 나오는 것을 보면 제가 집단이나 귀족의 칭호로 보는 편이 더
타당할 것 같다.

28 『삼국지』 권 30 위서 30 오환선비동이전 30 부여조, '城柵皆員 有似牢
獄'.

29 董學增, 「吉林蛟河縣新街·福來東古城考」, 『博物館研究』 2期, 1989,
69~72.

30 두 성지에서 출토되는 토기는 부여 도성의 한 유적인 지린시 마오얼산 한
漢 대 덧널무덤에서도 발견되고 있고, 토기 바탕과 그릇 모양이 한 대 유
물의 것과 다르기 때문에 부여 유물의 일부분으로 볼 수 있다.(馬德謙, 「談
談吉林龍潭山東團山一帶的漢代遺物」, 『北方文物』 2期, 1991.)

31 武國勛, 「夫餘王城新考」, 『黑龍江文物叢刊』 4, 1983.

32 『삼국지』 권 30 위서 30 오환선비동이전 30 선비조, '從右北平以東 至遼
東接夫餘濊貊爲東部 二十餘邑'.

33 부여 사회에 존재한 여러 가加는 읍락에 항상 기반을 두고 있었고, 읍락
을 통제했다고 한다.(『후한서』 권 85 열전 75 동이 부여국, '以六畜名官 有馬加牛
加狗加 其邑落皆主屬諸加'.)

34 『삼국지』 권 30 위서 30 오환선비동이전 30 읍루조, '自漢已來 臣屬夫餘
夫餘責其租賦重 以黃初中叛之'.

35 임기환, 앞의 글, 1995, 138쪽.

36 강종훈, 『신라 상고사 연구』, 서울대학교출판부, 2000.

37 노태돈, 『고구려사 연구』, 사계절, 1999, 97~168쪽; 「초가 고대국가의 국
가 구조와 정치 운영」, 『한국고대사연구』 17, 서경문화사, 2000, 5~27쪽.

38 고조선 말기에 상相 직책을 맡아 활동한 인물로, 우거왕에게 정책을 건의
했지만 왕이 들어주지 않자 자신을 따르는 부족 사람들을 이끌고 동쪽 진
국辰國 땅으로 갔다.(『사기』 권 115 조선열전 55.)

39 노태돈, 앞의 책, 1999, 109~110쪽.

40 김철준, 「부족연맹세력의 대두」, 『한국사』 2, 국사편찬위원회, 1976,
63쪽.

41 『삼국지』 고구려조의 좌식자는 상층의 지배자들로, 연구자들은 대개 전
쟁을 전문적으로 담당한 전사단戰士團이라고 본다. 또한 대가는 부유한 호
민인 상층 농민을 가리킨다.(『삼국지』 권 30 위서 30 오환선비동이전 고구려조,
'其國中大家不佃作 坐食者萬餘口 下戶遠擔米糧魚鹽供給之'.)

42 여호규, 『1~4세기 고구려 정치 체제 연구』, 서울대 대학원 박사 학위 논
문, 1997, 114~120쪽.

43 「광개토왕릉비문」의 압로는 부여의 각 지역을 대표하는 귀족과 같은 존
재를 나타내는, 가加나 간干과 같은 칭호로 보는 견해가 일반적이다.

44 「광개토왕릉비문」, '廿年庚戌 東扶餘舊是鄒牟王屬民 中叛不貢 王躬率王
土 軍到餘城 而餘擧國駭服獻○○○○○○○王恩普覆 於是旋還 又其慕
化隨官來者 味仇婁鴨盧 卑斯麻鴨盧 椯社婁鴨盧 肅斯舍○○ 凡所攻破城
六十四 村一千四百'.

45 강종훈, 『신라 상고사연구』, 서울대학교출판부, 2000.

46 노태돈, 「초기 고대국가의 국가 구조와 정치 운영」, 『한국고대사연구』 17,
서경문화사, 2000.

47 ＿＿＿, 「위만조선의 정치 구조: 관명 분석을 중심으로」, 『산운사학』 8,
1999, 100쪽.

48 ＿＿＿, 앞의 글, 1999, 107쪽.

49 『삼국지』 권 30 위서 30 오환선비동이전 부여조, '諸加別主四出道 大子
主數千家 小者數百家.食飮皆用俎豆 會同拜爵洗爵 揖讓升降 以殷正月祭
天 國中大會 連日飮食歌舞 名曰迎鼓 於是時斷刑獄 解囚徒'.

50 『삼국지』 권 30 위서 30 오환선비동이전 부여조, '有敵 諸加自戰 下戶俱
擔糧飮食之'.

51 여호규, 「고구려 초기의 병력 동원 체계」, 『군사』 36, 1998.

52 김영하, 「한국 고대의 정치 구조」, 『한국사의 시대구분』, 한국고대사연구
회, 1995, 40쪽.

53 표를 작성하는 데 다음의 글을 참조했다. 吉林省文物工作隊,「吉林樺甸西荒山靑銅短劍墓」,『東北考古與歷史』1, 1982; 張永平,「磐石縣西山竪穴巖石墓」,『博物館硏究』2, 1993; 吉林市博物館,「吉林市帽兒山漢代木槨墓」,『遼海文物學刊』2, 1998; 尹玉山,「吉林永吉學古墓淸理簡報」,『博物館硏究』1, 1985

54 라오허선 유적을 선비의 묘장으로 보더라도 매장 방법이나 토기 등 출토 유물이 부여와 동일하며, 유목적인 성향이 강했던 부여의 경우와 어느 정도 유사한 신분 분화를 추론할 수도 있으므로 본문의 분석 자료로 활용하고자 한다.(吉林省文物考古硏究所 編,『楡樹老河深』, 文物出版社, 1987.)

55 앞의 책, 1987.

56 오영찬,「유수 노하심 유적을 통해 본 부여 사회」,『한반도와 중국 동북 3성의 역사 문화』, 서울대학교출판부, 1999.

57 「급고각본汲古閣本」·「신교본新校本」에는 '명하호名下戶'로 되어 있으나,「송본宋本」·「전본殿本」에는 '민하호民下戶'로 되어 있어서 부여의 읍락 공동체 구성과 그 계층 관계를 둘러싸고 여러 가지 해석이 있다. 그 해석들은 크게 민과 하호를 별개의 계층으로 이해해 호민·민·하호의 3계층으로 분류하는 경우(김삼수)와 민과 하호를 동일한 계층으로 이해해 호민·민(하호) 등 두 계층으로 분류하는 경우로 대별되는데, 후자가 더 유력시되고 있다.

58 김철준, 1976, 50~51쪽.

59 武田幸男,「魏志東夷傳にみえる下戶問題」,『朝鮮史硏究會論文集』3, 1967.

60 김삼수,「한국사회경제사」,『한국문화사대계』Ⅱ, 고려대 민족문화연구소, 1965.

61 『후한서』권 85 열전 75 동이 부여국, '其邑落皆主屬諸加'.

62 문창로,「삼국시대 초기의 호민」,『역사학보』125, 1990, 37~45쪽.

63 여호규, 1997, 126쪽.

64 앞의 글, 106쪽.

65 종래에는 『삼국지』 권 30 위서 30 오환선비동이전 30 부여조의 '家家自有鎧仗'에 대해 일반 민이 집집마다 무기를 보유하고 전쟁에 참여한 것으로 보았지만, 최근에는 이를 제가·호민들만이 전투를 수행한 전사 집단이고 하호는 전투를 수행할 권리도 의무도 갖지 못한 보급병으로 보고 있다.(앞의 글.)

66 임기환, 앞의 글, 165쪽.

67 김철준, 「한국 고대사회의 성격과 나말여초의 전환기」, 『한국고대사회연구』, 1976, 274~275쪽.

68 『한원』 고구려조, '下戶給貝武稅如奴'.

69 『삼국지』 권 30 위서 30 오환선비동이전 30 부여조, '邑落有戶民 民(名)下戶皆爲奴僕'.

70 白南雲, 『朝鮮社會經濟史』, 改造社, 1933.

71 김삼수, 앞의 글, 356~358쪽.

72 김병하, 「한국의 노예제 사회의 문제」, 『한국사시대구분론』, 한국경제사학회, 1970.

73 홍승기, 「1~3세기의 민의 존재 형태에 대한 일고찰」, 『역사학보』 63, 1974; 武田幸男, 앞의 글.

74 권오영, 「고대 영남 지방의 순장」, 『한국고대사논총』 4, 1992, 14~16쪽.

75 『삼국지』 권 30 위서 30 오환선비동이전 30 부여조, '用刑嚴急 殺人者死 沒其家人爲奴婢'.

76 앞의 글, '竊盜一責十二 男女淫 婦人妒 皆殺之'.

77 노태돈, 「부여국의 흥망」, 『한국고대사』, 경세원, 2014, 56쪽.

5. 부여인의 생활

1 『위서』 권 100 열전 88 실위국, '語與庫莫奚 契丹 豆莫婁國同'.

2 孫進己, 『東北民族原流』, 黑龍江人民出版社, 1987, 237.

3 『진서』 권 97 열전 67 사이 부여.

4 이병도, 「부여고」, 『한국고대사연구』, 박영사, 1976, 223쪽.

5   『후한서』 권 85 열전 75 동이 부여국, '會同拜爵洗爵 揖讓升降'.

6   『삼국지』 권 30 위서 30 오환선비동이전 30 왜인조, '其俗 國大人皆四五
     婦 下戶或二三婦 婦人不淫 不妒忌'.

7   고대인들은 일단 목숨이 다한 인간이 땅에 묻히면 곡식의 낟알처럼 그 영
     혼도 부활하게 된다는 지모신 사상이 있었다. 그런데 중죄인에 대해서는,
     그들의 영혼이 부활하는 기회까지 철저히 봉쇄했다. 부여의 투기죄도 같
     은 맥락이다.

8   이런 규정은 부여에 한하는 것은 아니어서 고구려 중천왕의 후궁 관나부
     인이 왕후 연씨를 국왕에게 참소했다가 죽임을 당하는 것은 투기죄에 대
     한 처벌의 한 예에 속한다.(이기백,「부여의 투기죄」,『사학지』 4, 단국대, 1970,
     3~10쪽.)

9   노태돈,「고구려 초기의 취수혼에 관한 일고찰」,『김철준박사화갑기념사
     학논총』, 1983, 80~87쪽.

10   『사기』 권 110 흉노열전 50, '夫子兄弟死 取其妻妻之 惡種姓之失也 故匈
     奴雖亂 必立宗種'.

11   손진태,『조선민족사개론』, 을유문화사, 1948, 63쪽.

12   노태돈, 앞의 글, 1983, 98~102쪽.

13   수혼제 풍습은 원元 대에는 물론이거니와 현재 퉁구스족에도 그 유풍이
     있다고 한다.(손진태, 앞의 책, 63쪽 ; 이용범,「고구려의 성장과 철」,『백산학보』 1,
     1966, 57쪽.)

14   이기백·이기동,『한국사강좌』 고대편, 일조각, 1982, 117쪽.

15   『삼국지』 권 30 위서 30 오환선비동이전 30 부여조, '以殷正月祭天 國中
     大會 連日飲食歌舞 名曰迎鼓 於是時斷刑獄 解囚徒'.

16   부여에서 영고가 12월에 거행된 것은 12월경의 짐승들이 가장 기름지며
     맛있고 대개 동굴에 칩거하며 눈 위의 발자국에 의해 그 소재를 용이하게
     알 수 있기 때문이라고 한다. 이 적절기를 타서 씨족 전원이 공동으로 수
     렵을 하여 그것으로 대대적인 제천의식을 행하였던 것이니, 고대 한민족
     의 소위 순수巡狩란 것도 이러한 제례의 발전 형태였다고 한다.(손진태,『조

선민족사개론』, 을유문화사, 1948, 61쪽.)

17 이병도, 앞의 책, 1976, 223쪽.

18 김택규, 「영고고」, 『국어국문학연구』 2, 1958; 양재연, 「위지동이전에 나타난 제천의식과 가무」, 『위지동이전의 제문제』, 1979; 이형구, 『한국 고대문화의 기원』, 까치, 1991, 107~113쪽.

19 『사기』 권 110 흉노열전 50, '歲正月 諸長小會單于庭 祠 五月 大會龍城 祭其先 天地 鬼神'.

20 『삼국지』 권 30 위서 30 오환선비동이전 30 부여조, '有軍事亦祭天 殺牛 觀蹄以占吉凶 蹄解者爲凶 合者爲吉'.

21 은화수, 「한국 출토 복골에 대한 고찰」, 『호남고고학보』 10집, 1999, 20쪽.

22 손진태, 앞의 책, 1948, 62쪽.

23 대가大加를 가리키는 것으로 볼 수 있다.

24 白南雲, 『朝鮮社會經濟史』, 改造社, 1933, 135쪽.

25 劉景文, 「西團山文化的農牧業發展探索」, 『北方文物』 2期, 1991, 13~17쪽.

26 『삼국지』 권 30 위서 30 오환선비동이전 30 부여조, '舊夫餘俗 水旱不調 五穀不熟 輒歸咎於王 或言當易 或言當殺'.

27 무덤의 부장품에 기초해 볼 때 부여인들에게 가장 중요한 가축은 돼지였다. 지린 지역 시퇀산 문화에서는 대부분의 돌널무덤에서 돼지 뼈가 나오고 있으며, 특히 투청쯔 유적의 경우 출토된 짐승 뼈 중 돼지 뼈가 95퍼센트 이상을 차지한다.

28 田耘, 「兩漢夫餘硏究」, 『遼海文物學刊』 2, 1987.

29 劉升雁, 「東遼縣石驛公社古代墓群出土文物」, 『博物館硏究』 3期, 1983.

30 吉林省文物考古硏究所 編, 『楡樹老河深』, 文物出版社, 1987.

31 潘玲, 「黑龍江友誼縣出土的鄂爾多斯式靑銅釜初探」, 『北方文物』 3期, 1994, 127~128.

32 『후한서』 권 85 열전 75 동이 부여국, ''其人麤大彊勇而謹厚'.

33 『삼국지』 권 30 위서 30 오환선비동이전 30 부여조, '在國衣尙白 白布大

袂袍袴 履革鞜 出國則尙繒繡錦罽'.

34 앞의 책, '大人加狐狸 狖白 黑貂之寇裘 以金銀飾帽'.

35 시퇀산 문화의 하나인 싱싱사오星星哨 유적과 한-부여 시기의 유적인 둥
    퇀산에서 비단이 발견되어 이런 사실을 입증한다.

36 노태돈, 「국가의 성립과 발전」, 『한국사연구입문』, 지식산업사, 1981,
    114~122.

37 董學增, 「吉林東團山原始·漢·高句麗·渤海諸文化遺存調查簡報」, 『博物
    館硏究』 創刊號, 1972.

38 馬德謙, 「談談吉林龍潭山東團山一帶的漢代遺物」, 『北方文物』 2期, 1991.

39 『삼국지』 권 30 위서 30 오환선비동이전 30 부여조, '用刑嚴急 殺人者死
    沒其家人爲奴婢 竊盜一責十二 男女淫 婦人妒 皆殺之 尤憎妒 已殺尸之國
    南山上 至腐爛 女家欲得 輸牛馬及與之'.

40 이기백, 「부여의 투기죄」, 『사학지』 4, 단국대, 1970, 227쪽.

41 손진태, 『조선민족사개론』, 을유문화사, 1948, 58쪽.

42 부여족의 생활은 어느 면에서 북방 유목 민족의 잔재가 있다. 이는 부여
    인이 기본적으로 북방 유목민과 교류한 결과지만, 한편으로는 그들 자신
    이 북방 유목민과 어느 정도 관련이 있음을 입증하는 것이다.

43 『삼국지』 권 30 위서 30 오환선비동이전 30 부여조, '其居喪男女皆純白
    婦人着布面衣去環珮 大體與中國相彷彿也'.

44 노태돈, 「한국인의 형성과 국가의 기원」, 『한국사 특강』, 서울대출판부,
    1990, 44쪽.

45 白南雲, 앞의 책, 1933, 132~143쪽.

46 변태섭, 「한국 고대의 계세繼世 사상과 조상숭배 신앙」 (상), 『역사교육』 3,
    1958, 55~69쪽.

47 고대에는 왕이나 귀족이 죽으면 곧바로 무덤을 쓰지 않고 빈전을 두어 시
    신을 모시다가 일정 기간이 지나면 무덤을 만들었다. 고구려와 백제는 빈
    전에 25개월 동안 모시고 3년상을 치렀다.

48 『삼국지』 권 30 위서 30 오환선비동이전 30 부여조, '厚葬 有棺無槨'.

49   劉景文,「帽兒山墓群」,『田野考古集粹』, 文物出版社, 2008, 45~48.

6. 부여와 중국 동북 지방의 고대 문화

1   吉林省文物考古研究所,「吉林農安縣邢家店北山墓地發掘」,『考古』4,
      1989; 金旭東,「試論邢家店類型及其相關問題」,『博物館研究』2, 1993.

2   吉林省文物考古研究所,「吉林德惠縣北岭墓地調査與發掘」,『考古』7,
      1993.

3   吉林省文物工作隊,「吉林舒蘭黃魚圈珠山遺址淸理簡報」,『考古』4, 1985.

4   吉林省文物工作隊 吉林市博物館,「吉林樺甸西荒山屯靑銅短劍墓」,『東北
      考古與歷史』1, 1982.

5   唐洪源·周傳波,「東豊縣石大望遺址考古調査」,『遼海文物學刊』1, 1994.

6   遼源市文物管理所,「吉林遼源市龍首山遺址的調査」,『考古』2, 1997.

7   劉紅宇,「試論田家坨子遺存有關問題」,『北方文物』1, 1990.

8   이종수,「길림성 중부 지역 초기 철기 시대 문화유적 연구」,『백제문화』
      30집, 공주대학교 백제문화연구소, 2001.

9   吉林市博物館,「吉林市泡子沿前山遺址和墓葬」,『考古』6, 1985.

10   安路·賈偉明,「黑龍江訥河二克淺墓地及其問題探討」,『北方文物』2,
      1986; 黑龍江省博物館 齊齊哈爾文物站,「齊齊哈爾大道三家子墓葬淸理」,
      『考古』12, 1988; 黑龍江省文物考古研究所 吉林大學北方考古研究室,「黑
      龍江省肇東縣哈土崗子遺址試掘簡報」,『北方文物』3, 1988; 黑龍江省文
      物考古研究所,「黑龍江省賓縣慶華遺址發掘簡報」,『考古』7, 1988.

11   정상석,「시퇀산 문화와 초기 부여」, 동아대 대학원 석사 학위 논문,
      1996; 오강원, 앞의 글, 58~59쪽.

12   齊力 篇,『新中國文物考古五十年』, 文物出版社, 1999, 115~116.

13   李鍾洙,『夫餘文化硏究』, 吉林大學 考古學系 博士學位論文, 2004.

14   한수 문화는 1·2기로 나뉘는데 같은 문화가 계승 발전한 것으로서, 한수
      1기(하층) 문화와 바이진바오 문화가 같은 시기다. 연대는 상한이 서주西
      周 중기이고, 하한은 한수 2기(상층)에서 철기가 나와 전국시대 말기에서

한漢 대로 볼 수 있다.(吉林大學歷史系·吉林省博物館考古隊,「大安漢書遺址發掘
的主要收穫」,『東北歷史與考古』1期, 1982; 都興智,「試論漢書文化和白金寶文化」,『北
方文物』4期, 1986.)

15 丹化沙,「黑龍江肇源望海屯新石器時代遺址」,『考古』10, 1961.

16 趙賓福,「松嫩平原早期青銅器文化的發現與認識」,『邊疆考古研究』1輯,
科學出版社, 2002; 黑龍江省文物考古研究所 吉林大學考古學系,「黑龍江
省肇源縣小拉哈遺址發掘簡報」,『北方文物』1, 1997; 黑龍江省文物考古
研究所 吉林大學考古學系,「黑龍江省肇源縣小拉哈遺址發掘報告」,『考古
學報』1, 1998.

17 黑龍江省文物考古工作隊,「黑龍江肇源白金寶遺址第一次發掘」,『考古』4,
1980, 324; 郝思德,「白金寶文化初探」,『求是學刊』5, 1982.

18 吉林大學歷史系考古專業·吉林省博物館考古隊,「大安漢書遺址發掘的主
要收穫」,『東北考古與歷史』1, 1982.

19 黑龍江省文物考古工作隊, 앞의 글.

20 楊虎·譚英杰·張太湘,「黑龍江古代文化初論」,『中國考古學會一次年會論
文集』, 文物出版社, 1972, 82~85.

21 요즘 중국 학계는 바이진바오·한수 2기 문화를 부여의 원류 집단인 탁리
국(고리국)의 문화로 본다.(干志耿,「槀離文化硏究」,『民族硏究』2期, 1984; 孫進已
·張志立,「穢貊文化的探索」,『遼海文物學刊』創刊號, 1986.)

22 한수 2기 문화를 부여의 선세, 즉 탁리국의 문화로 보는 견해는 다음 논
문들에 있다. 黑龍江省文物考古工作隊, 앞의 글; 郝思德, 앞의 글; 干志耿,
「槀離文化硏究」,『民族硏究』2, 1984; 孫正甲,「夫余源流辨析」,『學習與探
索』6, 1984; 李殿福,「漢代夫余文化鄒議」,『北方文物』3, 1985; 馬德謙,
「夫余文化的幾個問題」,『北方文物』2, 1991; 孫進已,『東北民族源流』, 黑
龍江人民出版社, 1987(임동석 옮김,『동북민족원류』, 동문선, 1992, 235쪽.); 魏
國忠,「夫餘的源流」,『東北民族史硏究』2, 中州古籍出版社, 1995.

23 넌강 일대의 문화에 대해서는 대개 한수 하층 문화의 경우 그 담당자를
예맥족으로 보고, 한수 상층 문화는 부여족의 문화라고 본다.(陳相偉·李

殷福 主編,『大安縣文物志』, 吉林省文物志編委會, 1982, 25~30.) 혹자는 한수 문화 대신 바이진바오 문화를 부여족의 선세인 예맥족의 문화로 보기도 한다.(孫秀仁,「黑龍江歷史考古述論」上,『社會科學戰線』1期, 1979.)

24 리덴푸는 한수 상층 문화를 부여의 초기 문화로 본다.(「漢代夫餘文化芻議」,『北方文物』3期, 1985.)

25 간즈겅干志耿은 바이진바오와 한수 하층을 초기에 설정하고, 왕하이툰과 한수 상층을 중기에 설정하며, 빈현 랴오산터우 및 왕쿠이望奎 샹란터우廂蘭頭를 후기에 설정해 이 문화들 중 중·후기는 이미 전국-양한 시기에 진입했으므로 고리高離 문화가 존재한 시기와 일치한다고 보아 왕하이툰-한수 상층 문화를 고리 문화로 본다.(「古代槖離研究」,『民族研究』2期, 1984.)

26 전국시대의 저술로 보이는『관자管子』소광편小匡編에 '桓公曰 (……) 北至於孤竹山戎穢貊'이라고 '예맥'이 등장한 이후『사기』조선열전 중 '諸左方王將居東方 直上谷以往者東接穢貊朝鮮'을 비롯해 전국시대 이후에는 예와 맥이 '예맥'으로 등장한다.

27 孫進己·張志立,「穢貊文化的探索」,『遼海文物學刊』創刊號, 1986, 72.

28 샤자뎬 상층 문화의 종족에 대한 대표적인 논자 중 리이유李逸友와 진펑이靳楓毅는 동호로 보고, 자이더팡翟德芳은 산융으로 보고 있다. 류관민劉觀民과 쉬광지徐光冀는 동호의 전신이 산융이라는 점에서 결국은 산융과 동호의 문화로 보기도 한다.

29 『염철론鹽鐵論』지광地廣 16에 요서 지역에 예맥이 존재하는 것으로 나오는데(左將軍 伐朝鮮 開臨洮 燕齊困於穢貊), 여기서 예맥이 실제는 산융을 가리키는 것으로 볼 수 있다. 어쨌든 문헌의 일부 기록을 근거로 요서 지역에 예맥도 존재했음을 주장하는 이들이 있다.

30 창서산 촌락 유적은 대개 시퇀산 문화의 중기에 해당하는 산 경사지의 방어적 성격을 띤 촌락으로, 다섯 채 안팎의 가옥이 2~3미터 거리로 배치되어 세대 공동체 일곱 개가 한 고장에 자리 잡은 원시공동체 말기의 촌락 공동체였다는 연구가 있다.(황기덕,「우리나라 청동기시대의 사회관계」2,『조선고고연구』4, 1987, 4~6쪽.)

31 창서산 유적에서 발굴된 15기의 주거지 중에는 구조가 복잡하고 유물이 풍부한 것과 구조가 아주 간단하고 유물도 아주 적은 것이 있다. 이것은 이미 당시(기원전 5~3세기)에는 개인 재산이 나타나고 그에 따라 빈부의 차이가 생겨났다는 것을 말해 준다. 투청쯔 유적(기원전 3~2세기)에서 이런 현상은 더욱 강화되어 발굴된 24기의 돌널무덤에서는 반수에 달하는 무덤들에서 부장품이 하나도 나오지 않았다.(吉林省文物工作隊,「吉林猴石山遺址及墓群發掘報告」,『考古』2期, 1980; 吉林省博物館,「吉林江北土城子古文化遺址及石棺墓」,『考古學報』1期, 1957.)

32 리병선,「압록강 및 송화강 중상류 청동기시대의 문화와 그 주민」,『고고민속』3기, 1966; 李健才,「關于西團山文化族屬問題的探討」,『社會科學戰線』2期, 1985; 정상석, 앞의 글.

33 『후한서』권 85 동이열전 75 부여국, ‘以圓柵爲城 有宮室倉庫牢獄’.

34 최근 헤이룽장성 빈현 동쪽에서 ‘칭화 고성’이 발견되었다. 1984년 조사 시에 이 성은 부여보다 빠른 고성 유존으로 확인되었다. 따라서 고고 유물과 방위상으로 보건대 이는 한漢 초에 남천한 ‘예성濊城’이전 고부여의 선세인 ‘탁리국’의 고지故地로 보기도 한다.(王綿厚,『秦漢東北史』, 1994, 遼寧人民出版社, 175.)

35 吉林省博物館,「吉林江北土城子古文化遺址及石棺墓」,『考古學報』1, 1957.

36 張忠培,「吉林市郊古代遺址的文化類型」,『吉林大學社會科學學報』1, 1963.

37 劉振華,「試論吉林西團山文化的晚期遺存」,『東北考古與歷史』1, 1982; 馬德謙,「談談吉林龍潭山·東團山一帶的漢代遺物」,『北方文物』4, 1987.

38 劉振華,「永吉楊屯遺址試掘簡報」,『文物』8, 1973; 吉林市博物館,「吉林永吉縣學古東山遺址試掘簡報」,『考古』6, 1981; 尹玉山,「吉林永吉學古漢墓淸理簡報」,『博物館硏究』1, 1985; 吉林市博物館,「吉林永吉楊屯大海猛遺址」,『考古學集刊』5, 1987; 吉林省文物工作隊·吉林市博物館·永吉縣文化局,「吉林永吉楊屯遺址第三次發掘」,『考古學集刊』7, 1991; 吉林

市博物館,「吉林市泡子沿前山遺址和墓葬」,『考古』6, 1985.

39 張立明,「吉林泡子沿遺址及其相關問題」,『北方文物』2, 1986; 喬梁,「吉長地區西團山文化之後的幾種古代遺存」,『遼海文物學刊』2, 1993.

40 吉林市博物館, 1987 참조.

41 吉林大學歷史系考古專業,「吉林省農安德惠考古調查簡報」,『北方文物』1, 1985.

42 董學增,「吉林東團山原始·漢·高句麗·渤海諸文化遺存調查簡報」,『博物館研究』1, 1982; 劉振華, 1982, 83; 武國勛,「夫餘王城新考」,『黑龍江文物叢刊』4, 1983, 36; 吉林市博物館(董學增), 1985, 506.

43 武國勛, 앞의 글, 41.

44 오강원,「중만 지역의 초기 철기 문화=포자연식 문화의 성립과 전개 양상」,『전환기의 고고학』III, 제24회 한국상고사학회 학술발표대회문집, 2000.

45 喬梁, 앞의 글, 1993, 64~70.

46 이종수, 2001,「길림성 중부 지역 초기 철기 시대 문화 유적 연구」,『백제문화』30집, 79~80쪽.

47 차오량喬梁은 지창吉長 지구의 시퇀산 후속 문화를 파오쯔옌 유형, 황위취안 주산 M1 등 유적, 싱자뎬邢家店 묘지 등 유적, 톈자튀쯔 유형, '한도漢陶' 유적의 5종으로 분류해 파오쯔옌 유형과 한도 유적을 구분했다.(張立明, 1986.)

48 吉林市博物館,「吉林永吉縣學古東山遺址試掘簡報」,『考古』6, 1981.

49 오강원, 앞의 글, 2000, 64~77쪽.

50 喬梁, 1993, 64~70쪽; 오강원, 앞의 글, 21~29쪽.

51 董學增,『西團山文化研究』, 吉林文史出版社, 1993.

52 이종수,「송화강 유역 초기 철기 시대 문화 연구 II」,『동북아시아 고고학의 최근 연구 성과』발표문, 2005, 49~56쪽; 齊力 篇,『新中國考古五十年』, 文物出版社, 1999, 114~115.

53 吉林省文物考古研究所 編,『楡樹老河深』, 文物出版社, 1987.

54 林沄,「西岔溝型銅柄鐵劍與老河深, 彩嵐墓地的族屬」,『馬韓百濟文化』13, 圓光大學校 馬韓·百濟文化硏究所, 1993;『林沄學術文集』, 中國大百科全書出版社, 1998, 364.

55 엄장록,「부여의 유적과 유물에 대하여」,『민족문화의 제문제』, 세종문화사, 1994, 204~210쪽.

56 林沄,「西岔溝型銅柄鐵劍と老河深, 彩嵐墓地の族屬」,『東夷世界の考古學』, 靑木書店, 2000.

57 夫餘本屬玄菟 漢末 公孫度雄張海東 威服外夷 夫餘王尉仇台更屬遼東 (……) 漢時 夫餘王葬用玉匣 常豫以付玄菟郡 王死則迎取以葬.

58 李殿福, 1985; 劉景文·龐志國,「吉林楡樹老河深墓葬群族屬探討」,『北方文物』1, 1986; 田耘, 1987; 馬德寨,「夫餘文化的幾个問題」,『北方文物』1, 1991.

59 오영찬,「유수 노하심 유적을 통해 본 부여 사회」,『한반도와 중국 동북 3성의 역사와 문화』, 서울대학교 출판부, 1993, 503~505쪽.

60 孫守道,「西岔溝古墓群被掘事件的敎訓」,『文物參攷資料』1, 1957;「'匈奴 西岔溝文化' 古墓群的發現」,『文物』8·9, 1960.

61 현재 랴오닝성의 몇 개 박물관에 흩어져 전시되어 있다. 김원용이 일찍이 이곳 출토품으로 추정되는 단검을 국내에 소개(「요령 서차구 고분군 출토의 일단검」,『미술자료』2, 1960.)했고, 일부 유물이 서울대학교 박물관 특별전에서 공개된 적도 있다.(송기호·강현숙·임상택 외,『2000년 전 우리 이웃: 중국 요령 지역의 벽화와 문물 특별전』, 서울대학교 박물관, 2001.)

62 林沄,「西岔溝型銅柄鐵劍與老河深彩嵐墓地的族屬」,『東北亞古代文化的源流與發展』發表會 論文集;『林沄學術論文集』, 1992, 352~367.

63 孫守道, 1957 참조.

64 曾庸,「遼寧西豊西岔溝古墓群爲烏桓文化遺迹論」,『考古』6, 1961.

65 林沄, 1992, 352~367.

66 오강원, 앞의 글, 2000.

67 林沄, 앞의 글, 1992.

68 劉升雁,「東遼縣石驛公社古代墓群出土文物」,『博物館研究』3, 1983;「東遼縣石驛公社古墓群出土文物的研究」,『博物館研究』1, 1985;「東遼石驛古墓群出土文物所反映出來的經濟形態」,『吉林省博物館學術年會論文集』, 1986;「東遼縣石驛鄉漢代透雕銅牌」,『中國考古學年鑒』, 文物出版社, 1986.

69 林沄, 앞의 글, 1992.

70 『위수 라오허선』보고서 작성자도 라오허선 중층, 즉 2기 문화가 부여의 유적이라는 데 동의하지 않는다. 그 대신 라오허선 중층 문화의 무덤 주인을 명확히 선비족이라고 한다.

71 이 지역의 1기 유적은 시퇀산 문화이고, 3기 유적은 말갈 유적에 속한다.

72 董學增,「夫餘文化遺存的發現, 基本面貌及命名之我見」,『東北史地』4期, 2010.

73 劉景文,「帽兒山墓群」,『田野考古集粹』, 文物出版社, 2008.

맺음말

1 이기동,「한국민족사에서 본 부여」,『한국고대사연구』37, 2004.

2 고등학교『한국사』, 금성출판사, 2014, 32~33쪽.

3 김태식,「가야를 포함한 사국시대를 제창하며」,『미완의 문명 7백년 가야사』, 푸른역사, 2002, 19~20쪽.

4 이기동, 앞의 글, 2004.

5 미래엔컬처그룹이 출판한 교과서(중학교『역사』상, 2010, 48쪽.)에서 '부여, 고구려와 경쟁하며 성장하다'라는 장을 설정해 부여의 성장, 부여의 대외관계, 쇠퇴와 멸망을 다뤘다.

6 당시 박사 과정 수료 상태로 논문을 준비하던 필자는 국사편찬위원회의 의뢰를 받아 2년 남짓 공부한 자료와 내용을 200자 원고지 350매 정도 분량으로『한국사』제4권 부여편에 실었다.

7 劉景文,「帽兒山墓群」,『田野考古集粹』, 文物出版社, 2008.

연표

기원후 9	대소가 사자를 보내 고구려에게 신복을 종용하지만, 뜻을 이루지 못함.
	왕망이 부여에 사신을 보내 전한의 인수를 거두고 새 인수를 내림.
13	11월에 대소가 고구려를 공격했다 학반령에서 복병을 만나 대패.
20	대소가 고구려에 머리 하나에 몸이 둘인 붉은 새를 보내 고구려 병합 의지를 드러냄.
22	2월, 고구려의 공격을 받아 대소가 전사한 끝에 고구려군 격퇴. 4월, 대소의 아우가 100여 명을 거느리고 갈사수가에 이르러 갈사왕을 칭함. 7월, 대소의 사촌 동생이 1만여 명을 거느리고 고구려에 투항.
49	부여가 후한에 사신을 보내 봉헌하자 한 황제가 예물을 풍성히 내림. 이때부터 해마다 사신을 통해 교류.
77	부여의 사신이 고구려에 뿔 셋 달린 사슴과 꼬리가 긴 토끼를 바침.
105	부여에서 고구려에 사신을 보내 호랑이를 바침.
111	부여의 기병·보병 7000~8000명이 낙랑군을 공격.
118	고구려가 현도군을 공격, 부여에서 파병하고 한漢의 군軍과 작전을 펴 격파한 뒤 500여 명 참수.
120	부여 왕자 위구태가 후한에 가 공헌貢獻하자 한 황제가 인수와 비단을 내림.
121	10월, 고구려 태조왕이 부여국에 이르러, 태후인 유화의 사당에 제사함. 12월, 고구려와 마한·예맥 군대 1만여 명이 현도군을 공격하자 위구태가 2만 명을 거느리고 한을 도와 승리.
122	고구려가 마한, 예맥과 힘을 모아 요동에 침입하자 부여에서 병사를 보내 요동을 구함.
136	부여 왕이 친히 후한의 도성에 가 공헌하자 높이 예우하고 접

대해 북을 치고 피리를 불며 각저희를 베풂.

161	부여가 후한에 사자를 보내 조하朝賀하고 공헌.
167	부여의 2만 군대가 현도군을 공격, 현도 태수 공손역이 패함.
174	부여에서 후한에 사자를 보내 공헌.
190~220	원래 현도군에 속해 있던 부여가 헌제에게 요청해 세력이 더 강한 요동군에 속함.
220~225	원래 부여의 지배를 받던 읍루에서 반란을 일으킴.
238	위魏가 공손씨 정권을 무너뜨려 부여가 다시 위의 현도군에 속함.
244~245	위의 장수 관구검이 고구려를 치는 데 부여가 군수물자를 제공.
274	부여가 진晉의 평주平州에 속함.
285	모용외가 부여 왕성을 공격해 부여 왕 의려는 자살하고, 그 아들 의라는 옥저로 달아남. 모용외는 1만여 명을 죽이고 돌아감.
286	서진이 의라의 요청에 따라 군대를 보내 모용외를 격파하고 부여는 나라를 되찾음.
346	전연의 모용황이 부여를 공격, 왕을 비롯해 5만여 명을 포로로 데려감. 부여는 지금의 눙안으로 천도.
410	고구려가 부여의 원래 왕성(오늘날 지린)을 점령. 부여인 일부는 북쪽으로 강을 건너 두막루 건국.
457	부여가 북위에 조공.
494	부여가 물길과 고구려의 압박을 받아 멸망.
565~569	두막루국은 북제北齊에 계속 조공.
724	당唐에 조공했다는 것이 두막루국에 관한 마지막 기록. 그 뒤 두막루국은 흑수말갈에 편입.

참고 문헌

반고, 『한서』.

범엽, 『후한서』.

사마천, 『사기』.

진수, 『삼국지』.

(이상 『중국 정사 조선전 역주』 1, 국사편찬위원회, 1990.)

김부식, 정구복·노중국·신동하·김태식·권덕영 풀어옮김, 『역주 삼국사기』,
　　　한국정신문화연구원, 1996.

왕충, 이주행 옮김, 『논형』, 소나무출판사, 1996.

사마광, 권중달 옮김, 『자치통감』, 삼화, 2007.

위수, 『위서』, 『중국 정사 외국전 역주』 7, 동북아역사재단, 2010.

이연수, 『북사』, 『중국 정사 외국전 역주』 9, 동북아역사재단, 2010.

구양수·송기, 『신당서』, 『중국 정사 외국전 역주』 11, 동북아역사재단, 2014.

일연, 최광식·박대재 풀어옮김, 『삼국유사』 1~3, 고려대학교출판부, 2014.

1. 『삼국사기』 고구려 본기

시조 동명성왕(재위: 기원전 37 ~ 기원전 19)

始祖東明聖王 姓高氏 諱朱蒙(一云鄒牟·一云衆解) 先是 扶餘王解夫婁老無子 祭山

川求嗣 其所御馬至鯤淵 見大石 相對流淚 王怪之 使人轉其石 有小兒 金色蛙形

(蛙一作蝸) 王喜曰 此乃天賚我令胤乎 乃收而養之 名曰金蛙 及其長立爲太子 後

其相阿蘭弗曰 日者天降我曰 將使吾子孫立國於此 汝其避之 東海之濱有地 號曰

迦葉原 土壤膏宜五穀 可都也 **阿蘭弗遂勸王移都於彼** 國號東扶餘 其舊都有人

不知所從來 自稱天帝子解慕漱 來都焉 及解夫婁薨 金蛙嗣位 於是時 得女子於太

白山南優渤水 問之曰 我是河伯之女 名柳花 與諸弟出遊 時有一男子 自言天帝子

解慕漱 誘我於熊心山下 鴨綠邊室中私之 卽往不返 父母責我無媒而從人 遂謫居

優渤水 **金蛙異之** 幽閉於室中 爲日所炤 引身避之 日影又逐而炤之 因而有孕 生

一卵 大如五升許 王棄之與犬豕 皆不食 又棄之路中 牛馬避之 後棄之野 鳥覆翼

之 王欲剖之 不能破 遂還其母 其母以物裹之 置於暖處 有一男兒 破殼而出 骨表

英奇 年甫七歲 嶷然異常 自作弓矢射之 百發百中 扶餘俗語 善射爲朱蒙 故以名

云 **金蛙有七子** 常與朱蒙遊戲 其伎能皆不及朱蒙 其長子帶素言於王曰 朱蒙非人

所生 其爲人也勇 若不早圖 恐有後患 請除之 王不聽 使之養馬 朱蒙知其駿者 而

減食令瘦 駑者善養令肥 王以肥者自乘 瘦者給朱蒙 後獵于野 以朱蒙善射 與其

矢小 而朱蒙殪獸甚多 王子及諸臣又謀殺之 朱蒙母陰知之 告曰 國人將害汝 以汝

才略 何往而不可 與其遲留而受辱 不若遠適以有爲 朱蒙乃與烏伊 摩離 陝父等三

人爲友 行至淹㴲水(一名盖斯水 在今鴨綠東北) 欲渡無梁 恐爲追兵所迫 告水 我是

天帝子 河伯外孫 今日逃走 追者垂及如何 於是魚鼈浮出成橋 朱蒙得渡 魚鼈乃解

追騎不得渡 **朱蒙行至毛屯谷**(魏書云至普述水) 遇三人 其一人着麻衣 一人着衲衣

一人着水藻衣 朱蒙問曰 子等何許人也 何姓何名乎 麻衣者曰 名再思 衲衣者曰

名武骨 水藻衣者曰 名默居 而不言姓 朱蒙賜再思姓克氏 武骨仲室氏 默居少室氏

乃告於衆曰 我方承景命 欲啓元基 而適遇此三賢 豈非天賜乎 遂揆其能 各任以事

與之俱至卒本川 魏書云至紇升骨城 觀其土壤肥美 山河險固 遂欲都焉 而未遑作

宮室 但結廬於沸流水上居之 國號高句麗 因以高爲氏 一云朱蒙至卒本扶餘 王無

子 見朱蒙知非常人 以其女妻之 王薨 朱蒙嗣位 時 朱蒙年二十二歲 是漢孝元帝

建昭二年 新羅始祖赫居世二十一年甲申歲也 四方聞之 來附者衆 其地連靺鞨部

落 恐侵盜爲害 遂攘斥之 靺鞨畏服 不敢犯焉 **王見沸流水中** 有菜葉逐流下 知有

人在上流者 因以獵往尋 至沸流國 其國王松讓出見曰 寡人僻在海隅 未嘗得見君

子 今日邂逅相遇 不亦幸乎! 然不識吾子自何而來 答曰 我是天帝子 來都於某所

松讓曰 我累世爲王 地小不足容兩主 君立都日淺 爲我附庸可乎 王忿其言 因與之

鬪辯 亦相射以校藝 松讓不能抗

十四年 秋八月 王母柳花薨於東扶餘 其王金蛙以太后禮葬之 遂立神廟 冬十月

遣使扶餘 饋方物 以報其德

十九年 夏四月 王子類利自扶餘與其母逃歸 王喜之 立爲太子 秋九月 王升遐 時

年四十歲 葬龍山 號東明聖王

시조 동명성왕은 성이 고, 이름은 주몽이다. (추모 또는 중해라고도 한다.) 이에 앞서 부여 왕 해부루가 늙도록 아들이 없자 산천에 제사를 지내고 대를 이을 자식을 찾았다. 그가 탄 말이 곤연에 이르러서 큰 돌을 보고 마주하며 눈물을 흘렸다. 왕이 이를 괴상히 여겨 사람을 시켜 그 돌을 옮기니 어린아이가 있었는데 금색 개구리 모양이었다. 개구리는 달팽이라고도 한다. 왕이 기뻐서 말하기를 "이는 바로 하늘이 내게 자식을 준 것이다." 하고 거두어 기르고, 이름을 금와라 했다. 그가 장성함에 태자를 삼았다. 후에 재상 아란불이 말하기를 "일전에 하늘이 제게 내려와 말하기를 '장차 내 자손이 이곳에 나라를 세우게 할 것이다. 너희는 그곳을 피하라. 동해의 물가에 땅이 있는데, 이름이 가섭원이라 하고 토양이 기름지고 오곡이 자라기 알맞으니 도읍할 만하다.' 했습니다."라고 했다.

아란불이 마침내 왕에게 권해 그곳으로 도읍을 옮기고 나라 이름을 동부여라 했다. 옛 도읍에는 어디서 왔는지 알 수 없는 사람이 스스로 천제의 아들 해모수라 하며 와서 도읍했다. 해부루가 죽자, 금와가 자리를 이었다. 이때 태백산 남쪽 우발수에서 여자를 만났다. 물으니 "저는 하백의 딸이고 이름은 유화입니다. 동생들과 나가 노는데 한 남자가 스스로 천제의 아들 해모수라며 저를 웅심산 아래로 유인해 압록강 변 방에서 사랑하고 곧바로 가서는 돌아오지 않았습니다. 부모는 제가 중매도 없이 다른 사람을 따라갔다고 꾸짖어 결국 벌로 우발수에서 살게 됐습니다." 하고 답했다.

금와가 이를 이상하게 여겨서 방에 가두었는데, 햇빛이 비치니 몸을 끌어당겨 햇빛을 피했으나 햇빛이 또 따라와 비쳤다. 이로써 아이를 임신해 알 하나를 낳았는데 크기가 다섯 되쯤 되었다. 왕이 알을 버려 개와 돼지에게 주었으나 모두 먹지 않았다. 또 길 가운데에 버렸으나 소나 말이 피했다. 나중에는 들판에 버렸더니 새가 날개로 덮어 주었다. 왕이 이를 가르려고 했으나 깨뜨릴 수 없어서 마침내 그 어머니에게 돌려주었다. 그 어머니가 물건으로 알을 싸서 따뜻한 곳에 두었더니 남자아이 하나가 껍질을 부수고 나왔는데, 골격과 외모가 영특하고 호걸다웠다. 일곱 살에 영리하고 예사롭지 않아서 스스로 활과 화살을 만들어 쏘았는데 백발백중이었다. 부여의 속어에 활 잘 쏘는 것을 주몽이라 해서 이것을 이름으로 지었다.

금와에게 일곱 아들이 있어서 늘 주몽과 놀았으나, 그 재주와 능력이 모두 주몽에 미치지 못했다. 그 맏아들 대소가 왕에게 말하기를 "주몽은 사람이 낳은 자가 아니어서 사람됨 또한 용감합니다. 만약 일찍 도모하지 않으면 후환이 있을까 두려우니, 그를 제거하기를 청하옵니다." 했다. 왕이 듣지 않고 그에게 말을 기르도록 했다. 주몽이 날랜 말을 알아보고 적게 먹여 마르게 하고, 둔한 말은 잘 먹여 살찌게 했다. 왕이 살찐 말은 자신이 타고, 마른 말을 주몽에게 주었다. 후에 들판에서 사냥할 때 주몽이 활을 잘 쏘아 화살을 적게 주었으나, 주몽이 잡은 짐승은 아주 많았다. 왕자와 신하들이 또 그를 죽이려고 모의했다. 주몽의 어머니가 몰래 이를 알아차리고 알려 주며 "나라 사람들이 너를 해치려 한다. 네 재주와 지략으로 어찌 가지 못하겠는가? 지체하다 욕을 당하는 것은 멀리 가서 뜻을 이루는 것만 못하다." 했다. 주몽이 이에 오이·마리·협보 등과 친구가 되어 가다 (개사수라고도 하며 지금의 압록강 동북쪽에 있는) 엄사수에 이르러 건너려고 하는데 다리가 없었다. 추격해 오는 병사들이 닥칠까 봐 두려워 물에 대고 "나는 천제의 아들이요, 하백의 외손이다. 오늘 도망해 달아나는데 추격자들이 쫓으니 어찌하면 좋은가?" 했다. 이에 물고기와 자라가 떠올라 다리를 만들어 주몽이 건널 수 있었다. 물고기와 자라가 곧 흩어지니 추격해 오던 기병은 건널 수 없었다.

주몽이 가다 모둔곡에 이르러 세 사람을 만났다. (『위서』에서는 음술수에 이르렀다고 했다.) 그중 한 사람은 마의를 입고, 한 사람은 납의를 입고, 한 사람은 수조의를 입고 있었다. 주몽이 "너희들은 어디 사람인가? 성은 무엇이고 이름은 무엇인가?" 하고 물었다. 마의를 입은 사람은 "이름이 재사입니다." 하고, 납의를 입은 사람은 "이름이 무골입니다." 하고, 수조의를 입은 사람은 "이름이 묵거입니다." 했으나 성은 말하지 않았다. 주몽이 재사에게 극씨, 무골에게 중실씨, 묵거에게 소실씨라는 성을 주고는 무리에게 "내가 바야흐로 하늘의 크나큰 명령을 받아 나라의 기틀을 열려고 하는데 마침 이 현명한 세 사람을 만났으니, 어찌 하늘이 주신 것이 아니겠는가?" 했다. 마침내 그 능력을 살펴 각기 일을 맡기고 그들과 졸본천에 이르렀다. (『위서』에서는 '흘승골성에 이르렀다'고 했다.) 그 토양이 기름지고 아름다우며 산과 물이 험하고 단단한 것을 보고 도읍하려고 했으나, 궁실을 지을 겨를이 없어 그저 비류수가에 오두막을 짓고 살았다. 나라 이름을 고구려라 하고, 이로써 고를 성으로 삼았다. 혹 말하기를 "주몽이 졸본부여에 이르렀는데 왕에게 아들이 없어 주몽을 보고는 보통 사람이 아님을 알고 그 딸을 아내로 삼게 했다. 왕이 죽자 주몽이 자리를 계승했다." 했다. 이때 주몽이 22세로, 한 효원제 건소 2년, 신라 시조 혁거세 21년 갑신년이었다. 사방에서 듣고 와 복종하는 자가 많았다. 그 땅이 말갈 부락에 잇닿아 있어 침입해 훔쳐 해를 입을까 두려워 마침내 그들을 물리치니, 말갈이 두려워 복종하고 감히 침범하지 못했다.

왕이 비류수 가운데로 나뭇잎이 떠내려오는 것을 보고 다른 사람이 상류에 있는 것을 알아, 사냥하며 찾아가서 비류국에 도착했다. 그 나라 왕 송양이 나와서 보고 "과인이 바다의 깊숙한 곳에 치우쳐 있어서 일찍이 군자를 보지 못했는데, 오늘 서로 만나니 다행이 아닌가? 그러나 그대가 어디서 왔는지 알지 못하겠다." 했다. 답하기를 "나는 천제의 아들이고 아무 데에 와서 도읍했다." 했다. 송양이 "우리는 여러 대에 걸쳐 왕 노릇을 했다. 땅이 두 주인을 받아들이기에는 부족하다. 그대는 도읍을 세운 지 얼마 되지 않았으니 내게 딸리는 것이 어떠한가?"했다. 왕이 이 말을 분하게 여겨 말다툼을 하고 서로 활을 쏘아 재주를 겨뤘는데, 송양이 대항할 수 없었다.

14년 가을 8월, 왕의 어머니 유화가 동부여에서 돌아가셨다. 그 나라 왕 금와가 태후의 예로 장사 지내고 신묘를 세웠다. 겨울 10월에 사신을 부여에 보내 토산물을 주며 그 은덕을 갚았다.

19년 여름 4월, 왕의 아들 유리가 부여에서 그의 어머니와 도망해 왔다. 왕이 기뻐하며 그를 태자로 삼았다. 가을 9월, 왕이 돌아가셨다. 나이 40세였다. 용산에 장사 지내고 호를 동명성왕이라 했다.

유리명왕(재위: 기원전 19 ~ 기원후 18)

瑠璃明王 立 諱類利 或云孺留 朱蒙元子 母禮氏 初朱蒙在扶餘 娶禮氏女有娠 朱蒙歸後 乃生 是爲類利 幼年 出遊陌上 彈雀誤破汲水婦人瓦器 婦人罵曰 此兒無父 故頑如此 類利慚 歸問母氏 我父何人 今在何處 母曰 汝父非常人也 不見容於國 逃歸南地 開國稱王 歸時謂予曰 汝若生男子 則言我有遺物 藏在七稜石上松下 若能得此者 乃吾子也 類利聞之 乃往山谷 索之不得 倦而還 一旦在堂上 聞柱礎間若有聲 就而見之 礎石有七稜 乃搜於柱下 得斷劍一段 遂持之與屋智 句鄒 都祖等三人行至卒本 見父王 以斷劍奉之 王出己所有斷劍合之 連爲一劍 王悅之 立爲太子 至是繼位 (……)

十四年 春正月 扶餘王帶素遣使來聘 請交質子 王憚扶餘强大 欲以太子都切爲質 都切恐不行 帶素之 冬十一月 帶素以兵五萬來侵 大雪 人多凍死 乃去

二十八年 春三月 王遣人謂解明曰 吾遷都 欲安民以固邦業 汝不我隨 而恃剛力 結怨於國 爲子之道 其若是乎 乃賜劍使自裁 太子卽欲自殺 或止之曰 大王長子已卒 太子正當爲後 今使者一至而自殺 安知其非詐乎 太子曰 嚮黃龍王以强弓遺之 我恐其輕我國家 故挽折而報之 不意見責於父王 今父王以我爲不孝 賜劍自裁 父

之命其可逃乎 乃往礪津東原 以槍挿地 走馬觸之而死 時年二十一歲 以太子禮葬

於東原 立廟 號其地爲槍原 論曰 孝子之事親也 當不離左右以致孝 若文王之爲

世子 解明在於別都 以好勇聞 其於得罪也宜矣 又聞之 傳曰 愛子敎之以義方 弗

納於邪 今王始未嘗敎之 及其惡成 疾之已甚 殺之而後已 可謂父不父 子不子矣

秋八月 扶餘王帶素使來 讓王曰 我先王與先君東明王相好 而誘我臣逃至此 欲完

聚以成國家 夫國有大小 人有長幼 以小事大者禮也 以幼事長者順也 今王若能以

禮順事我 則天必佑之 國祚永終 不然則欲保其社稷難矣 於是 王自謂 立國日淺

民屢兵弱 勢合忍耻屈服 以圖後 乃與臣謀 報曰 寡人僻在海隅 未聞禮義 今承大

王之敎 敢不惟命之從 時王子無恤 年尙幼少 聞王欲報扶餘言 自見其使曰 我先祖

神靈之孫 賢而多才 大王妬害 讒之父王 辱之以牧馬 故不安而出 今大王不念前愆

但恃兵多 輕蔑我邦邑 請使者歸報大王 今有累卵於此 若大王不毁其卵 則臣將事

之 不然則否 扶餘王聞之 問下 有一老對曰 累卵者危也 不毁其卵者安也 其意曰

王不知己危 而欲人之來 不如易危以安而自理也

二十九年 夏六月 矛川上有黑蛙與赤蛙鬪 黑蛙不勝死 議者曰 黑北方之色 北扶

餘破滅之徵也秋七月 作離宮於豆谷

三十一年 漢王莽發我兵伐胡 吾人不欲行 强迫遣之 皆亡出塞 因犯法爲寇 遼西

大尹田譚追擊之 爲所殺 州郡歸咎於我 嚴尤奏言 貊人犯法 宜令州郡 且慰安之

今猥被以大罪 恐其遂叛 扶餘之屬 必有和者 匈奴未克 扶餘·貊復起 此大憂也 王

莽不聽 詔尤擊之 尤誘我將延丕斬之 傳首京師 兩漢書及南北史皆云 誘句麗侯騶

斬之 莽悅之 更名吾王爲下句麗侯 布告天下 令咸知焉 於是 寇漢邊地愈甚

三十二年 冬十一月 扶餘人來侵 王使子無恤 率師禦之 無恤以兵小 恐不能敵 設

奇計 親率軍 伏于山谷以待之 扶餘兵直至鶴盤嶺下 伏兵發 擊其不意 扶餘軍大敗

棄馬登山 無恤縱兵盡殺之

유리명왕이 즉위했다. 이름은 유리인데, 유류라고도 한다. 주몽의 맏아들로 어머니는 예씨다.

처음에 주몽이 부여에 있을 때 예씨의 딸에게 장가들어 가진 아이가 주몽이 떠난 뒤에 태어났다. 이 아이가 유리인데, 어릴 때 길에 나가 놀다 참새를 잘못 쏘아서 물 긷는 부인의 항아리를 깨뜨렸다. 부인이 "이 아이는 아비가 없어서 이렇게 재주가 없다." 하고 욕했다. 유리가 부끄러움을 느끼고 돌아와서 어머니에게 "제 아버지는 어떤 사람입니까? 지금 어디에 계십니까?" 하고 물었다. 어머니가 이렇게 답했다. "네 아버지는 평범한 사람이 아니다. 나라에 받아들여지지 않아 남쪽 땅으로 달아나서 나라를 열고 왕을 칭했다. 갈 때 내게 말하기를 '당신이 아들을 낳으면, 그 애에게 내가 일곱 모가 난 돌 위의 소나무 아래에 물건을 감췄다고 말하시오. 만약 이것을 찾을 수 있다면, 곧 내 아들이오.' 하셨다."

유리가 이 말을 듣고 산골짜기로 가서 그것을 찾았으나 찾지 못하고 피곤해서 돌아왔다. 하루는 아침에 마루 위에 있는데, 기둥과 초석 사이에서 소리가 나는 것 같았다. 곧바로 가서 보니 초석이 일곱 모가 나 있었다. 이에 기둥 아래를 뒤져서 부러진 칼 한 조각을 찾아냈다. 마침내 그것을 가지고 옥지·구추·도조 등과 졸본으로 가서 부왕을 뵙고 부러진 칼을 바쳤다. 왕이 가지고 있던 부러진 칼을 꺼내 이를 합치니 칼 하나가 되었다. 왕이 이를 기뻐하며 그를 태자로 삼았고, 이에 왕위를 이었다. (……)

14년 봄 정월에 부여 왕 대소가 사신을 보내 문안하고 인질 교환을 청했다. 왕이 부여의 강대함을 두려워해 태자 도절을 인질로 삼으려고 했으나 도절이 두려워하며 가지 않아 대소가 화를 냈다.

겨울 11월에 대소가 병력 5만으로 침략해 왔으나 큰 눈이 내려 사람이 많이 얼어 죽으니 돌아갔다.

28년 봄 3월에 왕이 사람을 보내 해명에게 "나는 도읍을 옮겨서 백성을 편안하게 하고 나라를 튼튼하게 하려고 했다. 너는 나를 따르지 않고 힘 센 것을 믿고 이웃 나라와 원한을 맺으니, 자식의 도리가 이럴 수 있느냐?" 하고, 칼을 주어 스스로 목숨을 끊게 했다. 태자가 곧 자살하려고 하자 혹자는 말리며 "대왕의 장자가 이미 죽어 태자께서 마땅히 뒤를 이어야 하는데, 이제 사자가 한 번온 것으로 자살한다면 그것이 속임수가 아닌지 어떻게 알겠습니까?" 했다. 태자가 "지난번에 황룡국 왕이 강한 활을 보냈을 때 나는 그것이 우리나라를 가볍게 여기는 것이 아닌지 의심되어 활을 당겨 부러뜨려 보복했다. 뜻밖에 부왕께서 책망하고 지금 내가 불효하다고 칼을 주어 스스로 목숨을 끊게 하니 그 명령을 어떻게 피할 수 있겠는가?" 했다. 마침내 여진의 동쪽 들판으로 가서 창을 땅에 꽂고 말을 타고 달려가 찔려 죽었다. 그때 21세였다. 태자의 예로써 동쪽 들에 장사 지내고 사당을 세우고는 그 땅을 창원이라고 했다.

논해 말한다. 효자가 부모를 섬김에는 마땅히 좌우를 떠나지 않고 효를 다함이 문왕이 세자였을 때와 같아야 한다. 해명이 별개의 도읍에 있으면서 아주 용감하다고 알려졌으니, 그것이 죄를 얻어 마땅하다. 또 들으니 『좌전』에 말하기를 "자식을 사랑함에 그를 가르치는 것은 의로운 방도로 하고 나쁜 길로 들지 않게 해야 한다." 했다. 지금 왕은 처음에 이를 가르치지 않다가 그것이 악하게 되니 몹시 미워해 죽이고 말았다. 아비는 아비 노릇을 하지 못했고 자식은 자식 노릇을 하지 못한 것이라 할 만하다.

가을 8월에 부여 왕 대소의 사신이 와서 왕에게 "내 선왕과 당신의 선군 동명왕은 서로 사이가 좋았는데, 내 신하들을 꾀어 도망하고 이곳에 이르러 성곽을 완성하고 백성을 모아 살게 해 나라를 세웠다. 대개 나라는 크고 작음이 있고, 사람은 어른과 아이가 있다. 작은 것이 큰 것을 섬김이 예이며, 어린아이가 어른을 섬김이 순리다. 지금 왕이 만약 예와 순리로써 나를 섬긴다면 하늘이 반드시 도와서 나라의 운수가 오래갈 것이고, 그렇지 않으면 사직을 보존하려고 해도 어려울 것이다." 하고 꾸짖었다. 이에 왕이 스스로 말하기를 "나라를 세운 날이 얼마 되지 않고 백성과 병력이 약하니, 형세에 부합해 부끄러움을 참고 굴복해 후의 성공을 도모하는 것이 합당하다." 했다. 이에 신하들과 상의하고 회답하기를 "과인은 바닷가에 치우쳐 있어서 아직 예의를 듣지 못했는데, 지금 대왕의 가르침을 받고 보니 감히 명령을 따르지 않을 수 없습니다." 했다. 그때 왕자 무휼이 나이가 어렸으나 왕이 부여에 회답하려 한다는 말을 듣고 스스로 그 사신을 만나 "내 선조는 신령의 자손으로서 어질고 재능이 많았는데, 대왕이 시기해 해치려고 부왕에게 참언해 욕되게 말을 기르게 한 까닭에 불안해 도망 온 것입니다. 지금 대왕이 과거의 잘못을 생각하지 않고 난지 병력이 많은 것을 믿고 우리나라를 가볍게 여겨 멸시하니, 청컨대 사신은 돌아가 대왕에게 '지금 여기에 알들이 쌓여 있는데 대왕이 만약 그 알들을 허물지 않는다면 신은 대왕을 섬길 것이고, 그렇지 않으면 섬기지 않을 것'이라 보고하십시오." 하고 말했다. 부여 왕이 이 말을 듣고 신하들에게 두루 물으니 한 할멈이 답하기를 "알들이 쌓여 있는 것은 위험하고, 그 알들을 허물지 않는 것이 안전합니다. 그 뜻은 '왕이 자신의 위험은 알지 못하고 남이 오기를 바라니, 위험한 것을 안전한 것으로 바꿔 스스로를 다스리는 것만 못하다'는 것입니다." 했다.

29년 여름 6월에 모천 위에서 검은 개구리가 붉은 개구리와 무리를 이루어 싸웠는데, 검은 개구리가 이기지 못하고 죽었다. 의논하던 사람이 말하기를 "검은색은 북방의 색이다. 북부여가 파멸할 징조다." 했다.

31년에 한의 왕망이 우리 병력을 징발해 오랑캐를 정벌하려고 했다. 우리나라 사람들이 가려고 하지 않자 강제로 보내니, 모두 도망해 새외로 나갔다. 이때문에 법을 어겨 도적이 되었다. 요서 대윤 전담이 이를 추격하다 죽임을 당하니 주군이 허물을 우리에게 돌렸다. 엄우가 아뢰기를 "맥인이 법을 어겼으나 마땅히 주군으로 하여금 저들을 위로해 안심하게 해야 합니다. 지금 큰 죄가 될 것을 두려워해 마침내 반란을 일으킬까 걱정됩니다. 부여의 족속이 반드시 합칠 것이니, 흉노를 아직 이기지 못했는데 부여와 예맥이 다시 일어나면 이는 큰 근심거리입니다." 했다.

왕망이 듣지 않고 엄우에게 명해 이를 공격했다. 엄우가 우리 장수 연비를 유인해 목을 베어 머리를 수도로 보냈다. 양한서와 남북사는 모두 "구려후 추를 유인해 목을 베었다." 했다. 왕망이 이를 기뻐하고 우리 왕 이름을 하구려후라고 고치고 천하에 포고해 모두 알게 했다. 이에 한의 변방 지역 침범이 더욱 심해졌다.

32년 겨울 11월에 부여인이 쳐들어오자, 왕이 아들 무휼에게 군대를 거느리고 막게 했다. 무휼이 병력이 적어 대적할 수 없을 것을 두려워해 뛰어난 계책을 세우고 친히 군사를 거느려 산골짜기에 숨어 기다렸다. 부여군이 곧바로 학반령 아래에 이르자 복병이 나가 불의에 공격하니, 부여군이 크게 패하여 말을 버리고 산으로 올라갔다. 무휼이 군사를 풀어 그들을 모두 죽였다.

대무신왕(재위: 18 ~ 44)

三年 春三月 立東明王廟 秋九月 王田骨句川 得神馬 名駏驤 冬十月 扶餘王帶素 遣使送赤烏 一頭二身 初扶餘人得此烏 獻之王 或曰 烏者黑也 今變而爲赤 又一頭二身 幷二國之徵也 王其兼高句麗乎 帶素喜送之 兼示或者之言 王與臣議答曰 黑者 北方之色 今變而爲南方之色 又赤烏瑞物也 君得而不有之 以送於我 兩國存亡 未可知也 帶素聞之 驚悔

四年 冬十二月 王出師伐扶餘 次沸流水上 望見水涯 若有女人 鼎游戲 就見之 只有鼎 使之炊 不待火自熱 因得作食 飽一軍 忽有一壯夫曰 是鼎吾家物也 我妹失之 王今得之 請負以從 遂賜姓負鼎氏 抵利勿林宿 夜聞金聲 向明使人尋之 得金璽·兵物等 曰 天賜也 拜受之 上道有一人 身長九尺許 面白而目有光 拜王曰 臣是北溟人怪由 竊聞大王北伐扶餘 臣請從行 取扶餘王頭 王悅許之 又有人曰 臣赤

谷人麻盧 請以長矛爲導 王又許之

五年 春二月 王進軍於扶餘國南 其地多泥塗 王使擇平地爲營 解鞍休卒 無恐懼之態 扶餘王擧國出戰 欲掩其不備 策馬以前 陷不能進退 王於是揮怪由 怪由拔劍號吼擊之 萬軍披靡 不能支 直進執扶餘王斬頭 扶餘人旣失其王 氣力折 而猶不自屈 圍數重 王以糧盡士饑 憂懼不知所爲 乃乞靈於天 忽大霧 咫尺不辨人物七日 王令作草偶人 執兵立營內外爲疑兵 從間道潛軍夜出 失骨句川神馬 沸流源大鼎 至利勿林 兵飢不興 得野獸以給食 王旣至國 乃會臣飮至曰 孤以不德 輕伐扶餘 雖殺其王 未滅其國 而又多失我軍資 此孤之過也 遂親吊死問疾 以存慰百姓 是以國人感王德義 皆許殺身於國事矣 三月 神馬將扶餘馬百匹 俱至鶴盤嶺下車廻谷 夏四月 扶餘王帶素弟 至曷思水濱 立國稱王 是扶餘王金蛙季子 史失其名 初帶素之見殺也 知國之將亡 與從者百餘人 至鴨谷 見海頭王出獵 遂殺之 取其百姓 至此始都 是爲曷思王 秋七月 扶餘王從弟謂國人曰 我先王身亡國滅 民無所依 王弟逃竄 都於曷思 吾亦不肖 無以興復 乃與萬餘人來投 王封爲王 安置掾那部 以其背有絡文 賜姓絡氏 冬十月 怪由卒 初疾革 王親臨存問 怪由言 臣北溟微賤之人 屢蒙厚恩 雖死猶生 不敢忘報 王善其言 又以有大功勞 葬於北溟山陽 命有司以時祀之

3년 봄 3월에 동명왕 사당을 세웠다. 가을 9월에 왕이 골구천에서 사냥하다가 신마를 얻어 이름을 거루라 했다. 겨울 10월에 부여 왕 대소가 사신을 파견해 붉은 까마귀를 보내왔는데 머리 하나에 몸이 둘이었다. 처음에 부여 사람이 이 까마귀를 얻어 왕에게 바쳤는데 어떤 사람이 말하기를 "까마귀는 검은 것입니다. 지금 변해 붉은색이 되고, 머리 하나에 몸이 둘인 것은 두 나라를 아우를 징조입니다. 왕께서 고구려를 합칠 것입니다." 했다. 대소가 기뻐서 그것을 보내며 그 말도 알려 주었다. 왕이 신하들과 의논해 답하기를 "검은 것은 북방의 색입니다. 지금 변해서 남방의 색이 되었습니다. 또 붉은 까마귀는 상서로운 것인데 왕이 얻고서 갖지 않고 내게 보냈으니 두 나라의 존망은 아직 알 수 없습니다." 했다. 대소가 그 말을 듣고 놀라며 후회했다.

4년 겨울 12월에 왕은 군대를 내어 부여를 정벌하려고 비류수 위에 도달했다. 물가를 바라보니 마치 여인이 솥을 들고 유희하는 것 같았다. 가서 보니 솥만 있었다. 그것으로 밥을 짓게 하자 불이 없이도 스스로 열이 나서, 밥을 지어 한 군대를 배불리 먹일 수 있었다. 홀연히 한 장부가 나타나 "이 솥은 우리 집 물건입니다. 내 누이가 잃어버린 것입니다. 왕이 지금 이를 얻었으니 지고 따르게 해 주십시오." 했다. 마침내 그에게 '부정負鼎'을 성으로 내려 주었다. 이물림에 이르러 잠을 자는데 밤에 쇳소리가 들렸다. 밝을 즈음에 사람을 시켜 찾아보게 하니, 금으로 된 옥새와 병기 등을 얻었다. "하늘이 준 것이다." 하고 절한 뒤에 받았다. 길을 떠나려는데 한 사람이 나타났다. 키는 9척쯤 되며 얼굴은 희고 눈에 광채가 있었다. 왕에게 절하며 말하기를 "신은 북명 사람 괴유입니다. 대왕이 북쪽으로 부여를 정벌하신다고 엿들었습니다. 신이 청하옵건대, 따라가서 부여 왕의 머리를 베어 오고자 합니다." 했다. 왕이 기뻐하며 허락했다. 또 어떤 사람이 말하기를 "신은 적곡 사람 마로입니다. 긴 창으로 인도하기를 청합니다." 했다. 왕이 또 허락했다.

5년 봄 2월에 왕이 부여국 남쪽으로 진군했다. 그 땅에 진흙이 많아 왕이 평지를 골라 군영을 만들고 안장을 풀어 병졸을 쉬게 했는데 두려워하는 태도가 없었다. 부여 왕은 온 나라를 동원해 출전해서 방비하지 않는 사이에 습격하려고 말을 몰아 전진해 왔다. 진창에 빠져 나아갈 수도 물러설 수도 없었다. 왕이 이에 괴유에게 지시하니, 괴유가 칼을 빼서 소리를 지르며 공격하니 대부분의 군대가 이리저리 밀려 쓰러지며 능히 지탱하지 못했다. 곧바로 나아가 부여 왕을 붙잡아 머리를 벴다. 부여 사람들이 왕을 잃어 기력이 꺾였으나 스스로 굴복하지 않고 여러 겹으로 포위했다. 왕은 군량이 다해 군사들이 굶주리므로 어찌

할 바를 몰라 두려워하다 하늘에 영험을 비니 홀연히 큰 안개가 피어나 7일 동안이나 지척에 있는 사람도 알아볼 수 없었다. 왕이 풀로 허수아비를 만들게 해 무기를 쥐어 군영 안팎에 세워 적의 눈을 속이는 가짜 군사를 만들어 놓고, 샛길을 따라 군대를 숨겨 밤에 나왔다. 골구천의 신마와 비류원의 큰 솥을 잃었다. 이물림에 이르러 병사들이 굶주려 일어나지 못하므로, 들짐승을 잡아서 급식했다. 왕이 나라에 돌아와 여러 신하를 모아 잔치를 베풀며 "내가 덕이 없어서 경솔하게 부여를 정벌하고, 비록 그 왕을 죽였으나 그 나라를 아직 멸하지 못했고 우리 군사와 물자를 많이 잃었으니 내 허물이다." 하고 말했다. 이윽고 친히 죽은 자와 아픈 자를 위문하고 백성들을 위로했다. 이에 나라 사람들이 모두 왕의 덕과 의에 감격해, 나랏일에 목숨을 바치기로 했다.

태조왕(재위: 53 ~ 146)

二十五年 冬十月 扶餘使來 獻三角鹿·長尾 王以爲瑞物 大赦 十一月 京都雪三尺

四十六年 春三月 王東巡柵城 至柵城西山 獲白鹿 及至柵城 與臣宴飮 賜柵城守吏物段有差 遂紀功於岩 乃還 冬十月 王至自柵城

五十年 秋八月 遣使安撫柵城

五十三年 春正月 扶餘使來獻虎 長丈二 毛色甚明而無尾 王遣將入漢遼東 奪掠六縣 太守耿夔出兵拒之 王軍大敗 秋九月 耿夔擊破貊人

五十五年 秋九月 王獵質山陽 獲紫獐 冬十月 東海谷守獻朱豹 尾長九尺

六十九年 冬十月 王幸扶餘 祀太后廟 存問百姓窮困者 賜物有差 肅愼使來 獻紫狐及白鷹·白馬 王宴勞以遣之 十一月 王至自扶餘 王以遂成統軍國事 十二月 王率馬韓·穢貊一萬餘騎 進圍玄城 扶餘王遣子尉仇台 領兵二萬 與漢兵幷力拒戰 我軍大敗

七十年 王與馬韓·穢貊侵遼東 扶餘王遣兵救破之 馬韓以百濟溫祚王二十七年滅 今與麗王行兵者 盖滅而復興者歟

25년 겨울 10월에 부여 사신이 와서 뿔이 셋 달린 사슴과 꼬리가 긴 토끼를 바쳤다. 왕이 좋은 징조가 있는 물건으로 여겨 크게 사면했다.

46년 봄 3월에 왕이 동쪽으로 책성을 돌아보았다. 책성의 서쪽 계산에 이르러서는 흰 사슴을 잡았다. 책성에 이르자 여러 신하와 잔치를 열어 마시고 책성을 지키는 관리들에게 물건을 하사했는데, 차등이 있었다. 마침내 바위에 공적을 기록하고 돌아왔다. 겨울 10월에 왕이 책성에서 돌아왔다.

50년 가을 8월에 사신을 파견해 책성을 안정시키고 어루만졌다.

53년 봄 정월에 부여의 사신이 와서 호랑이를 바쳤다. 길이가 한 장 두 자고 털 색깔이 아주 밝은데 꼬리가 없었다.

55년 가을 9월에 왕이 질산 남쪽에서 사냥하다 자주색 노루를 잡았다. 겨울 10월에 동해곡의 수守가 붉은 표범을 바쳤는데, 꼬리의 길이가 9척이었다.

69년 겨울 10월에 왕이 부여에 행차해 태후 사당에 제사 지내고, 딱하고 곤란한 자들을 위문하며 물건을 하사했는데 차등이 있었다. 숙신 사신이 와서 자주색 여우 가죽 옷과 흰 매와 흰 말을 바쳤다. 왕이 잔치를 열어 그를 위로해서 보냈다. 11월에 왕이 부여에서 돌아왔다. 왕이 수성에게 군국의 일을 통괄하게 했다. 12월에 왕이 마한과 예맥의 1만여 기병을 거느리고 나아가 현도성을 포위했다. 부여 왕이 보낸 아들 위구태가 병력 2만을 거느리고 와서, 한의 병력과 힘을 합쳐 대항해 아군이 크게 패했다.

70년에 왕이 마한, 예맥과 손잡고 요동을 침략했다. 부여 왕이 병력을 보내 이를 구하고 쳐부수었다. 마한이 백제 온조왕 27년에 멸망했다. 그런데 지금 고구려 왕과 병력을 보냈으니, 아마 멸망한 후에 다시 일어난 것인가?

서천왕(재위: 270~292)

十一年 冬十月 肅愼來侵 屠害邊民 王謂群臣曰 寡人以末之軀 謬襲邦基 德不能
綏 威不能震 致此敵猾我疆域 思得謀臣猛將 以折遐衝 咨爾群公 各擧奇謀異略才
堪將帥者 臣皆曰 王弟達賈 勇而有智略 堪爲大將 王於是 遣達賈往伐之 達賈出
奇掩擊 拔檀盧城 殺酋長 遷六百餘家於扶餘南烏川 降部落六七所 以爲附庸 王大
悅 拜達賈爲安國君 知內外兵馬事兼統梁貊肅愼諸部落

11년 겨울 10월에 숙신이 침략해 와 변경의 백성을 살해하니 왕이 신하들에게
"과인이 보질깃없는 몸으로 나랏일을 잘못 이어받아 덕으로 편하게 하지 못하
고 위엄을 떨치지 못해 여기에 이르러 이웃의 적이 우리 강역을 어지럽히게 되
었다. 지략이 있는 신하와 용맹한 장수를 얻어 적을 멀리 쳐서 깨뜨리고 싶으
니, 그대들은 뛰어난 지략과 특이한 계략이 있고 그 재능이 장수가 될 만한 자
를 각기 천거하라." 말했다. 신하들이 모두 "왕의 동생 달가가 용감하고 지략이
있어 감히 대장으로 삼을 만합니다." 했다. 왕이 이에 달가를 보내 적을 정벌하
게 했다. 달가가 뛰어난 지략으로 불의에 쳐서 단로성을 빼앗아 추장을 죽이고,
600여 집을 부여 남쪽의 오천으로 옮기고, 부락 예닐곱 곳을 부용으로 삼았다.
왕이 크게 기뻐하며 달가에게 벼슬을 내려 안국군으로 삼고 내외의 병마 업무
를 맡아보게 하며 양맥과 숙신의 여러 부락도 통솔하게 했다.

문자명왕(재위: 492~519)

三年 春正月 遣使入魏朝貢 二月 扶餘王及妻 以國來降

十三年 夏四月 遣使入魏朝貢 世宗引見其使芮悉弗於東堂 悉弗進曰 小國係誠天
極 累葉純誠 地産土毛 無愆王貢 但黃金出自扶餘 珂則涉羅所産 扶餘爲勿吉所逐
涉羅爲百濟所幷 二品所以不登王府 實兩賊是爲 世宗曰 高句麗世荷上將 專制海
外 九夷虜 悉得征之 甁恥 誰之咎也 昔方貢之愆 責在連率 卿宜宣朕志於卿主 務

盡威懷之略 披害 輯寧東裔 使二邑還復舊墟 土毛無失常貢也

3년 봄 정월에 사신을 위에 보내 조공했다. 2월에 부여의 왕과 왕비, 왕자가 나라를 바쳐 항복해 왔다.

13년 여름 4월에 사신을 위에 보내 조공하니, 세종이 동당에 그 사신 예실불을 불러들여 만났다. 예실불이 나아가 말하기를 "소국은 정성이 하늘 끝까지 이어지도록 여러 대에 순수한 정성으로 토산물을 왕에게 바치는 데 어김이 없었습니다. 다만 황금은 부여에서 나고 흰 옥돌은 섭라에서 생산되는 것인데, 부여는 물길에게 쫓기고 섭라는 백제에 병합되었습니다. 두 물품이 왕의 관부에 올라오지 못하는 것은 실로 두 도적 때문입니다." 했다. 세종이 "고구려는 대대로 상국의 도움을 받아 바다 밖을 마음대로 다스려 9이의 교활한 오랑캐들을 모두 정벌했소. 술병이 비는 것은 술독의 수치니, 누구의 허물이겠소? 예전에 방물을 바치는 것이 어그러진 책임이 지방관에게 있으니 경은 짐의 뜻을 경의 주인에게 전해, 위엄과 회유의 책략을 모두 써 해로운 무리들을 없애 동방의 백성들을 편안하게 하고 두 읍이 옛터를 다시 찾아 토산물을 바치는 데 놓침이 없게 하시오." 했다.

2. 『삼국유사』 기이 권 1

북부여

古記云 前漢書 宣帝 神爵三年壬戌四月八日 天帝降于訖升骨城(在大遼醫州界) 乘五龍車 立都稱王 國號北扶餘 自稱名解慕漱 生子名扶婁 以解爲氏焉. 王後因上帝之命 移都于東扶餘 東明帝繼北扶餘而興 立都于卒本州 爲卒本扶餘 卽高句麗之始

『고기』에서 "『전한서』에 선제 신작 3년 임술 4월 8일, 천제가 용 다섯 마리가 끄는 수레를 타고 흘승골성(대요 의주 지역에 있다.)에 내려와서 도읍을 정하고 왕으로 일컬어 나라 이름을 북부여라 하고 스스로 해모수라 했다. 아들을 낳아 이름을 부루라 하고 해를 성으로 삼았다. 그 후 왕은 상제의 명령에 따라 동부여로 도읍을 옮기고 동명제가 북부여에 이어 일어나 졸본주에 도읍을 세우고 졸본부여가 되었으니 곧 고구려의 시조다."라고 했다.

동부여

北扶餘王解夫婁之相阿蘭弗 夢天帝降而謂曰 將使吾子孫立國於此 汝其避之(謂東明將興之兆也) 東海之濱 有地名迦葉原 土壤膏腴 宜立王都 阿蘭弗勸王移都於彼 國號東扶餘 **夫婁老無子** 一日祭山川求嗣 所乘馬至鯤淵 見大石相對淚流 王怪之 使人轉其石 有小兒金色蛙形 王喜曰 此乃天賚我令胤乎 乃收而養之 名曰金蛙 及其長 爲太子 夫婁薨 金蛙嗣位爲王 次傳位于太子帶素 至地皇三年壬午 高麗王無恤伐之 殺王帶素 國除

북부여 왕 해부루의 신하 아란불의 꿈에 천제가 내려와서 "장차 내 자손으로써 이곳에 나라를 세우려고 하니 너는 이곳을 피하라. 동명이 장차 일어날 조짐을 말한 것이다. 동해 변에 가섭원이라는 땅이 있는데 토지가 기름져서 왕도를 세울 만하다." 했다. 아란불이 왕에게 권해 도읍을 그곳으로 옮기게 하고 나라 이름을 동부여라 했다.

부루가 늙어 자식이 없는데 하루는 산천에 제사를 지내 대를 이을 아들을 구했더니 부루가 탄 말이 곤연에 이르러 큰 돌을 보고는 마주하고 눈물을 흘리는지라, 왕이 이것을 괴상히 여기고 사람을 시켜 그 돌을 굴리니 금빛 개구리 모습을 한 어린아이가 있었다. 왕이 기뻐서 "이는 하늘이 내게 주시는 아들인가 보다." 하고는 곧 거두어 길러 이름을 금와라 했다. 그가 자라매 태자로 삼고,

부루가 죽자 왕이 되었다. 다음에 왕위를 태자 대소에게 전했으나, 지황 3년 임오에 고(구)려 왕 무휼이 왕 대소를 죽여 나라가 없어졌다.

고구려

高句麗卽卒本扶餘也 或云今和州又成州等 皆誤矣 卒本州在遼東界 國史 高麗
本記云 始祖東明聖帝 姓高氏 諱朱蒙 先是 北扶餘王解夫婁 旣避地于東扶餘 及
夫婁薨 金蛙嗣位 于時 得一女子於太伯山南優渤水 問之 云我是河伯之女 名柳花
與諸弟出遊 時有一男子 自言天帝子解慕漱 誘我於熊神山下鴨淥邊室中私之 而
往不返(壇君記云 君與西河河伯之女要親 有産子 名曰夫婁) 今按此記 則解慕漱私河伯
之女而後産朱蒙壇君記云産子名曰夫婁 夫婁與朱蒙異母兄弟也 父母責我無媒而
從人 遂謫居于此 金蛙異之 幽閉於室中 爲日光所照 引身避之 日影又逐而照之
因而有孕 生一卵 大五升許 王弃之與犬猪 皆不食 又弃之路 牛馬避之 弃之野 鳥
獸覆之 王欲剖之 而不能破 乃還其母 母以物裹之 置於暖處 有一兒破殼而出 骨
表英奇 年甫七歲 岐嶷異常 自作弓矢 百發百中 國俗謂善射爲朱蒙 故以名焉 金
蛙有七子 常與朱蒙遊戲 技能莫及 長子帶素言於王曰 朱蒙非人所生 若不早圖
恐有後患 王不聽 使之養馬 朱蒙知其駿者 減食令瘦 駑者善養令肥 王自乘肥 瘦
者給蒙 王之諸子與諸臣將謀害之 蒙母知之 告曰 國人將害汝 以汝才畧 何往不可
宜速圖之 於時 蒙與烏伊等三人爲友 行至淹水(今未詳) 告水曰 我是天帝子 河伯
孫 今日逃遁 追者垂及 奈何 於是 魚鼈成橋 得渡而橋解 追騎不得渡 至卒本州(玄
菟郡之界) 遂都焉 未遑作宮室 但結廬於沸流水上居之 國號高句麗 因以高爲氏(本
姓解也 今自言是天帝子承日光而生 故自以高爲氏) 時年十二歲 漢孝元帝建昭二年甲申
歲 卽位稱王 高麗全盛之日 二十一萬五百八戶 珠琳傳第二十一卷載 昔寧禀離王
侍婢有娠 相者占之曰 貴而當王 王曰 非我之胤也 當殺之 婢曰 氣從天來 故我有
娠 及子之産 謂爲不祥 捐圈則猪嘘 棄欄則馬乳而得不死 卒爲扶餘之王(卽東明帝

爲卒本扶餘王之謂也 此卒本扶餘 亦是北扶餘之別都 故云扶餘王也 寧禀離乃夫婁王之異稱也)

고구려는 곧 졸본부여다. 더러 '지금의 화주 또는 성주'라고 하나 모두 잘못이다. 졸본주는 요동 지역에 있다.

『국사國史』 고려 본기에 이른다. 시조 동명성제의 성은 고, 이름은 주몽이다. 처음에 북부여 왕 해부루가 동부여로 자리를 피하고 나서 부루가 죽으니 금와가 왕위를 이었다. 이때 왕은 태백산 남쪽 우발수에서 한 여자를 만나 사정을 물었더니 답하기를 "나는 본시 하백의 딸로서 이름은 유화인데 아우들과 나와 놀던 중 마침 한 사내가 스스로 천제의 아들 해모수라면서 나를 유인해 웅신산 밑 압록강 변의 방에서 사통하고는 가서 돌아오지 않았다." 했다. 『단군기檀君記』에 "(단)군이 서하 하백의 딸과 상관해 아이를 낳으니 이름을 부루라고 했다." 하고 일렀다. 지금 이 기록을 보면 해모수가 하백의 딸과 관계해 주몽을 낳았다고 했다. 『단군기』에는 "아들을 낳으니 이름이 부루다." 했으니 부루와 주몽은 이복형제일 것이다. "부모는 내가 중매도 없이 외간 남자를 따랐다고 했다. 그리하여 결국 이곳에서 귀양살이를 한다." 했다.

금와가 이를 이상히 여겨 방에 깊이 가두었더니 햇빛이 그녀를 비추었다. 그녀가 몸을 끌어 이를 피했으나 햇빛이 다시 쫓아 비추었다. 그렇게 잉태해 알하나를 낳으니, 크기가 다섯 되 정도 되었다. 왕이 이것을 버려 개와 돼지에게 주니 모두 먹지 않았다. 다시 이것을 길바닥에 버렸더니 소와 말이 피해 갔다. 이것을 들에 버렸더니 새와 짐승이 덮어 주었다. 왕이 이것을 쪼개려 해도 깰 수가 없어 그만 그 어미에게 돌려주었다. 어미가 이것을 물건으로 싸서 따뜻한 데 두었더니 아이 하나가 껍질을 깨고 나왔는데 골격이나 외양이 영특하고 신기로웠다. 겨우 일곱 살에 뛰어나게 성숙해 제 손으로 활과 살을 만들어 100번 쏘면 100번 맞혔다. 이 나라 풍속에 활 잘 쏘는 자를 주몽이라 하므로 이것으로 이름을 지었다.

금와에게 아들 일곱이 있어서 언제나 주몽과 노는데 재주가 그를 따를 수 없었다. 맏아들 대소가 왕에게 "주몽은 사람의 소생이 아니매 만일 빨리 처치하지 않는다면 후환이 있을 것이외다." 했으나 왕은 이 말을 듣지 않았다. 왕이 주몽에게 말을 먹이게 했더니 그는 그중 날쌘 놈을 알아서 먹이를 적게 주어 야위도록 만들고 굼뜬 놈은 잘 먹여서 살이 찌도록 했다. 왕은 살찐 놈을 자신이 타고 야윈 놈을 ㈜몽에게 주었다. 왕자들과 신하들이 장차 그를 해치려고 도모하는 것을 ㈜몽의 어머니가 알고 그에게 말하기를 "국인들이 장차 너를 해치려고 하는데 너 같은 재주를 가지고 어디로 간들 못 살 것인가? 빨리 손을 쓰는 것이 좋겠다." 했다. 이에 ㈜몽은 오이를 비롯해 세 사람과 동무가 되어 (지금은 어딘지 알 수 없는) 엄수까지 와서 물을 향해 "나는 천제의 아들이요 하백의 손자인데 오늘 도망가는 길에 뒤따르는 자가 닥치니 이 일을 어찌할 것인가?" 했다. 이때 고기와 자라 들이 나와 다리가 되어 물을 건너게 하고는 다리를 풀어 버려, 말을 타고 추격하던 자들은 물을 건널 수 없었다. 그는 졸본주 현도군의 지역까지 와 드디어 도읍했다. 미처 궁실을 지을 사이도 없어 그저 비류수 가에 초막을 짓고 살면서 나라 이름을 고구려라 함에 따라 '고'를 성으로 삼으니 본래 성은 '해'였는데 이제 천제의 아들로서 햇빛을 받고 낳았다 하여 높을 고 자를 성으로 삼았다. 당시 열두 살이요, 한나라 효원제 건소 2년 갑신에 즉위하고 왕으로 일컬었다. 고(구)려의 전성시대에는 21만 508호였다.

『주림전珠琳傳』 21권에 쓰이길 "옛날 영품리왕의 몸종이 태기가 있어 점쟁이가 점을 쳐 말하기를 '아이를 낳으면 귀히 되어 반드시 왕이 되리라.' 하니 왕이 '내 자식이 아니니 마땅히 죽여야 한다.' 했다. 몸종이 말하기를 '하늘에서 기운이 뻗쳐 내렸으니 내가 아이를 밴 것이외다.' 했다. 그가 아들을 낳으매 상서롭지 못하다 해 돼지우리에 버리니 돼지가 입김을 불어 덥히고 마구간에 버린즉 말이 젖을 먹여 죽지 않고 필경 부여 왕이 되었다." 했다. 이것은 동명제가 졸본

부여의 왕이 된 것을 말함이다. 이 졸본부여는 역시 북부여의 별개 도읍지이므로 부여 왕이라고 한 것이다. 영품리는 부루왕의 다른 칭호다.

3. 『제왕운기』 권 하 동국군왕개국년대

初誰開國啓風雲 釋帝之孫名檀君 並與帝高興戊辰 經虞歷夏居中宸 於殷虎丁八乙未 入阿斯達山爲神 享國一千二十八 無奈變化傳桓因 却後一百六十四 仁人聊復開君臣 (……)

後朝鮮祖是箕子 周虎元年己卯春 逋來至此自立國 周虎遙封降命綸 禮難不謝乃入觀 洪範九疇問彛倫 (……)

四十一代孫名準 被人侵奪聊去民 九百二十八年理 遺風餘烈傳熙淳 準乃移居金馬郡 立都又復能君人 (……)

漢將衛滿生自燕 高帝十二丙午年 來功逐準乃奪國 至孫右渠盈厥愆 漢虎元封三癸酉 命將出師來討焉 三世幷爲八十八 背漢逐準殊宜然

처음에 어느 누가 나라를 열었던고. 석제의 손자 이름은 단군일세. 요임금과 같이 무진년에 나라 세워 순을 지나 하나라까지 왕위에 계셨도다. 은나라 무정 8년 을미년에 아사달에 입산해 산신이 되었으니, 나라를 누리기를 1000하고 28년. 그 조화로움은 석제이신 환인이 전하신 일이로다. 그 뒤 164년 만에 어진 사람이 나타나 군과 신을 마련하다.

후조선을 시작한 분 기자인데, 주 무왕 원년 기묘춘에 망명해 와 스스로 나라를 세우더라. 무왕이 멀리서 인끈을 보내오니, 예로써 갚으려고 찾아가 뵈올 적에 홍범구주 인륜들을 물어 오다.

41대 손자 되는 준왕님은 남에게 나라 잃고 백성마저 빼앗겼도다. 928년이라는 오랜 세월 다스리니 기자의 유풍 찬연히 전하였다. 나라 잃은 준왕은 금마군에 옮겨 앉아 도읍 이뤄 또다시 임금이 되었도다.

한의 장수 위만은 연나라에서 태어나서, 고제의 12년 병오년에 준을 쫓고 그나라를 빼앗았도다. 손자 우거 허물들 쌓이더니, 한 무제가 원봉 3년 계유년에 군사를 풀어 보내 토벌을 하였구나. 나라를 지탱하기 3대에 88년, 조국을 배반하고 준 쫓은 죄의 갚음이로다.

4. 『논형』 권 2 길험편

北夷橐離國王侍婢有娠 王欲殺之 婢對曰 有氣大如雞子 從天而下 我故有娠 後産子 捐於豬溷中 豬以口氣噓之不死 復徙置馬欄中 欲使馬借殺之 馬複以口氣噓之不死 王疑以爲天子 令其母收取奴畜之 名東明 令牧牛馬 東明善射 王恐奪其國也欲殺之 東明走 南至掩水 以弓擊水 魚鱉浮爲橋 東明得渡 鱉解散 追兵不得渡 因都王夫餘 故北夷有夫余國焉

옛날 북방에 탁리라는 나라가 있었는데, 그 왕의 시녀가 임신을 했다. 왕이 그녀를 죽이려 하자, 시녀는 "달걀만 한 크기의 기운이 제게 떨어져 임신했습니다." 했다. 그 뒤에 아들을 낳았다. 왕이 그 아이를 돼지우리에 버리자 (돼지가) 입김을 불어 주어 죽지 않았고, 마구간에 옮겨 놓았더니 말도 입김을 불어 주어 죽지 않았다. 왕은 천제의 아들일 것이라고 생각해 그 어머니에게 거둬 기르게 하고는 이름을 동명이라 하고 항상 말을 기르게 했다. 동명이 활을 잘 쏘자, 왕은 자기 나라를 빼앗길까 두려워 죽이려고 했다. 이에 동명이 달아나 남쪽의 엄호수에 이르러 활로 물을 치니 물고기와 자라가 떠올라 다리를 만들어 주었다. 동명이 물을 건넌 뒤 물고기와 자라가 흩어져 버려 추격하던 군사는 건너지 못했

다. 동명은 부여 지역에 도읍하고 왕이 되었다. 이렇게 북이北夷의 땅에 부여국
이 있게 되었다.

5. 『삼국지』 권 30 위서 30 오환선비동이전 부여조

夫餘在長城之北 去玄菟千里 南與高句麗 東與挹婁 西鮮卑接 北有弱水 方可
二千里 戶八萬 其民土著 有宮室倉庫牢獄 多山陵廣澤 於東夷之域最平敞 土地宜
五穀 不生五果 其人麤大 性强勇謹厚 不寇鈔 **國有郡王** 皆以六畜名官 有馬加牛
加豬加狗加犬使大使者使者 邑落有戶民 民(名)下戶皆爲奴僕 諸加別主四出道 大
子主數千家 小者數百家 食飮皆用俎豆 會同拜爵洗爵 揖讓升降 **以殷正月祭天**
國中大會 連日飮食歌舞 名曰迎鼓 於是時斷刑獄 解囚徒 **在國衣尙白** 白布大袂
袍袴 履革鞜 出國則尙繒繡錦罽 大人加狐貍狖白黑貂之裘 以金銀飾冒 譯人傳辭
皆跪 手據地竊語 **用刑嚴急** 殺人者死 沒其家人爲奴婢 竊盜一責十二 男女淫 婦
人妒 皆殺之

尤憎妒 已殺尸之國南山上 至腐爛 女家欲得 輸牛馬及與之 兄死妻嫂 與匈奴同
俗 其國善養牲 出名馬赤玉貂狖美珠 珠大者如酸棗 以弓矢刀矛爲兵 家家自有鎧
仗 **國之耆老自說** 古之亡人 作城柵皆員 有似牢獄 行道晝夜無老幼皆歌 通日聲
不絶 **有軍事亦祭天** 殺牛觀蹄以占吉凶 蹄解者爲凶 合者爲吉 有敵 諸加自戰 下
戶俱擔糧飮食之 **其死 夏月皆用氷** 殺人徇葬 多者百數 厚葬 有棺無槨
註: **魏略曰** 其俗停喪五月以久爲榮 其祭亡者有生有熟 喪主不欲速 而他人强之
常諍引以此爲節 其居喪男女皆純白 婦人着布面衣 去環珮 大體與中國相彷彿也
夫餘本屬玄菟 漢末 公孫度雄張海東 威服外夷 夫餘王尉仇台更屬遼東 時句麗鮮
卑强 度以夫餘在二虜之間 妻以宗女 尉仇台死 簡位居立 無適子 有孽子麻余 位

居死 諸加共立麻余 **牛加兄子名位居** 爲大使 輕財善施 國人附之 歲歲遣使詣京

都貢獻 正始中 幽州刺史毋丘儉討句麗 遣玄菟太守王頎詣夫餘 位居遣大加郊迎

供軍糧 季父牛加有二心 位居殺季父父子 籍沒財物 遣使簿斂送官 舊夫餘俗 水旱

不調 五穀不熟 輒歸咎於王 或言當易 或言當殺 麻余死 其子依慮年六歲 立以爲

王 漢時 夫餘王葬用玉匣 常豫以付玄菟郡 王死則迎取以葬 公孫淵伏誅 玄菟庫猶

有玉匣一具 今夫餘庫有玉璧珪瓚 數代之物 傳世以爲寶 耆老言先代之所賜也

註: **魏略曰** 其國殷富自先世以來未嘗破壞

其印文言 濊王之印 國有故城名濊城 蓋本濊貊之地

而夫餘王其中 自謂亡人 有似也

註: **魏略曰** 舊志又言昔北方有豪離之國者 其王者侍婢有身 王欲殺之 婢云有氣

如雞子來下我故有身 後生子 王捐之於溷中 猪以喙噓之 徙至馬閑 馬以氣噓之不

死 王疑以爲天子也 乃令其母牧畜之 名曰東明 常令牧馬 東明善射 王恐奪其國也

欲殺之 東明走南至施掩水 以弓擊水 魚龜浮爲橋 東明得度 魚龜乃解散 追兵不得

度 東明因都王夫餘之地

부여는 장성의 북쪽에 있는데, 현도에서 1000리쯤 떨어져 있다. 남쪽은 고구려,

동쪽은 읍루, 서쪽은 선비와 접해 있고, 북쪽에는 약수가 있다. (국토의 면적은)

사방 2000리가 되며, 호수는 8만이다. 그 나라 사람들은 원래 그 땅에 살았으며

궁실과 창고 및 감옥을 가지고 있다. 산릉과 넓은 들이 많아서 동이 지역에서는

가장 넓고 평탄한 곳이다. 토질은 오곡이 자라기에는 적당하지만, 오과는 생산

되지 않는다. 그 나라 사람들은 체격이 크고 성질은 굳세고 용감하며, 근엄·후

덕하여 다른 나라를 쳐들어가거나 노략질하지 않는다.

　나라에는 군왕이 있고, 모두 여섯 가축의 이름으로 관명을 정해 마가·우가·

저가·구가·대사·대사자·사자가 있다. 부락에는 호민이 있으며, 하호라 불리는

백성은 모두 노복이 되었다. 제가는 별도로 사출도를 주관하는데, 큰 곳은 수천

가이며 작은 곳은 수백 가였다. 음식을 먹고 마심에 모두 조두를 사용하고, 회합할 때에는 술잔을 주고 술잔을 닦는 예가 있으며, 출입 시에는 (주객 사이에) 읍양하는 예가 있다.

은력 정월에 지내는 제천 행사는 국중 대회로 날마다 마시고 먹고 노래하고 춤추는데, 그 이름을 '영고'라 했다. 이때에는 형옥을 처리하고 죄수를 풀어 주었다.

국내에 있을 때 의복은 흰색을 숭상해 흰 베로 만든 큰 소매 달린 도포와 바지를 입고 가죽신을 신는다. 외국에 나갈 때는 비단옷·수놓은 옷·모직 옷을 즐겨 입고, 대인은 그 위에 여우·살쾡이·원숭이·희거나 검은 담비 가죽으로 만든 갓옷을 입으며 금은으로 모자를 장식했다. 통역인이 이야기를 전할 때는 모두 꿇어앉아서 손으로 땅을 짚고 가만가만 이야기한다.

형벌은 엄하고 각박해 사람을 죽인 사람은 사형에 처하고 적몰해 그 집안사람을 노비로 삼는다. 도둑질을 하면 (도둑질한 물건의) 열두 배를 변상케 했다. 남녀 간에 음란한 짓을 하거나 부인이 투기하면 모두 죽였다.

투기하는 것을 더욱 미워해 죽이고 나서 그 시체를 나라의 남산 위에 버려서 썩게 한다. 친정에서 (그 부인의 시체를) 수습하려면 소와 말을 바쳐야 한다. 형이 죽으면 형수를 아내로 삼는데, 이는 흉노의 풍습과 같다.

그 나라 사람들은 가축을 잘 기르며 명마·적옥·담비·원숭이 (가죽) 및 아름다운 구슬이 나는데, 구슬의 크기는 대추만 하다. 활·화살·칼·창을 병기로 쓰며 집집마다 갑옷과 무기를 보유했다.

그 나라의 노인들은 자신들이 옛날에 (다른 곳에서) 망명한 사람들이라고 말한다. 성책은 모두 둥글게 만들어서 마치 감옥과 같다. 길에 다닐 때는 낮에나 밤에나 늙은이 젊은이 할 것 없이 모두 노래를 부르기 때문에 종일 노랫소리가 그치지 않는다.

전쟁을 하면 그때도 하늘에 제사를 지내고 소를 잡아서 그 발굽을 보아 길흉을 점치는데, 발굽이 갈라지면 흉하고 발굽이 붙으면 길하다고 생각한다. 적군(의 침입)이 있으면 제가가 몸소 전투를 하고, 하호는 양식을 져다 음식을 만들어준다.

여름에 사람이 죽으면 모두 얼음을 넣어 장사 지내며 사람을 죽여서 순장하는데 많을 때는 100명가량이나 된다. 장사를 후하게 지내는데, 관은 써도 곽은 쓰지 않는다.

위략: 그 나라의 습속은 다섯 달 동안 초상을 지내는데, 오래 둘수록 영화롭게 여긴다. 죽은 이에게 제사 지낼 때는 날것과 익은 것을 함께 쓴다. 상주는 빨리 (장사) 지내고 싶어 하지 않지만 다른 사람이 강권하기 때문에, 언제나 실랑이 벌이는 것을 예절로 삼는다. 상중에는 남녀 모두 순백색 옷을 입고, 부인은 베로 만든 면의를 착용하며 반지나 패물 따위를 몸에서 제거하니, (상복을 입는 예는) 대체로 중국과 비슷하다. 부여는 본래 현도에 속했다. 한나라 말년에 공손탁이 해동에서 세력을 확장해 외이들을 위력으로 복속시키자, 부여 왕 위구태는 (소속을) 바꿔 요동군에 복속했다. 이때 (고)구려와 선비가 강성해지자, (공손)탁은 부여가 두 오랑캐의 틈에 끼어 있는 것을 기회로 (부여와 동맹을 맺으려고) 일족의 딸을 (그 왕에게) 시집보냈다. 위구태가 죽고 간위거가 왕이 되었다. (간위거에게는) 적자가 없고 서자 마여가 있었다. (간)위거가 죽자 제가가 함께 마여를 옹립했다.

우가의 형(벼슬에 있는 사람)의 아들도 이름이 위거였는데, 대사가 되어서 재물을 아끼지 않고 남에게 베풀기를 좋아하니 국인들이 그를 따랐으며 해마다 (위나라) 서울에 사신을 보내 공물을 바쳤다. 정시 연간에 유주 자사 관구검이 (고)구려를 토벌하면서 현도 태수 왕기를 부여에 파견했다. 위거는 대가를 보내 교외에서 (왕기를) 맞이하게 하고 군량을 제공했다. (위거의) 계부인 우가가 딴마음을 품자, 위거는 계부 부자를 죽이고 (그들의) 재물을 적몰, 조사관을 파견해 재산 목록을 만들어 관에 보냈다. 옛 부여의 풍속에는 가뭄이나 장마가 계속되어 오곡이 영글지 않으면, 그 허물을 왕에게 돌려 '왕을 마땅히 바꿔야 한다'고 하거나 '죽여야 한다'고 했다. 마여가 죽고, 그의 아들인 여섯 살짜리 의려를 세워 왕으로 삼았다. 한나라 때에는 부여 왕의 장례에 옥갑을 사용했는데, 언제나 (옥갑을) 현도군에 미리 갖다 두었다가 왕이 죽으면 그것으로 장사 지냈다. 공손연이 주살된 뒤에도 현도군의 창고에는 옥갑 하나가 그대로 남아 있었다. 지금 부여의 창고에는 옥으로 만든 구슬과 국자 등 여러 대를 전해 오는 물건이 있어서 대대로 보물로 여기는데, 노인들은 '선대(왕)께서 하사하신 것'이라고 했다.

위략: 그 나라는 아주 부강해 선대로부터 일찍이 (적에게) 파괴된 일이 없다. 그 도장에 '예왕지인'이라는 글귀가 있고 나라 가운데에 예성이라는 이름의 옛 성이 있으니, 아마도 본래 예맥의 땅이었는데 부여가 그 가운데에서 왕이 되었기 때문에 스스로 '망명해 온 사람'이라고 말하는 듯하다.

위략: 옛 기록에 또 다음과 같은 말이 있다. 옛날 북방에 고리라는 나라가 있었는데, 그 왕의 시녀가 임신을 했다. 왕이 죽이려고 하자, 시녀가 "달걀만 한 크기의 (신령한) 기운이 제게 떨어졌기 때문에 임신을 했습니다." 하고 말했다. 그 뒤에 (그녀는) 아들을 낳았다. 왕이 그 아이를 돼지우리에 버리자 돼지가 입김을 불어 주어 죽지 않았고, 마구간에 옮겨 놓았으나 말도 입김을 불어 주어 죽지 않았다. 왕은 천제의 아들일 것이라고 생각해 그 어머니에게 거두어 기르게 하고는 이름을 동명이라 하고 항상 말을 키우도록 했다. 동명이 활을 잘 쏘자, 왕은 자기 나라를 빼앗길까 두려워 죽이려고 했다. 이에 동명은 달아나서 남쪽의 시엄수에 당도해 활로 물을 치니, 물고기와 자라가 떠올라서 다리를 만들어 주었다. 동명이 (그것을 딛고) 물을 건넌 뒤 물고기와 자라가 흩어져 버려 추격하던 군사는 건너지 못했다. 동명은 부여 지역에 도읍해 왕이 되었다.

6. 『후한서』권 85 동이열전 부여조

夫餘國 在玄菟北千里 南與高句驪 東與挹婁 西與鮮卑接 北有弱水 地方二千里 本穢地也 **初** 北夷索離國王出行(註: '索'或作'豪' 音度洛反) 其侍兒於後姙身 王還 欲 殺之 侍兒曰 前見天上有氣 大如鷄子 來降我 因以有身 王囚之 後遂生男 王令置 於豕牢(註: 牢 圈也) 豕以口氣嘘之 不死 復徙於馬蘭(註: 蘭卽欄也) 馬亦如之 王以爲 神 乃聽母收養 名曰東明 **東明長而善射** 王忌其猛 復欲殺之 東明奔走 南至掩㴲 水 (註: 今高麗中有蓋斯水 疑此水是也) 以弓擊水 魚鼈皆聚浮水上 東明乘之得度 因 至夫餘而王之焉 **於東夷之域** 最爲平敞 土宜五穀 出名馬赤玉貂豽(註: 豽似豹 無前 足 音奴八反) 大珠如酸棗 **以員柵爲城** 有宮室倉庫牢獄

其人麤大彊勇而謹厚 不爲寇鈔 以弓矢刀矛爲兵 以六畜名官 有馬加牛加狗加 其邑落皆主屬諸加 **食飮用俎豆** 會同拜爵洗爵 揖讓升降 以臘月祭天 大會連日 飮食歌舞 名曰迎鼓 是時斷刑獄 解囚徒 有軍事亦祭天 殺牛 以蹄占其吉凶(註: 魏 志曰 牛蹄解者爲凶 合者爲吉) 行人無晝夜 好歌吟 音聲不絶 **其俗用刑嚴急** 被誅者 皆沒其家人爲奴婢 盜一責十二 男女淫皆殺之 尤治惡妒婦 旣殺 復尸於山上 兄死 妻嫂 死則有槨無棺 殺人殉葬 多者以百數 其王葬用玉匣 漢朝常豫以玉匣付玄菟 郡 王死則迎取以葬焉

建武中 東夷諸國皆來獻見 二十五年 夫餘王遣使奉貢 光武厚報報之 於是使命歲 通 **至安帝永初五年** 夫餘王始將步騎七八千人 寇鈔樂浪 殺傷吏民 後復歸附 **永 寧元年** 乃遣嗣子尉仇台(印)[詣]闕貢獻 天子賜尉仇台印綬金綵 **順帝永和元年** 其王來朝京師 帝作黃門鼓吹角抵戲以遣之 **桓帝延熹四年** 遣使朝賀貢獻 **永康元 年** 王夫台將二萬餘人寇玄菟 玄菟太守公孫域擊破之 斬首千餘級 **至靈帝熹平三 年** 復奉章貢獻 **夫餘本屬玄菟** 獻帝時 其王求屬遼東云

부여국은 현도의 북쪽 1000리쯤에 있다. 남쪽은 고구려, 동쪽은 읍루, 서쪽은 선비와 접해 있으며 북쪽에는 약수가 있다. 국토의 면적은 사방 2000리며 본래 예(족)의 땅이다.

처음에 북이의 색리국 왕이 출타 중에 그의 시녀가 후(궁)에서 임신하게 되었다. 왕이 돌아와서 그녀를 죽이려 하자 시녀가 말하기를 "지난번 하늘에 크기가 달걀만 한 기가 있어 제게로 떨어져 내려오는 것을 보았는데, 그대로 임신이 되었습니다." 했다. 왕이 그녀를 (옥에) 가두었는데, 그 뒤에 마침내 아들을 낳았다. 왕이 그 아이를 돼지우리에 버리게 했으나, 돼지가 입김을 불어 주어 죽지 않았다. 다시 마구산에 옮겼으나 말도 그와 같이 해 주었다. 왕이 그 아이를 신이하게 생각해 그 어머니가 거두어 기르도록 허락하고, 이름을 동명이라 했다.

동명이 장성해 활을 잘 쏘니 왕이 그의 용맹을 꺼려 다시 죽이려고 했다. (이에) 동명이 남쪽으로 도망해 엄사수에 이르러, 활로 물을 치니 고기와 자라 들이 모두 모여 물 위에 떠올랐다. 동명은 그것을 밟고 물을 건너 부여에 도착하고 왕이 되었다.

(부여는) 동이 지역 중에서 가장 평탄하고 넓은 곳으로 토질은 오곡이 자라기에 알맞다. 명마와 적옥과 담비·살쾡이가 생산되며 큰 구슬의 크기는 마치 대추와 같다.

목책을 둥글게 쌓아 성을 만들고 궁실과 창고와 감옥을 두었다.

그 나라 사람들은 체격이 크고 (성품은) 굳세고 용감하며 근엄·후덕해 (다른 나라를) 쳐들어가거나 노략질하지 않는다. 활·화살·칼·창을 병기로 삼았으며 여섯 가축의 이름으로 관명을 지어 마가·우가·구가 등이 있으며 읍락은 모두 제가에 소속되었다.

음식을 먹고 마시는 데는 조두를 사용하며 회합 때는 술잔에 절을 하고 술잔을 씻는 예가 있고 출입 시에는 읍양의 예가 있다. 납월에 지내는 제천 행사에는 연일 크게 모여서 마시고 먹으며 노래하고 춤추는데, 그 이름을 '영고'라 한다. 이때는 형옥을 중단하고 죄수를 풀어 준다. 전쟁을 하면 그때도 하늘에 제사를 지내고, 소를 잡아 그 발굽으로 길흉을 점친다. 밤낮없이 길에 사람이 다니며 노래하기를 좋아해 노랫소리가 끊이지 않는다.

그 풍속은 형벌이 엄하고 각박해 사형을 당한 사람은 그 집안을 적몰해 노비로 삼는다. 도둑질을 하면 (도둑질한 물건의) 열두 배로 변상해야 되고, 남녀가 음란한 짓을 하면 모두 죽이는데 투기하는 여자를 더욱 미워해 죽인 뒤 다시 산 위에 시체를 버린다. 형이 죽으면 그 형수를 아내로 삼고, 죽어 (장사 지낼 때는) 관은 써도 곽은 쓰지 않는다. 사람을 죽여 순장을 하는데, 많을 때는 100명가량이나 된다. 그 나라 왕의 장사에는 옥갑을 사용하므로, 한나라 조정에서는 언제나 옥갑을 미리 현도군에 갖다 두어 왕이 죽으면 그 옥갑을 취해 장사 지내게 했다.

건무 연간(25~55)에 동이의 나라들이 모두 와서 조헌하고 입현했다. 25년(49)에 부여 왕이 사신을 보내 공물을 바치므로, 광무제가 후하게 보답하니 이에 사절이 해마다 왕래했다.

안제 영초 5년(111)에 부여 왕이 처음으로 보병과 기병 7000~8000명을 거느리고 낙랑을 노략질해 관리와 백성을 죽였으나, 그 뒤에 다시 귀부했다.

영녕 원년(120)에 사자 위구태를 보내 궁궐에서 조공을 바치므로 천자가 위구태에게 인수와 금채를 하사했다.

순제 영화 원년(136)에 왕이 경사에 와서 조회하므로, 황제가 황문고취와 각저희를 하게 해 (관람시켜) 보냈다.

환제 연희 4년(161)에 사신을 보내 조하하고 공물을 바쳤다.

영강 원년(167)에 왕 부태가 2만여 명을 거느리고 현도를 노략질하므로, 현도태수 공손역이 쳐서 깨뜨리고 1000여 명의 머리를 벴다.

영제 희평 3년(174)에 다시 표장을 올리고 공물을 바쳤다.

부여는 본래 현도에 예속되었으나 헌제 때 그 나라의 왕이 요동에 예속되기를 청했다고 한다.

7. 『위서』 권 100 열전 88 실위국

失韋國 在勿吉北千里 去洛六千里 路出和龍北千餘里 入契丹國 又北行十日至啜水 又北行三日有蓋水 又北行三日有犢了山 其山高大 周回三百餘里 又北行三日有大水名屈利 又北行三日至刃水 又北行五日到其國 有大水從北而來 廣四里餘名水 國土下濕 語與庫莫奚 契丹 豆莫婁國同 頗有粟麥及穄 唯食魚 養牛馬 俗又無羊 夏則城居 冬逐水草 亦多貂皮 丈夫索髮 用角弓 其箭尤長 女婦束髮 作叉手髻 其國少竊盜 盜一徵三 殺人者責馬三百匹 男女悉衣白鹿皮襦 有麴釀酒 俗愛赤珠 為婦人飾 穿挂於頸 以多為貴 女不得此 乃至不嫁 父母死 男女哭三年 屍則置於林樹之上 武定二年四月 始遣使張焉豆伐等獻其方物 迄武定末 貢使相尋

실위국은 물길 북쪽 1000리 되는 곳에 있다. 낙양에서 거리가 6000리다. 화룡에서 북쪽으로 길을 떠나 1000여 리 가면 거란국이 나온다. 또 북쪽으로 열흘 가면 철수가 나온다. 또 북쪽으로 사흘 가면 개수가 나온다. 또 북쪽으로 사흘 가면 독료산이 나온다. 산이 높고 크며 둘레가 300여 리 된다. 또 북쪽으로 사흘 가면 큰 강이 나오는데, 이름이 굴리다. 또 북쪽으로 사흘 가면 인수가 나온다. 또 북쪽으로 닷새 가면 그 나라(실위)가 나온다. 큰 강이 북쪽에서부터 흐른다. 너비가 4리 남짓 된다. 이름이 제수다. 땅이 낮고 축축하다. 말은 고막해, 거란, 두막루국과 같다. 조, 보리, 검은 기장이 많이 자란다. 돼지고기와 물고기만 먹는다. 소와 말을 키운다. 양은 없다. 여름에는 성 안에서 살고, 겨울에는 물풀 있는 곳을 따라 산다. 담비 가죽이 많이 난다. 사내는 머리카락을 땋는다. 뿔활을 쓰는데 화살이 아주 길다. 여자들은 손가락이 엇갈린 듯한 모양으로 머리를 묶는다. 그 나라에는 도둑이 적다. 하나를 훔치면 세 배로 갚게 한다. 사람을 죽인 자는 말 300마리를 벌금으로 물린다. 사내와 계집 모두 흰 사슴 가죽으로 만든 저고리와 바지를 입는다. 누룩으로 술을 빚는다. 사람들이 붉은 구슬을 좋아한다. 여자들 장식품으로 쓰기도 하고, 구멍을 뚫어 목에다 걸기도 한다. 붉은 구슬이 많을수록 귀하게 여기기 때문에 구슬을 구하지 못한 여자들은 시집을 못 간다. 부모가 죽으면 아들, 딸 들이 모여 3년 동안 곡한다. 주검은 숲 속 나무 꼭대기에 걸어 둔다. 무정 2년(544) 4월, 처음으로 사신 장언두벌 등을 보내고 특산물을 바쳤다. 무정 말까지 공물과 사신이 끊이지 않았다.

8. 『북사』 열전 82 실위국

室韋國在勿吉北千里 去洛陽六千里 室或爲失 蓋契丹之類 其南者爲契丹 在北者 號爲失韋 路出和龍北千餘里 入契丹國 又北行十日至啜水 又北行三日有善水 又 北行三日有犢了山 其山高大 周回三百里 又北行三百餘里 (六四)有大水名屈利 又北行三日至刃水 又北行五日到其國 有大水從北而來 廣四里餘 名水 國土下濕 語與庫莫奚 契丹 豆莫婁國同 (六五)頗有粟 麥及穄 夏則城居 冬逐水草 多略貂皮 丈夫索髮 用角弓 其箭尤長 女婦束髮作叉手髻 其國少竊盜 盜一徵三 殺人者責馬 三百匹 (六六)男女悉衣白鹿皮襦 有釀酒 俗愛赤珠 爲婦人飾 穿挂於頸 以多爲貴 女不得此 乃至不嫁 父母死 男女哭三年 尸則置於林樹之上

실위국은 물길에서 북으로 1000리 낙양에서 6000리에 있다. '실室'이나 '실失'이라 하고 대개 거란의 무리에 속하며 남쪽에 있는 것은 거란이라 하고 북쪽에 있는 것은 실위라 한다. 화룡에서 나가는 길로 1000여 리가 되어 거란국에 들어가서 다시 10일을 북행하면 철수에 이르고 다시 3일을 북행하면 선수가 있다. 다시 3일을 북행하면 독료산이 있는데, 그 산이 높고 크며 산 둘레를 일주하면 300리다. 다시 300리 정도 북행하면 굴리라는 큰 물이 있고, 다시 3일을 북행하면 인수에 이른다. 다시 5일을 북행하면 실위에 도달한다. 대수가 북으로 뻗어 내려오며 넓이는 4여 리고, 이름은 구내수다. 실위의 땅은 낮고 물을 많이 머금었으며 그 언어는 고막해, 거란, 두막루국과 같다. 조와 보리와 수수가 자못 많이 난다. 여름에는 성에서 거주하고 겨울에는 수초를 따라 이동하며 초피(담비 가죽)가 많이 나온다. 장부는 각궁을 사용하며 그 화살은 아주 길다. 부인네들은 머리카락을 묶어 가닥을 만들어 상투를 튼다. 그 나라에는 도둑질이 거의 없고 하나를 훔친 자는 셋을 주어야 한다. 살인자는 말 300필로 변상해야 하며 남녀 모두 흰옷을 입고 녹피를 속적삼으로 입는다. 재주가 있어 술을 담그며 풍속이 붉은 옥구슬을 좋아해 옥에 구멍을 뚫어 목에 걸치며 이를 아주 귀히 여긴다. 여자가 이를 얻지 못하면 시집을 가지 못했다. 부모가 돌아가시면 시신을 수림 위에 모셔 놓고 남녀가 함께 3년간 곡을 했다.

9. 『신당서』 권 220 열전 145 유귀전

開元十一年 又有達末婁 達姤二部首領朝貢 達末婁自言北扶餘之裔 高麗減其國
遣人度那河 因居之 或曰他漏河 東北流入黑水 達姤 室韋種也 在那河陰 凍末河
之東 西接黃頭室韋 東北距達末婁云

개원 11년(723) 달말루 2군 수령이 조공했다. 달말루는 스스로 북부여의 후예라고 말한다. 고려가 그 나라를 멸하자 유민들이 나하를 건너 그곳에 거주했다. 나하는 타루하라고도 하는데, 동북쪽으로 흘러 흑수로 들어간다. 달구는 실위의

종족이다. 나하 깊숙이 존재했는데, 동말하의 동쪽이며 서쪽으로는 황두 실위
와 접했고 동북으로는 달말루와 떨어져 있었다.

찾아보기

한국 고대국가의 원류 부여사 700년

처음 읽는 부여사

2015년 9월 21일 1판 1쇄
2016년 7월 15일 1판 3쇄

지은이 | 송호정

편집 | 김정민·이진·이창연
디자인 | 백창훈
제작 | 박흥기
마케팅 | 이병규·양현범

인쇄 | 천일문화사
제책 | 정문바인텍

펴낸이 | 강맑실
펴낸곳 | (주)사계절출판사
등록 | 제406-2003-034호
주소 | (우)10881 경기도 파주시 회동길 252
전화 | 031)955-8588, 8558
전송 | 마케팅부 031)955-8595 편집부 031)955-8596
홈페이지 | www.sakyejul.co.kr   전자우편 | skj@sakyejul.co.kr
블로그 | skjmail.blog.me   페이스북 | facebook.com/sakyejul
트위터 | twitter.com/sakyejul

ⓒ송호정, 2015

ISBN 978-89-5828-907-4 93910

이 도서의 국립중앙도서관 출판예정도서목록(CIP)은 서지정보유통지원시스템 홈페이지(http://seoji.nl.go.kr)와
국가자료공동목록시스템(http://www.nl.go.kr/kolisnet)에서 이용하실 수 있습니다.
(CIP제어번호: CIP2015024964)